Andreas Steffens

Ontoanthropologie

Andreas Steffens

Schriftsteller und Philosoph, 1957 in Wuppertal geboren; Wanderschaft zwischen Philosophie, Literatur und bildender Kunst; 1980-1990 Mitbegründer und -betreiber der Galerie Epikur, Wuppertal; 1989 Promotion an der Heine-Universität Düsseldorf; 1990 – 2002 Wohnsitz in Paris; 1995 Habilitation und Privatdozentur an der Universität Kassel; Schwerpunkte in Lehre und Forschung: Historische Anthropologie, Kulturtheorie, Ästhetik.
Zahlreiche wissenschaftliche, kunstkritische und literarische Veröffentlichungen; 2001-2004 eigene Kolumne »*Fundstücke*« in *neue deutsche literatur* (Aufbau-Verlag Berlin);Bücher: *Das Innenleben der Geschichte. Anläufe zur Historischen Anthropologie* (1984); *Nach der Postmoderne* (Hg., mit Christine Pries und Wilhelm Schmid), Bollmann Verlag: Düsseldorf 1992; *Poetik der Welt*, europäische verlagsanstalt: Hamburg 1995; *Philosophie des 20. Jahrhunderts oder Die Wiederkehr des Menschen*, Reclam-Verlag: Leipzig 1999; *Petits fours*: 13 Radierungen von Annette Lucks zu Aphorismen, München 2003; *Glück. Aspekte und Momente*, NordPark Verlag: Wuppertal 2009; *Petits Fours. Aphorismen.* NordPark Verlag: Wuppertal 2009; Eva Bertram, *2 Ein Kind,* Hatje Cantz Verlag: Ostfildern 2010; *Gerade genug. Essays und Miniaturen.* NordPark Verlag: Wuppertal 2010; *Vorübergehend. Miniaturen zur Weltaufmerksamkeit*, NordPark Verlag Wuppertal 2010; *Selbst-Bildung. Die Perspektive der Anthropoästhetik.* Athena Verlag: Oberhausen 2010
Essays, Kritiken und Reden zu Kunst und Künstlern:
Werkzeuge des Lebens, Deutsches Werkzeug-Museum: Remscheid 2007; *Frank Hinrichs, metamorph:* Düsseldorf 2009; *Die Lektion des Joseph Beuys:* Wuppertal 2010; *Liquid Area:* Herne 2010; *Andreas Steffens, Abgestreift. Gemalte Miniaturen:* Wuppertal 2011
1987 Preis der Stiftung zur Förderung der Philosophie
2009 Kultur-Preis der Springmann Stiftung

Andreas Steffens

Ontoanthropologie

Vom Unverfügbaren
und seinen Spuren

NordPark Verlag

Bibliografische Information der Deutschen Nationalbibliothek
Die Deutsche Nationalbibliothek verzeichnet diese Publikation in der Deutschen Nationalbibliografie; detaillierte bibliografische Daten sind im Internet über http://dnb.d-nb.de abrufbar.

Originalausgabe
2011

Umschlaggestaltung: MCG, Luzern/Berlin
Gesetzt in der Minion
Herstellung: Books on Demand GmbH, Norderstedt
Printed in Germany
ISBN 978-3-935421-55-3

NordPark Verlag · Klingelholl 53 · D-42281 Wuppertal
www.nordpark-verlag.de

Inhalt

Es ist ein unsägliches Glück, irgendwo in der Fremde zu Hause zu sein – denn es ist eine Synthese unserer beiden Sehnsüchte: nach der Wanderschaft und nach der Heimat – eine Synthese aus Werden und Sein.

Georg Simmel, Nachgelassenes Tagebuch

Doch als ich nach einem der letzten, sehr schweren Tagesangriffe auf Berlin, der das alte Zentrum der Stadt vernichtete, aus einem fremden Keller, in dem ich untergekommen war, in den Feuersturm, die Staubböen hinaustrat, das Wissen – wie damals an dem heißen Augusttag auf den Nutewiesen: dass etwas zu Ende ist.
Vielleicht unsere Geschichte. Vielleicht unser Denken.

Ingeborg Drewitz, ›Lebenslehrzeit‹ (1985)

Noch ist nichts geschehen, nichts hat sich erfüllt;
Die Welt ist nicht da, die Welt fängt ewig an.

Julian Przybos, ›Wiederkehrende Nacht‹ (1958)

Die Philosophie ist vielleicht die Beharrlichkeit des Denkens,
zurückzukommen auf
Sie wird unwiderstehlich zu den Problemen hingezogen,
die das Denken abweisen.

Paul Valéry, Cahiers / Hefte, 2

Nicht kompliziert genug kann eine Anthropologie fundiert sein.

Rudolf Bilz ›Die unbewältigte Vergangenheit
des Menschengeschlechts‹

Vorweg

Wollte man die Essenz des mehr als zweitausendjährigen Nachdenkens Europas über den Menschen auf eine Maxime bringen, so müsste es wohl diese sein: dass ein Mensch nicht sein könne, wem die Erfahrung der *Fremde* fehle.

Sie ist die Bestimmung dessen, worin wir unser Leben unter ihrem Zeichen führen müssen: der *Welt.*

Das Denken hat es schwer in der Welt, denn die Welt war auf das Denken nicht vorbereitet – sie hatte es selbst aus sich heraus und unwissend geboren. Wie das Wesen, das es zwar nicht als seine Natur, aber desto stärker als Ersatz für deren Mangelhaftigkeit ausbildete.

Auch nach dem Ende einer auf die Idee des ›animal rationale‹ beschränkten Anthropologie erweist sich die Notiz des polnischen Schriftstellers Stanislaw Brzozowski (1887-1911) vom Beginn des vergangenen Jahrhunderts als eine der tieferen Einsichten in die ›conditio humana‹ (Brzozowski, Taggespenster, 142). Sie pointiert, was die Erfahrung seines Verlaufs der philosophischen Nachdenklichkeit aufgab: das Un-Verhältnis zwischen Welt und Mensch zu bedenken, um die anthropologische Verstörung hinter sich zu bringen, die seine Geschichte anrichtete.

Wie er der Welt, so ist sie dem Menschen fremd.

Auf den Karten dieser Welt gibt es keine leeren Flächen mehr, keine ›terra incognita‹, keine Warnung vor Löwen, kein ›hic sunt leonis‹, den auf Entdeckung gehenden Abenteurer zu warnen. Aber kennen wir deswegen die Welt? Kein Ort, den wir nicht in kurzer Zeit erreichen könnten. Aber steht uns die Welt deswegen offen?

Mit der Welt geht es wie mit allem, worüber wir mit Selbstverständlichkeit verfügen: sie ist unbekannt.

Stärkere Dünung über Nacht, notiert Ernst Jünger am 19. April 1938 auf einer Griechenlandreise. *Dreistündiger Aufenthalt in Brindisi, den ich verschlief. Die Stadt gehört daher zu jenen, von denen ich, ohne daß ich sie kenne, sagen kann, daß ich in ihnen gewesen bin. Vielleicht bewohnen wir die Welt auf diese Art* (Jünger, Inselfrühling, 14 f.).

Dass wir in der Welt leben, ohne sie zu kennen, ist ein um so größeres Paradox, als sie als Summe aller unserer Ursprünge schon *in* uns *ist*, bevor wir beginnen, *uns* in *ihr* wahrzunehmen. Noch rätselhafter wird das Verhältnis anwesender Abwesenheit mit der Gewißheit, dass es kein eigenes Leben, kein ›Selbst‹ geben kann, ohne sich zur Welt in Beziehung gesetzt zu haben.

Mit dem Absterben der Metaphysik, die die Philosophie annähernd zweitausend Jahre lang gewesen ist, ging auch dieses Bewußtsein verloren, seit der Siegeslauf der wissenschaftlichen Denkform das Verstehen durch Erklären ersetzte. Der Eifer, als eine Wissenschaft mithalten zu können, brachte die Philosophie um ihr Problem.

Was einst metaphysisch bedacht und deshalb wissenschaftlich aufgegeben wurde, haben die Erfahrungen der Geschichte noch einmal zu einem Pflichtpensum anthropologischer Nachdenklichkeit gemacht.

Auch dieser Entwurf der ›Ontoanthropologie‹ ist eine jener Gesten des ›Zurückkommens‹, in denen Valéry zu Beginn der Epoche radikaler Ernüchterung menschlichen Selbstverstehens Möglichkeit und Aufgabe der Philosophie sah.

Von Außen nach Innen, von Innen nach Außen

Einleitungen

Lange vorbereitet, beginnt jedes Leben das Dasein aufs Neue. Zur Welt kommt man nicht; zur Welt wird man gebracht. Sie ist, was alles schon da sein musste, damit beginnen kann, was in sie geboren wird, und was noch da sein wird, wenn es nicht mehr ist. Dazwischen liegt ein Leben: zwischen Vor- und Nach-Welt. Von der Welt nicht vorgesehen, weil sie auf jeden, der in sie gebracht wird, auch verzichten könnte, geht die Welt uns nichts, unser Leben alles an. Von ihr hervorgebracht, ist die Welt, für die wir gleichgültig sind, als Fundus aller Notwendigkeiten und Bedürfnisse unseres Lebens dennoch unser größter Schatz. Dabei ist alles, was wir können, notwendig, weil jeder zufällig ist in der Welt. Nichts geschieht *für* uns, was nicht *durch* uns geschieht. Nichts davon braucht die Welt. Denn sie kennt uns nicht. Deshalb müssen wir *sie* um so besser kennen. Nichts kommt in die Welt, was nicht vorher in uns war; nichts, was nicht vor uns in der Welt war, können wir an-ver-wandeln zu unserem Leben. Wir sind, indem wir re-produzieren, was ohne uns ist. Die Welt ist alles, was wir brauchen. Nichts von uns braucht die Welt. Die Welt wird sein, was wir gebraucht, getan und geschaffen haben werden, um da gewesen zu sein. Wir werden hinterlassen, was wir vorgefunden haben: eine Vor-Welt ohne Erwartungen, und eine Nach-Welt voller Möglichkeiten, zu denen beitrug, wer immer kam und ging. Wir sind, was wir aus dem machen, wozu die Welt uns bestimmte. Weniger, als wir wollen, und mehr, als wir müssen. Wie also wollen wir werden, die wir sein müssen, um uns zu denen machen zu können, die wir sein wollen?

I

Wir wissen nicht, was der Mensch *ist*.

Und können doch nicht umhin, es wissen zu wollen. Ohne ein Selbstverständnis ist menschliches Leben nicht möglich.

Jeder Mensch ist sich seines eigenen Menschseins ebenso sicher, wie er in Verlegenheit geriete, sollte er die Frage beantworten, was das sei, ein Mensch. Auf der Überzeugung, es gäbe die Gewißheit einer eindeutigen Antwort, beruhte jedoch das Werte- und Daseinsgefüge der säkularen Kultur Europas seit Aufklärung und Revolution.

Eine geistesgeschichtliche Zusammenstellung der Antworten, die seitdem formuliert wurden (Blumenberg, Beschreibung, 511-516), behebt jene Verlegenheit nicht, sondern verstärkt sie noch in ihrer regellosen Vielfalt und Disparität.

Nach den Erfahrungen des 20. Jahrhunderts aber kann man das unbekannteste aller Wesen, das doch als einziges über Selbstbewußtsein verfügt, nicht mehr *bestimmen* wollen.

In dieser Spannung vollzieht sich heute anthropologisches Nachdenken. Es beruht nun auf der Zurückweisung jeder Erwartung, auf die letzte der Fragen, in der sich seit Kants Dreiklang: Was kann ich wissen, Was darf ich hoffen, Was ist der Mensch?, alle philosophischen Interessen verdichten, eine einzige, durch Eindeutigkeit letztverbindliche Antwort geben zu sollen. Weniger, weil sie nicht möglich ist; vor allem wegen der verheerenden Folgen, die die Durchsetzung ihrer Verbindlichkeit für alle haben müsste, auf die sie Anwendung fände.

Die wesentliche Unbestimmtheit des Menschenwesens wurde zum Grundsatz jedes Denkens, das die Erfahrung der anthropolitischen Diktaturen zur Erzwingung eines letzten Menschen nicht übergeht (Steffens, Unbestimmtheit). *Daß wir nicht wissen, was der Mensch eigentlich ist, auch das gehört zum Wesen unseres Menschseins* (Jaspers, Ursprung, 57). Jede ihrer Fortsetzungen unterliegt dem Paradox, dass die Anstrengung, eine letzte hervorzubringen, zum Beweis des Scheiterns jeder Anthropologie gerät.

II

Der Befund, weder bestimmen zu können, noch zu sollen, was als Wesen unserer Seinsform unser Dasein bestimmt, ohne zu letzter Klarheit bringen zu können, wie, macht sich in der existentiellen Erfahrung des Individuums als Daseinsungewißheit bemerkbar.

Wir sind nicht *die*, die wir *sind*. Jede Erkenntnis *des* Menschen widerspricht der Selbsterfahrung *der* Menschen. Es gibt etwas in unserer ›Natur‹, das uns permanent davon abhält, die zu sein, die wir eigentlich doch mit Gewissheit sind.

Das ist deshalb problematisch, weil es keinen anderen Weg zur Erkenntnis gibt als den der Reflexion von Erfahrung.

In der klassischen Metaphysik bezeichnete die Nichtnotwendigkeit einen Seinsmodus. Die Erfahrungen, die Menschen während der zweitausendjährigen europäischen Epoche gemacht haben, in der sie dokumentiert und bedacht wurden, ließen es zu einer Gewißheit werden, dass dieser Seinsmodus nicht irgendeiner ist, sondern die ihn bestimmende Weise des Menschen, zu sein.

Hinter der existentiellen Frage: Warum ist einer *dieser* und kein *anderer*?, steht die anthropologische: Warum ist er überhaupt, da alles wahrscheinlicher war, als dass er wäre. Im Bewußtsein seiner Nichtnotwendigkeit, oder umgekehrt: der Zufälligkeit jedes menschlichen Lebens, verschmelzen beide Fragen zu der einen, wie es Menschen gelingt, wirklich zu machen und zu erhalten, dessen Wirklichkeit weder notwendig, noch gewiß ist, da es ebensogut nicht sein könnte.

Die Nichtselbstverständlichkeit des menschlichen Daseins ist ein anderer Begriff für seine Bedingtheit: was immer es ist, und aus sich im Einzelfall zu machen versteht, es ist es unter Bedingungen, die erfüllt sein müssen. Wie frei einer auch sei, er ist es in einem Rahmen von Möglichkeiten, der nicht von ihm gesteckt wurde.

III

Alles Nachdenken über die Stellung des Menschen *in der Welt* hat die Ratlosigkeit der Menschen *vor sich selbst* nicht behoben.

Die Absorption der Anthropologie des 18. Jahrhunderts durch die Geschichtsphilosophie des 19. wurde von der realen Geschichte des 20. aufgehoben. Deren Ereignisse sprengen die Kategorien des Denkens, das glaubte, seinen Gegenstand als ›den‹ Menschen bestimmt zu haben. Seitdem steht eine neue Integration der verschiedenen Denkformen an, die in dem Maß zum Bedürfnis denkender Zeitgenossenschaft wird, wie sie für sich alleine in der Ratlosigkeit vor dem Zentralphänomen der Erfahrung der Geschichte verharren – : dass wir die Menschen, für die wir uns in unserer unmittelbaren Selbstauffassung halten, nicht sein können, wenn wir *diese* Geschichte haben.

In den Untiefen ihres Daseins in der Geschichte, die sich – bei allem, was sie sonst auch noch sein mag – vor allem als ein Kontinuum von Katastrophen darbietet, die den Menschen immer wieder an sich (ver)zweifeln lassen, kehrt der Urverdacht aus ferner Vorzeit noch einmal wieder: gar nicht in der Welt zu sein. Als der äußerste Schrecken des Menschen wurde *Weltlosigkeit* zur Folge menschlicher Handlungen. Für des Menschen Dasein ist die Welt unentbehrlich; aber seines nicht für deren Sein.

Das äußerste Bild dieses äußersten Schreckens ist das der menschenleeren Welt. Im Alptraum des letzten Überlebenden eines menschheitsauslöschenden Geschehens verdichtet sich die Angst des Menschen vor der Welt, die ihn nicht kennen muss, weil sie ist, auch ohne dass es Menschen in ihr geben müsste. *Die Natur hat nichts von der Nacht zum 2. Juni bemerkt*, auf die Guido Morselli das Verschwinden der Menschheit aus der Welt in einem der bedeutendsten Traktate einer Philosophie in Gestalt eines Romans datierte. *Vielleicht freut sie sich, wieder das ganze Leben in sich zu vereinigen, nachdem das kurze Intermezzo abgeschlossen ist, das für uns den Namen Geschichte trug. Ganz bestimmt empfindet sie weder Bedauern noch Schmerz* (Morelli, Dissipatio, 90).

Zur Abwehr seines Urschreckens ist der Mensch zu allem bereit. Und nur zu wenigem in der Lage. Nicht nur als Schöpfung und Natur, selbst noch als reines Menschenwerk der Geschichte ist die Welt vor allem das, was uns geschieht. Ihr Grenzwert ist Überwältigung.

Wir erfahren unsere Welt nicht nur als Außen unserer Wirklichkeiten; wir tragen sie auch in uns. Wir leben nicht nur in der Welt; sie lebt auch in uns. Die wesentlichen Geschehnisse unseres Lebens sind ›Ereignisse‹: sie geschehen einem. Man ist ihr Objekt mehr als ihr Subjekt. Wir sind handelnder Teil eines Geschehens, das sich an uns vollzieht.

Die Analyse dieser Urbeziehung, die alle Selbstverhältnisse des Menschen bedingt, die für ihn möglich sind, ist *Ontoanthropologie.* Statt des Menschen Verhältnis *zur Welt* untersucht sie das Verhältnis des Menschen zu sich selbst, das auf der *Welt in ihm* basiert.

IV

Das ›Zuvor‹, das Ernst Bloch seinen ›Spuren‹ voranstellte, das sich als Motto seines Lebenswerkes erweisen sollte, umreißt als Feld des ihr Möglichen alles, was Anthropologie zu sagen haben kann.

Wie nun? Ich bin. Aber ich habe mich nicht. Darum werden wir erst.

Wir haben uns nicht, weil wir uns nicht ins Dasein gebracht haben. Unser Leben ist bewirkt. Bevor *wir* uns haben können, hat die Welt *uns*, die uns hervorbrachte. Und sie tut alles, uns nicht herzugeben. Niemand wird deshalb von sich erfahren, noch weniger in die Lage kommen, sich ›haben‹ zu können, der die Welt nicht als das verstand, was macht, dass er ist, wie er sich findet: anders als er fühlt, sein zu sollen.

Aus dem vitalen Bedürfnis der Vorsorge für Kommendes stammend, ist das Nachdenken darauf angewiesen, seine Einsichten durch Rückschau auf Gewesenes zu gewinnen. Was wir wissen müssten, um besser zu bestehen, werden wir erst wissen, wenn wir schon erfahren haben, bestehen zu können. Das bessere Wissen liegt in der Kenntnis des ›Wie‹.

Als Suche nach dem besseren Lebenswissen geschieht das philosophische Nachdenken als Bekräftigung von Vermutungen. Seine Ergebnisse bestätigen seine Voraussetzungen. Nach ihm können wir überzeugt sein, nun zu wissen, das zu vermuten es in Gang setzte.

Für die wichtigsten Vermutungen, die wir in unserer Lebensführung hegen müssen, hat Erich Fried dieses unaufhebbare Paradox des Denkens unübertrefflich in dem Gedicht ›Frau Welt‹ ausgesprochen, das den Rang seiner Lyrik bezeugt, deren Wahrnehmung von der Vereinnahmung seines politischen Engagements durch das gutmenschliche Biedermeier zu Unrecht beeinträchtigt wurde.

Ich bin
zur Welt
gekommen
und bin nun
endlich so weit

laut
zu fragen
wie ich
dazukomme
zu ihr zu kommen

Sie kommt
und sagt leise:
Du kommst nicht
du bist schon
im Gehen

Klug für ein anderes Mal macht im Leben nur die Rückwendung auf ein vorheriges, die Reflexion. Für ein Leben aber gibt es kein anderes, sondern nur dieses eine Mal. Seine Lebensklugheit erweitert es deshalb am ertragreichsten in der Rückwendung auf die Leben, die gewesen sind.

Nicht nur als Schöpfung und Natur, gerade als reines Menschenwerk der Geschichte ist die Welt vor allem das, was uns geschieht. Bei allem, was sie sonst auch noch sein mag, bietet die neuere Geschichte sich dar als ein Kontinuum von Katastrophen, die den Menschen immer wieder an sich (ver)zweifeln lassen.

V

Nicht wie *die Welt ist, ist das Mystische, sondern* daß *sie ist.*

In der Kaskade apodiktischer letzter metaphysischer Bescheide, mit denen Wittgenstein seinen ›Tractatus‹ 1918 zu dessen Ende im berüchtigten Schweigegebot treibt (6.44), fällt dieser Satz durch seinen Mangel an der sie sonst bestimmenden Eigenwilligkeit auf. Er erhebt die Frage der Ontologie zu ihrer letzten Auskunft. Konsequent, dass das ganze Werk, dessen vorletzte Überlegung diese Feststellung ist, mit der Tautologie endet, von dem zu schweigen, worüber sich nicht reden lasse – als ob etwas anderes möglich wäre.

Dieser vorletzte Befund des am entschiedensten antimetaphysischen Traktats der Moderne lässt sich *von* der Welt nur deshalb aussprechen, weil er die Selbsterfahrung des Menschen *in* der Welt spiegelt. Ein größeres Rätsel als das Faktum des eigenen Daseins gibt es nicht. Das Problem der Ontologie, warum etwas, und nicht vielmehr nichts sei, erweist sich als die Außenwendung dieser Selbsterfahrung des Menschen.

So wird jede Nachdenklichkeit, die sich an den Rätseln des Menschseins entzündet, früher oder später zum Bedenken der Welt, wie jede Welterkenntnis ein Stück umwegiger Selbsterkenntnis des Menschseins ist.

Sofern nun aber das Weltverstehen – weil das In-der-Welt-sein eine Bestimmung des Daseins ausmacht – zugleich ein Sich-selbst-verstehen des Daseins ist, umgreift das zur Intentionalität gehörige Seinsverständnis sowohl das Sein des Daseins als das Sein des nichtdaseinsmäßigen innerweltlichen Seienden. Diesen Zusammenhang seinen Marburger Hörern im Sommer-Semester 1927 erläuternd, bezeichnet Heidegger jene Schwelle, an der, wenn auch als Umweg über die Ontologie, sich ein möglicher Weg aus der Phänomenologie in die Anthropologie zeigte. Ihn eröffnet zu haben – ohne ihn dann gegangen zu sein – wird er zeitlebens vehement bestreiten. *Man kann nicht mit Hilfe des Selbstbewußtseins die Seinsverfassung des Daseins bestimmen, sondern muß umgekehrt aus der hinreichend geklärten Struktur der Existenz die verschiedenen Möglichkeiten des Selbstverständnisses klären* (Heidegger,

Phänomenologie, 250; 247). Für den, für den die Philosophie *sich aus sich selbst als universale Ontologie rechtfertigen* muss, weil ›das Sein‹ *das echte und einzige Thema der Philosophie* ist (a.a.O., 15), war es zwingende Konsequenz, diesen Weg nicht zu wählen. Das menschliche *Selbstverständnis jeweils sich aus der Seinsart des Daseins bestimmt* zu erklären, gebot den Verzicht auf Anthropologie, deren Möglichkeit doch genau hierin ebenso angelegt sein musste. Heidegger wählte den umgekehrten Weg über das Dasein zum Sein, statt über das Sein der Welt zum Dasein.

In einer systematischen Terminologie bezeichnet, die diesem sie nachhaltig bestimmenden Komplex der neueren Philosophiegeschichte korrespondiert, lässt die ›Ontoanthropologie‹ sich als die Umkehrung dieser Umkehrung kennzeichnen: als Rückführung des Daseins aus der Expedition ins Nirgendwo des Seins in seine Weltlichkeit ist sie die ›Verweltlichung‹ der Fundamentalontologie.

Die umfassenden Erwägungen, die Hans Blumenberg in den 70er und 80er Jahren des vergangenen Jahrhunderts der Frage widmete, ob Phänomenologie als Anthropologie möglich sei, um sie dann unveröffentlicht dem Schicksal einer verspäteten Nachlassveröffentlichung zu überlassen, bestätigen mit ihren Ergebnissen Heideggers Verzicht auf Anthropologie ebenso, wie sie seinen Weg zum Sein als endgültige Abwendung von der Phänomenologie bekräftigen. Der kein Phänomenologe mehr sein wollte, hatte verworfen, was Phänomenologie nicht sein konnte.

Als *eine Beschreibung von Vorkommnissen des Bewußtseins* muss sie jede Ontologie ebenso wie jede Anthropologie grundsätzlich als ihren Widerspruch verstehen. *Das Wesen Mensch gehört nicht zum Wesen Welt. Welche Wendungen auch die Phänomenologie sonst hätte nehmen können, mit der Zulassung von ›Welt‹ als einem ihrer genuinen Themen ist der Zwang schon ausgelöst, statt vom Menschen als einem kontingenten Weltwesen, von dem einen letzten Horizont aller Gegenstände korrespondierenden ›Bewußtsein überhaupt‹ als dem konstitutiven Subjekt jeder möglichen Welt zu sprechen* (Blumenberg, Beschreibung, 329; 28 f.).

Wenn für den Phänomenologen Wirklichkeit nur besitzt, was sich in *seinem* Bewußtsein als dem Repräsentanten von Bewußtsein *überhaupt*, zu jeder Zeit und an jedem Ort des Universums, auffinden und in seiner Anwesenheit beschreiben lässt, kann der Mensch für ihn schon deshalb kein Gegenstand der Erkenntnis sein, weil kein einzelner ein derartiger Bewußtseinsrepräsentant aller Menschen wäre.

Die doppelte Unmöglichkeit einer phänomenologischen Anthropologie wie einer ontologischen Phänomenologie wurde jedoch zweitrangig angesichts der Menschheitskatastrophen einer anthropologischen Politik.

Jede Anthropologie, auch die, die es verleugnet, ist im Kern historisch (a.a.O., 890). Soll das Anthropologie nicht überhaupt unmöglich machen, liegt in der Historizität jeder menschlichen Existenz die Anweisung auf eine historische Anthropologie: Menschlichkeit in ihren historischen Erscheinungs- und Reflexionsformen im Bewußtsein des Menschseins wahrzunehmen (vgl. Steffens, Selbst-Bildung, Kapitel: Anthropoästhetik).

Eines der zentralen Kriterien für die Unmöglichkeit einer phänomenologischen Anthropologie hat Hans Blumenberg in dem gesehen, was er als *Exklusionsverhältnis von Anthropologie und Geschichtsphilosophie* beschrieb. *Der Anthropologie wird man von vornherein und ohne zu zögern unterstellen, dass sie zu Aussagen gelangen möchte, die für den Menschen in jeder Phase seiner Entwicklung und unter allen Bedingungen seiner Selbstverwirklichung gültig sind. Es ist das, was man philosophisch gern als ›Wesensaussagen‹ bezeichnet. Es ist handgreiflich, dass eine Wesensaussage nicht nur einschließt, was mit einer Sache möglich ist und gemacht werden kann, sondern eo ipso auch das, was die Grenzen der Veränderungsfähigkeit dieser Sache ausmacht. Eine philosophische Anthropologie wäre dann auch, in welchem Umfang auch immer, eine Festschreibung eines bestimmten gegebenen Status des Menschen, des Horizontes seiner Möglichkeiten, Geschichte zu haben und mit sich Geschichte zu machen – mit einem Wort: eine Bestimmung von Konstanten* (a.a.O., 485).

Was sich hier in befremdender Übertragung reiner wissenschaftlicher Neutralität als ›Sache‹ der ›Wissenschaft‹ Anthropologie bezeichnet findet, entspricht der Haltung, die die Anthropolitiken der Menschenformung gegenüber ihren ›Objekten‹ einnahmen, in deren Praktiken zur Erzwingung einer einzigen, letzten Menschenform die ›humanistische‹ Geschichte endete: an die Stelle einer unmöglichen Definition des Menschen einen Menschen zu setzen, der diese Definition erfüllte, indem er ausschließlich sie zu *sein* hätte. Mit dieser historischen Zäsur äußerster Zuspitzung der Fliehkraft jeder definitorischen Anthropologie schied die Definition ihres Gegenstandes aus dem Kreis zulässiger anthropologischer Verfahren aus.

Die ultimative Erfahrung der Geschichtlichkeit des Daseins, sie in einer letzten Daseinsform aufzuheben, die herzustellen der millionenfache Massenmord das Mittel wurde, wandelte Anthropologie vom Gegensatz zur zwingenden Konsequenz der Geschichtsphilosophie.

Ihre methodische Gestalt habe ich zuerst als Ertrag des geschichtsanthropologischen Rückblicks auf das 20. Jahrhundert und dessen philosophische Denkformen formuliert.

An die Stelle seiner Bestimmung tritt die Beschreibung des Menschseins. Die Bestimmung des Menschen weicht einer Erkundung der Verhaltensweisen, mit denen Menschen sich in ihrem selbstgefährdeten Dasein zu halten suchen. Eine solche Phänomenologie der Erscheinungsweisen von Menschsein muß vor allem negativ, historisch und ›possibilistisch‹ sein.

Denn: *Wer ist, hat das Recht, zu sein. Es ist mit ihm gegeben. Die Tatsache der Existenz begründet unverlierbares Seinsrecht. So lautet das ontologische Axiom, das durch die Erfahrung mit der Anthropolitik begründet wird. Aus ihm folgt als eine der wesentlichen Aufgaben, wie sie das Erbe dieses Jahrhunderts der Philosophie stellt, das Sein des Menschen in der Welt als ein menschliches Sein begründen zu müssen. Diese fällige Ontologie des Menschseins wird eine Kulturontologie sein müssen, nachdem die ›Fundamentalontologie‹ nur in eine verstörende Ratlosigkeit angesichts eines verborgenen ›Seins‹, von dem alles Menschliche abhängen soll, geführt hat, und ›Natur‹ sich als nicht weniger gleichgültig gegen das Menschsein zu erweisen scheint. Die Kulturontologie wird eine Lehre sein von den menschlichen Vermögen, dem Menschsein Welten zu verschaffen, die seine selbstverschuldete Unwahrscheinlichkeit in eine selbstgestiftete Wirklichkeit überführen können* (Steffens, Wiederkehr, 1999, 309 f.; 312).

Seitdem hat diese Perspektive im Verlauf ihrer Entfaltung in mehreren umfangreichen Studien[1], zu denen die ›Ontoanthropologie‹die Einleitung bildet, sich dahin präzisiert, das Verstehen des Menschlichen aus seinem Weltverhältnis auf das ihm vorausgehende ursprüngliche Verhältnis der Welt zum Menschen gründen zu müssen. Bevor *wir* in der Welt leben, hat die Welt sich in *uns* festgesetzt. Die ›Ontoanthropologie‹entfaltet den Gedanken, dass der Mensch ein Wesen *aus* der Welt ist, bevor er eines *in* ihr werden kann. Nur als Hervorgebrachte können wir daran gehen, uns hervorzubringen. Erst, wenn wir die Seinsbedingungen erfüllt haben, können wir unsere Existenzbedingungen selbst bestimmen. Die wir sein wollen, können wir werden, sobald wir geworden sind, die wir sein müssen.

Die Welt zu denken heißt, zu verstehen, was es geben muss, damit wir sein können, um uns zu dem machen zu können, was wir wünschen, zu sein: sich dem Unverfügbaren zu stellen, dem jedes Menschenleben sich aufs neue ausgeliefert findet, um ihm nicht unterworfen bleiben zu müssen.

---

1 ›Die Schuld der Welt‹, ›Gottes Sünde oder Das theologische Erbe der Anthropologie‹, ›Weltbefreundungen‹. – Vgl. unten den Anhang: ›Kontext‹

VI

Von der Verherrlichung der Geschichte, die sein Vorvorgänger an seinen Nachfolger weitergereicht hatte, war dem beginnenden 20. Jahrhundert als unabweisbares Erbe seines eigenen Vorgängers, das geglaubt hatte, Geschichte ein für alle Mal, und ihren Akteur, den Menschen, dazu, ›machen‹zu können, das Paradox eines doppelten Erschreckens vor der Bestimmung des Menschen und einer Sehnsucht nach ihr zurück geblieben. Dabei ist Unbestimmtheit, wenn nicht Unbestimmbarkeit, das Kennzeichen jeder menschlichen Selbsterfahrung. Niemand bleibt vom erlebten Selbstzweifel verschont, mag seine Selbstgewissheit noch so groß sein. Fast will man dieses Verhältnis von umgekehrter Proportionalität bestimmt finden: je größer eine Selbstgewissheit, desto verstörender wird der eines Tages zu erlebende Selbstzweifel ausfallen.

Diese Erfahrung hatte der Mensch der Neuzeit zu machen, der im vergangenen Jahrhundert glaubte, mit den Politiken der Menschenformung seinen Anspruch auf Selbstbestimmung zum Abschluß zu bringen. Deren Ergebnis war statt ihrer erwarteten Vollendung die Zerstörung der Selbstgewissheit alles Menschlichen. Sie verdichtete sich für alle, die ihnen unterworfen waren, in einem als extreme Selbstbefremdung erlebten Weltverlust. Seitdem gibt es ›Geschichte‹nicht mehr als Kontinuum einer Evolution der Selbstvervollkommnung des Menschen. Der Mensch, der glaubte, sie zu machen, musste erfahren, dass Geschichte sich an ihm vollzieht.

Gegenpart einer ›humanen Selbstbehauptung‹, deren Anspruch Idee und Geschichte der Neuzeit begründeten (Blumenberg, Neuzeit), ist nun nicht mehr an erster Stelle die durch Unbekanntheit fremde Welt, sondern die durch Gewaltsamkeit ihrer Menschenbestimmung verunsicherte Menschenwelt, die die Urbefremdung der Weltrohheit erneuert. Zu schützen haben Menschen sich nun vor den Folgen ihrer Selbstbestimmung, die so bedrohlich sind, wie sie aus Selbstunkenntnis erwachsen, mehr als vor deren ontischen Hindernissen. Es sind ihre indirekten ›Erfolge‹, die zu ihrer Fortsetzung durch Wandlung der Anthropologie anhalten.

Das Verhältnis von Welt- und Selbstungewißheit verkehrte sich in dem zivilisationsgeschichtlichen Paradox, an menschlicher Selbstgewissheit dermaßen zu verlieren, wie an Weltbeherrschung gewonnen wird. *Der Welt sind wir infolge einer Fülle von Bewährungen unserer Erkenntnis durch technische Leistungen sicherer geworden als eines Selbst, das sich als fragil und unterwandert, als bloße Oberfläche einer unbekannten Tiefe, als ausgesetzt an endogene Überraschungen und Hinterhalte erwiesen hat. (...). Die Krise ist nicht die der Zugänge des Subjekts zu seinen Objekten; nichts hat sich glänzender bewährt als dieser. Die Krise steckt in der Unzugänglichkeit des Subjekts für sich selbst* (Blumenberg, Beschreibung, 894 f.).

Akut wurde sie in dem Moment, in dem das Subjekt sich selbst zum ersten Mal realiter und unmittelbar zum Objekt machte (Steffens, Wiederkehr, Teil II: Anthropolitik).

Jeder direkte Weg erweist sich als verstellt. Anthropologie wird zu einer Kunst der Umwege. Der Umwege über Dokumente gestalteter und bedachter menschlicher Selbsterfahrungen. Was ›ich‹von ›mir‹nicht wissen und als repräsentativ für ›den‹Menschen in Erfahrung bringen kann, erschließt sich anhand der geformten Erfahrungsäußerungen anderer – sofern in ihnen eine Selbsttätigkeit am ›Werk‹gewesen ist (vgl. Steffens, Anthropoästhetik, in: ders., Selbst-Bildung).

Die Situation des späteuropäischen Menschen ist zu der des ungeduldigen Reisenden geworden, wie Brecht ihn beschrieb: nicht gerne dort, wo er herkommt, nicht gerne dort, wohin er will, die Behebung der Reifenpanne mit Ungeduld abwartend, findet er sich in der lastenden Spannung eines unerwünschten ›Dazwischen‹.

Es ist die Erfahrung des vergangenen Jahrhunderts, die es an seinen Nachfolger unbehoben weiterreichte. Wir wissen, auf einer Schwelle zu balancieren, aber weder, wo sie verläuft, noch, was jenseits ihrer liegt.

Deshalb stellt die Aufgabe, wie Witold Gombrowicz sie als die des seine Daseinserfahrung gestaltenden Künstlers beschrieben hat, in noch verschärftem Anspruch sich dem Philosophen, der Menschsein nach dem Untergang der Anthropologie in der Erfahrung der Geschichte zu bedenken unternimmt, *nicht nur sein Verhältnis zur Welt, sondern auch das der Welt zu ihm wiedergeben* zu müssen (Gombrowicz, Tagebuch, 394).

VII

Auf sie angewiesen, erreichen wir kaum einmal einen Zustand uneingeschränkter Übereinstimmung mit der Welt. Nicht einmal in den intensivsten Glücksmomenten, die uns wie nichts sonst das Ausleben jener Macht verschafft, als die die Welt im Menschen am stärksten wirkt. *Alle Bitternis entspringt aus der Unmöglichkeit, die äußersten Momente, Lust und Tod, vollkommen zu vereinigen: selbst wenn es sich um den ›kleinen Tod‹ handelt, schließen sich die beiden Phasen aus, kehren sie sich den Rücken zu.* Der Orgasmus klingt aus in jener Welttrauer, die das Menschenleben mit den Tieren teilt. *Ich gab zu: ›Auch ich fühle mich nicht wohl‹. In solchen Augenblicken empfindet sogar der erste beste den Zwang des Daseins als Unmöglichkeit: den Zwang nicht tot zu sein!* (Bataille, Abbé C, 120).

Die Überwältigungsstruktur des Lebens tritt in diesem Paradox hervor. Der Zwang, den sie übt, wirkt in der Gestalt eines sich erfüllenden Begehrens. Als hegte die Natur Mißtrauen gegen die Fähigkeit ihres Geschöpfes, zu erfüllen, was es ihm auferlegte. Der Naturzwang zu der Lust, in der Lebenseinverständnis erlangt wird, scheint Vorsorge dafür zu treffen, dass das der Welt am unsichersten verbundene Wesen unwillig oder unfähig wird, von sich aus zu leisten, was Bedingung seines Daseins ist.

Aber genau dieser Gedanke ist in seiner Allzumenschlichkeit der für die Weltfähigkeit des Menschen gefährlichste. Unter ›Welt‹ darf nichts gedacht werden, was auch nur annähernd einer Daseinsfürsorge gleichkäme, die keine Leistung des Menschen selbst wäre, sondern für ihn erbracht würde. Die Welt-Bedürftigkeit des Daseins ist kein Verhältnis auf Gegenseitigkeit.

Das macht die Trauer zum Grundton einer unbeschönigten Erfahrung der Welt. *In der Traurigkeit wird die Welt konzipiert, überschaut, überwunden.* Sie ist *das gesammelte Maß der Philosophie, die keines anderen Ausdrucks bedarf: die Erkenntnis der ewigen Heimatlosigkeit des Menschen, der am Meer, vor der anrollenden Unendlichkeit steht, am letzten, schmalen, steinigen Saum, dem unabänderlich Ungewissen gegenüber* (Schneider, Portugal, 155 f.).

Aber das ist nicht ihre einzige Seite. *Nein; die äußeren Umstände haben wohl Kräfte, aber diese Kräfte sind richtungslos, sie sind durchaus zweideutig, zum Ja und zum Nein, zu Aufstieg und Absturz geneigt, so wie die Welt, von außen betrachtet, jede Möglichkeit bietet und erst eindeutig wird für die Einmaligkeit des Individuums* (a.a.O., 151).

Die Chance des Menschen liegt in der Zweideutigkeit der Welt. Die Kehrseite ihrer Gleichgültigkeit, mit der sie ihn konfrontiert, ist ihre Nichteinmischung in alles, was er aus eigener Kraft zu seinem Wohl vermag: sie lässt zu, was immer wir zu sein verlangen, außer, von ihr dazu gemacht werden zu wollen.

VIII

Seit sie zum ersten Mal als Möglichkeit von Physikern ernsthaft in Erwägung gezogen wurde, hat die Faszination nicht nachgelassen, die von der Vorstellung einer ›Weltformel‹ausgeht. Eine Generation vor der Quantenphysik hat Georg Simmel sie für die Philosophie erfunden, und ihr die Funktion zugeschrieben, das *Dasein überhaupt deuten zu helfen* (Simmel, Geld, GA 6, 93). In diesem Verständnis ist die *Fremde* eine Weltformel. Ihrer Erprobung ist die ›Ontoanthropologie‹gewidmet.

I

Weltvergessen, überwältigt

Mit Philosophie gibt es keine Bäume: nur Ideen.
Fernando Pessoa
›Verstreute Gedichte‹

Mit der Weltkenntnis als Bedingung der Menschenkenntnis steht es nicht zum besten. *Genie ist Bewußtsein der Welt*, notierte Friedrich Hebbel im Frühjahr 1837 (Tagebücher, Nr. 648). Dann hat unsere Zeit keines mehr.

Da wir uns gewöhnt haben, über sie zu verfügen, *haben* wir sie immer weniger: in der Virtuosität, mit der wir die Instrumente ihres Besitzes handhaben, ist uns die Welt abhanden gekommen.

Es gibt aber eine ontische Schuldigkeit des Denkens. *Was immer auch Philosophie sein mag, sie ist in unserer Welt und muß sich auf sie beziehen* (Jaspers, Die Philosophie in der Welt, 163). Dass sie es gerade als akademische Institution immer weniger tut, ist inzwischen einer ihrer häufigsten Befunde an ihr selbst geworden.

Das wäre unerheblich, wenn sie stattdessen anderes leistete, das denen zugutekäme, die sich für sie zwar nicht interessieren, sie aber alimentieren. Brisant aber ist es, da es sich um ein Versagen im Grund des Denkens selbst handelt. Nicht irgendeines Denkens, wenn Philosophie vor allem sonst die Sicherstellung der Wirklichkeiten im Denken zu gewährleisten hat, die die Welt umfaßt, was sie nicht mehr kann, wenn sie diese in ihr Denken nicht mehr einbezieht.

In dieser Nachlässigkeit repräsentiert die Philosophie ganz so, als wollte sie Hegels Programm der Fassung ihrer Zeit in Gedanken noch einmal erfüllen, die Welt, in der sie – gerade noch – betrieben wird. Eine der letzten kulturkritischen Diagnosen lautet folgerichtig auf Weltvergessenheit des zeitgenössischen Lebens. *Nos décideurs aujourd'hui et leurs administrés ont perdu tout lien à la terre, aux vivants de flore ou de faune, leur vision du monde a perdu le monde* (Serres, Hominescence, 89). In dieser Klage Michel Serres wird deutlich, dass sich die letzten Reste von Aufmerksamkeit auf die Welt seit langem zu deren Gleichsetzung mit Natur verringert haben. Beider Verwechslung aber ist das wohl bedenklichste Moment der Weltvergessenheit.

Die Reaktion, auf eine derart unaufmerksam gewordene Philosophie besser zu verzichten, soll das von ihr nicht mehr versehene Amt nicht ganz untergehen, liegt nahe.

Es ist nicht genug, das Fenster zu öffnen,
um Felder und Fluß zu sehen.
Es ist nicht genug, nicht blind zu sein,
um Bäume und Blumen zu sehen.
Man darf auch keiner Philosophie folgen.
Mit Philosophie gibt es keine Bäume: nur Ideen.
Es gibt nur jeden einzelnen, wie einen Keller.
Es gibt nur ein geschlossenes Fenster und draußen die ganze Welt;
man träumt nur von dem, was man sähe,
wenn sich das Fenster öffnete,
und das entspricht niemals dem, was man sieht,
wenn man das Fenster öffnet.
(Pessoa, Verstreute Gedichte, 1, 46).

Auf die Philosophie ließe sich leicht und leichten Herzens verzichten, wären nur die Bäume ohne sie zu haben: aber die Bäume als Ideen sind nicht ihre Erfindung, sondern die Entdeckung, dass nichts Wirkliches *als* Wirkliches anders als in einer Gestalt seiner geformten Wahrnehmung überhaupt für uns existieren kann. *Die Menschen können nicht sagen, wie sich eine Sache zugetragen, sondern nur wie sie meinen, daß sie sich zugetragen hätte* (Lichtenberg, Sudelbücher, Heft C, 1773, Nr. 375). Von Kants Ergründung der Bedingungen der Möglichkeit unseres Wissens an, über die Wesenssuche der Phänomenologie, bis hin zu den Exerzitien der Hermeneutik ist diese die solideste unter den wenigen gesicherten Einsichten der Philosophie. Ihre Nachlässigkeit gegenüber ihrer ontischen Schuldigkeit macht sie nicht entbehrlich.

Wir leben, ehe wir philosophieren, wir sind vorhanden,
bevor wir es wissen,
und das, was eher da ist, verdient den Vorzug und die Verehrung.
(Pessoa, Gedichte, 22, a.a.O., 58).

Der Vorrang des Unbegriffenen, des Lebens vor dem Denken, des Objekts vor dem Subjekt, dessen letzte vehemente Einforderung Adornos Apologie der ›Nichtidentiät‹ war (vgl. Steffens, Versöhnung), bestimmt die Bedeutung, die Philosophie haben kann. Denn erst das bedachte Leben bricht den Vorrang des reinen Lebens über jedes einzelne, der nichts anderes ist als der Tod in der uneingeschränkten Willkür seines Waltens. Die Sterblichkeit, der das Leben des einzelnen unterworfen ist, begründet nicht nur die Würde jedes Einzellebens, darauf zu bestehen, keinem willkürlichen Tod ausgeliefert zu werden; sie verleiht ihm vor allem auch Recht und Pflicht zugleich, sich über das, was über es bestimmt, so intensiv wie möglich zu belehren. Die Welt ist der Inbegriff alles dessen, dem jedes Einzelleben als Teil eines Seins, das es nicht hervorbringt, von dem es selbst aber hervorgebracht wurde und erhalten wird, unterworfen ist.

Seit Georg Simmels Analysen der modernen Kultur gilt die doppelte Gleichung von Welt und Unverfügbarkeit, von Kultur und Verfügbarkeit nicht mehr. Die Hervorbringungen der Menschen selbst reichern die Bestände dessen, dem sie unterworfen sind, unablässig an. Als Bedingungsgefüge menschlichen Daseins umfaßt die Welt Kultur nicht weniger als Natur.

Als Hans Jonas in seinem Alterswerk immer eindringlicher von der ›Weltverantwortung‹ sprach, meinte er diejenige Verantwortung, die wir Menschen an der Fortexistenz der von ihm weitgehend mit ›Natur‹ gleichgesetzten Welt trügen; ungedacht – und im großen publizistischen Erfolg unbemerkt – blieb dabei die im Leitwort unwillkürlich mitgenannte, doch kaum mitgehörte, Verantwortung der Welt für das, was sich in ihr befindet, dessen Existenzgrund und -ursache sie ist.

Kann dieses Mithören eines untergründigen anderen metaphysischen Sinnes in einer Verpflichtung auf Natürlichkeit und Weltachtung ›mehr‹ sein als eine Metapher? Mit ihr ergeht es dem Philosophen wie dem Spaziergänger im Adornoschen Wildschweingehege von Breitenbach, der sich angesichts der *Inschrift am Gehege: ›Wir bitten um Sauberkeit und Ordnung‹* fragt: *Wer wen ?* (Adorno, Amorbach, 309). Nimmt die Welt den Menschen, oder dieser sie in Verantwortung für sich ?

Wer diesen anderen Gedanken der ›Weltverantwortung‹ nicht nur metaphorisch nebenher zulässt, sondern ihm mögliche ›realistische‹ Substanz zugesteht, der wird bald bemerken, dass unendlich wichtiger als die ihm unentwegt als Aufgabe vorgehaltene *Welt-Angemessenheit* des ›Wissens‹ (Botho Strauß, Erinnerung, 72) eine Menschen-Angemessenheit der Welt wäre, eine, die den immer fragil bleibenden Errungenschaften der Kultur zu deren Halt vorausginge.

Seit Hans Blumenbergs Kritik der ›absoluten Metapher‹ trägt der Einwand, etwas sei ›bloß‹ eine Metapher, philosophisch nicht mehr. Die Welt ist die absolute Metapher für alles, womit Menschen es in ihrem Dasein zu tun bekommen, das ihren eigenen Vermögen und ihren unmittelbaren Verfügbarkeiten entzogen ist. Da wir Unverfügbarkeiten ausgesetzt sind, können ›Anthropomorphismen‹ ihrer Bezeichnung nicht ausbleiben. Die dem Menschen geschuldete Verantwortung der Welt für ihn ist einer.

Besitz macht arm. Wie der begehrte Leib in dem »Besitz« allmählich verschwindet, den Ehe und »Beziehung« garantieren, hat die Welt sich in die Formen ihrer zivilisatorischen Verfügbarkeiten hinein aufgelöst, die ein derart unwahrscheinliches Ausmaß annahmen, dass sie mit dem Besitz der Welt schließlich verwechselt werden mussten. So leben wir in der »ontologischen Leere«.

Für unser Leben ist das ein größtmöglicher Segen; für die Sehnsucht nach Sinn, der sich in ihm verwirklichen möchte, ein äußerster Verlust. Denn nichts ist so entrückt wie erlangtes Eigentum. Auch für diese elementare Erfahrung bietet die Erotik die eindrücklichste Evidenz. Im Moment der ersten Vereinigung mit einem begehrten Leib verschmilzt das Glück seines Besitzes mit dem Schmerz seiner Unerreichbarkeit. Nie ist Sehnsucht größer als in dem Moment nach ihrer Erfüllung. Die Welt im Bedenken des Lebens zu vergessen, ist eine der gefährlichsten Nachlässigkeiten, weil ihr Besitz der unsicherste des Menschen ist. Jeder Besitz ist auf Zeit gewährt. Deshalb ist Lichtenbergs Drei-Worte-Idee das Memento einer der wichtigsten Aufgaben des Nachdenkens: *Zeit urbar machen* (Lichtenberg, Sudelbücher, Heft C , Nr. 245; Schriften I, 204).

Aus dieser Erfahrung lässt sich Einsicht, aber wohl keine Warnung gewinnen. Sie macht nicht klug für ein andermal. Höchstens weise für immer. Doch die Ewigkeit ist nicht von dieser Welt.

In dieser zu leben, verlangt die unablässige Wiederholung alles dessen, was die Weisheit verwirft – die nichts ist als eine Idee. Der Versuch aber, Ideen in der Konsequenz zu leben, in der sie gedacht zu werden verlangen, verfehlt ein menschenwürdiges Leben, das nur dermaßen erträglich ist, wie es zur Klugheit der Inkonsequenz zu erziehen versteht: dazu, vor letzten Konsequenzen zurückzuschrecken.

An nichts wird das so deutlich – und durch nichts immer wieder so dringlich – wie an der Europa zweimal bildenden Überzeugung, dass es mit dieser Welt und des Menschen Leben in ihr nichts sei. Sie zu widerlegen, ist der Beweggrund seiner Künste (vgl. Steffens, Poetik), und die Aufgabe seiner Kultur. Seit der griechischen Tragödie ist alles, was sie hervorbrachte, dazu aufgeboten, den Verdacht zu entkräften, Mensch und Welt seien füreinander nicht gemacht, oder dazu, mit dieser Wahrheit, sollte sie eine sein, dennoch leben zu können. *Der Trost der Weisen / Klang selten froh* (Loerke, Tröstungen, Gedichte, 489).

Über den Rang einer Philosophie entscheidet zwar nicht, welche oder wieviele Angebote zur Vermeidung von Verzweiflung sie macht, aber doch, ob sie es einem, der eigentlich verzweifeln müsste, ermöglicht, es zu unterlassen. Um es in juristischer Ausdrucksweise zu sagen: ob es ihr gelingt, Aufschub der Vollstreckung eines Urteils zu erwirken, oder seine Aufhebung. Als Anthropologe ist der Philosoph Anwalt jenes besseren Teils in uns, der sich damit nicht abfinden will, dass es mit diesem Leben in dieser Welt nichts sei. Als guter Anwalt gibt er nicht auf, nach neuen Beweismitteln und Zeugen zu suchen, die die Anklage hinfällig machen, oder sie wenigstens vermindern können.

Es beginnt schleichend, verschwindet auch wieder, um eines Tages zu bleiben, erst kaum schon bemerkt, dann zum ständigen Begleiter werdend, bis aus dem nagenden Unbehagen, zu dem es allmählich immer stärker anwächst, offener Unwille geworden ist – : kein Leben, das mit Bewußtsein geführt wird, bleibt von dem Verdacht der Selbstverfehlung verschont, nicht genug, oder gar nicht zu sein, für den man sich hielt.

Dann erhebt sich die bange Frage, wie wir noch werden könnten, die wir gerne wären, nachdem wir einsehen mussten, andere geworden zu sein als die, die wir hatten sein wollen.

So lebt jeder als Verfehlung seines Selbst. Leben heißt, aus der Differenz zwischen gelebtem und gewolltem Dasein existieren. Wer immer wir sind, wir sind immer zu wenig von uns.

Dass die Welt dahinter steckt, hat paradoxerweise jenes neue Weltbewußtsein, das den Zeitgeist vor einer Generation als ›Ökologie‹ durchdrang, verstellt. An den Gedanken eines ›Verbrauchs‹ der Welt, den es zu beschränken gelte, durch eine ökologische Ethik bis zur Gedankenlosigkeit gewöhnt, übersehen wir das umgekehrte Phänomen eines Verbrauchs *durch* die Welt, dem jede einzelne Existenz in ihr unterworfen ist. Mag die Menschheit in jenem Prozeß, den Marx den ›Stoffwechsel mit der Natur‹ nannte, die Welt verbrauchen; währenddessen aber verbraucht die Welt ihrerseits jeden daran beteiligten Menschen. So unausweichlich, dass der Wunsch, den Frank Wedekind aussprach, zu einer Bestimmung des Glücks werden kann: *seinen Anlagen gemäß verbraucht zu werden.* Christoph Meckel, der ihn zitiert, belegt seine Wahrheit mit der Erfahrung seines Vaters, für den er sich nicht erfüllte, desto weniger, je mehr es dem Sohn gelang. *Wenn dieser Satz vergleichsweise anwendbar ist, dann wäre mein Vater ein glückloser Mensch gewesen (er sprach davon, dass er sich für glücklos hielt). Er wurde von einer erstickten Kindheit verbraucht, von unauflösbaren Ängsten und massiver Verdrängung. Er wurde verbraucht vom Glauben an überlebte Ideen und davon, dass er sich ihrer Suggestion unterwarf. Er wurde verbraucht von Täuschungen über sich selbst und mitverbraucht von mir, das heißt: von Gedichten, die zu schreiben ihm nicht möglich war* (Meckel, Suchbild, 176).

Von der Welt verbraucht zu werden, ist der Preis dafür, durch ihren Gebrauch zu existieren: ich muss nehmen, also werde ich genommen; weil ich nicht vermeiden kann, genommen zu werden, aber darf ich nehmen.

Diese so lange nur individuelle, gleichwohl allgemeinste aller Existenzerfahrungen, von der niemand ausgenommen ist, haben die prägendsten

Geschehnisse des 20. Jahrhunderts zu einer Bestimmung von Geschichte überhaupt gemacht.

Es war zwingend, dass ein Historiker an den ursprünglichen Sinn des Begriffs der ›conditio humana‹ erinnerte. *Von Natur aus ist der Mensch gefährdet; Cicero nennt diese Bedrohung ›Condicio humana‹, einschränkende Lebensbedingungen* (Borst, Lebensformen, 10). Ebenso zwingend, dass die Erneuerung anthropologischen Denkens von einer Erneuerung der Historie ausging. Zahlreiche philosophische Anthropologien wurden zu Beginn des Jahrhunderts entworfen, und wieder liegengelassen; ausschlaggebend für ihre Wirkungslosigkeit aber war der Umstand, dass die bedeutendste, Arnold Gehlens ›Der Mensch‹ von 1940, zu sehr in das historische Geschehen der Zerstörung der Humanität, die eine andere Anthropologie erzwingen musste, verwickelt war, um danach zu deren Begründung noch dienen zu können.

Erst die ›Grundlagenkrise‹ der Geschichtsschreibung in den 70er Jahren holte mit der Entwicklung einer Historischen Anthropologie und der Umwidmung der Geistes- zu Kulturwissenschaften nach, was nur versäumt werden konnte. Seitdem kehrt die Anthropologie aus der Historie, die sie neu entwarf, zögerlich in die Philosophie zurück.

Deren wichtigste Aufgabe aber, das zentrale historische Phänomen des vergangenen Jahrhunderts in der wichtigsten seiner Folgen zu bedenken, bleibt unverändert zu erfüllen: es mit dem Verlust der Welt aufzunehmen, die mit den Selbstverständlichkeiten des Humanismus, auf denen sie basierte, unterging. Nach einer historischen ist eine ontologische Neubegründung der Anthropologie fällig geblieben.

Geschichte im Bewußtsein präsent zu halten, um sie los werden zu können, wurde zu der Grundperspektive ihrer anthropologischen Wahrnehmung. Sie hat die elementare Kategorie jeder anthropologischen Nachdenklichkeit unübersehbar werden lassen. Die universellen Erfahrungen menschlichen Lebens sind Erfahrungen des *Überwältigtwerdens*: Geburt, Leiblichkeit, Herkunft, Krankheit, Liebe, Tod. Wie das Leben selbst, in das man hineingebracht wurde, wird alles, was es prägen wird, über einen kommen. Auf die bestimmendsten seiner Phänomene hat kein Leben originären Einfluß. Sie ereignen sich als ›Widerfahrnis‹. *Unser aller Leben ist eingespannt zwischen den Widerfahrnissen Geburt und Tod. Gleichsam das erste und das letzte Wort hat für uns nicht unser eigenes Handeln* (Kamlah, Anthropologie, 35). Alles, was es an anthropologischer Einsicht geben kann, beruht auf dieser Voraussetzung. In ihr hat jedes anthropologische Nachdenken seinen Ausgangspunkt.

Da er *weiß*, was ihm so gut wie jedem anderen Lebewesen unausweichlich geschieht, ist der Mensch das überwältigte Wesen. In jeder seiner Handlungen vollzieht sich nicht nur sein Wille. Die Welt ist alles, was wir diesseits unserer Selbstbestimmungsabsichten sein und werden müssen. Erst nachdem wir geworden sind, was wir nicht ausschlagen können, sein zu müssen, weil es zu den Bedingungen unserer Daseinsmöglichkeit gehört, können wir daran gehen, zu verwirklichen, was wir sein wollen.

Was für den Sinn eines Lebens ausschlaggebend ist, bleibt seinem Verständnis entzogen. Von allen am wenigsten verstehen, lassen sich die erste und letzte aller Überwältigungen, Geburt und Tod: dass man nicht war und wieder nicht sein wird. Jedes Leben, aus einem Vorher entstanden, und in ein Nachher vergehend, erfährt sich deshalb unter dem Regime der Zeit.

Darin gründen alle Unvollkommenheiten und Abscheulichkeiten des Menschenlebens, da ihm die wichtigsten Maßstäbe fehlen, die es ihm ermöglichen könnten, das Wesentliche im rechten Maß wahrzunehmen. Dieser blinde Fleck seines Erkenntnisvermögens macht das Sein des Menschen maßlos. Er verführt ihn in allem zur Übertreibung.

Die Phänomene der Überwältigung, unter deren Herrschaft jedes Leben sich vollzieht, haben einen Grenzwert: die *Welt* als Integral alles dessen, was da ist und sich ereignet, ohne dass es uns geben müsste. Mit der Welt bekommt es zu tun, wer immer den Voraussetzungen seines Selbst nachspürt.

Als es den ›Mann von Welt‹ noch gab, war er der Prototyp des Menschenkenners. Menschenkenntnis erwirbt man in der Welt. Wer diese nicht kennt, wird jene nicht erlangen.

Der Anweisung, die darin für das Nachdenken über das Menschsein liegt, folgte es nur solange, wie es eine Sache der Männer von Welt war, der Montaigne, Pascal, Montesquieu, Fontenelle; zur Anthropologie, einer Disziplin des Wissens geworden, die die ›Subjektivität‹ hinter sich lassen wollte, Erfahrungen eine Denkform zu geben, schlug es sie aus: sich als eine Gestalt der Ontologie verstehen zu müssen. Erkenntnis des Menschseins gibt es nur über den Umweg der Welterkenntnis.

Zur gebieterischen Verpflichtung wurde diese Wendung jedoch erst wieder durch die Erfahrung eben der Geschichte, die die Leitidee der neueren, auf Wissenschaftlichkeit ausgehenden Anthropologie gewesen ist. Das Weltverhältnis des Menschen war einmal *das* Thema der Philosophie, und wurde mit den Folgen des Idealismus noch einmal ein großes in der deutschen, bis der Aufstieg der ›bürgerlichen Welt‹ die Welt hinter jener ›Geschichte‹ verschwinden ließ, deren Erkenntnis ihre Ansprüche zu legitimieren hatte. Seit den Katastrophen der ›Weltkriege‹ war es auch damit vorbei. Die kurze Blüte der politischen Ökologie, die die Welt noch einmal in spätester Variation der antiken Identitätsidee durch die ›Natur‹ ersetzte, fand ihr Ende mit der Rückkehr der Geschichte auf die Bühne der ›Weltpolitik‹ im Untergang des letzten anthropolitischen Systems, das die Verwirklichung einer absoluten Bestimmung optimalen Menschseins an die Stelle der neuzeitlichen Bewegung der Weltbeherrschung gesetzt hatte. Mit dem Ende des Kommunismus als Entwurf der Weltherrschaft ist die Stelle der historischen Eschatologie im Weltbewußtsein verwaist. In das Vakuum des ›Endes der Geschichte‹ stieß die Verabsolutierung des ›Systems der Bedürfnisse‹, mit dem ein enthemmter Raubkapitalismus die Welt seitdem überzog.

Am ›Ende‹ der Geschichte ist soviel wahr, dass wir nicht mehr wissen, wer wir sind, da sie die kulturellen Überzeugungen zerstörte, die sie als Antwort auf die Frage, die sich mit jedem Menschen, der geboren wird, neu erhebt, bereithielt. Die Katastrophe des Humanismus hat uns selbstlos werden lassen. In ihr hat die *Fremde* als *Ursituation* des Menschen gegenüber der Welt sich wiederhergestellt. Die Erfahrung, dass Menschen von Menschen das Menschsein aberkannt und ihr Leben in systematischer Staatsaktion beendet wird, rückte ins Zentrum der Selbsterfahrung des von seiner eigenen Geschichte überwältigten Menschen.

Das ›Ende des Menschen‹, das darin unbezweifelbar liegt, konnte das letzte Wort der Reaktion auf die historische Erfahrung einer Implosion der neuzeitlichen Daseinszuversicht, die ihn hatte erfinden lassen, nicht bleiben: es waren Menschen, die die Katastrophen, in denen er unterging, anrichteten; Menschen, die sie erlitten.

Die Urerfahrung des Menschen erneuerte sich auf die allerunwahrscheinlichste Weise: die *Weltfremde* wurde zu *Menschenwerk*.

In der Feindseligkeit gegenüber ›den‹ Fremden, die es in allen Gesellschaften aller Kulturen und Zeiten gegeben hat, tritt das grundlegende Phänomen ›der‹ Fremde immer wieder zutage. Ihre Hartnäckigkeit, deren Verbreitung ganz so ›universell‹ und ›konstant‹ zu sein scheint, wie es von anthropologischen Bestimmungen einst erwartet wurde, auf die Verzicht zu leisten eine der segensreicheren Nachwirkungen des Historismus geworden ist, wird sich nur als Wirkung der tieferliegenden Konstanz einer elementaren Fremdheit verstehen lassen, von der in unvermeidlicher Spekulation zu vermuten ist, dass sie die Beziehungen des menschlichen Daseins zur Welt als Komplex seiner eigenen Möglichkeitsbedingungen beherrscht.

Eine historische Anthropologie wird sich deshalb nicht ohne den Umweg über eine Ontologie neu konstituieren können.

Seit der Erledigung des Historismus als der letzen humanistischen Weltanschauung durch die Geschichte der Vernichtungen gibt es den Gegenstand der ›klassischen‹ Anthropologie nicht mehr. ›Der‹ Mensch kam in den Lagern aller Art um. ›Danach‹ – und in diesem Zeitalter des ›Danach‹ leben wir auf noch unabsehbare Zeit – sind es die Erfahrungen des Menschen, *der wir selber sind* (Kamlah, Anthropologie, 20), von dem die anthropologische Nachdenklichkeit ihren Ausgang nimmt. Denn ›der‹ Mensch, der in der Geschichte verloren ging, hätten als sein ›Exemplar‹ ausnahmslos auch wir sein können, hätten wir gelebt, als die Vernichtungen im Zusammentreffen von Willen und Gleichgültigkeit ihren tödlichen Lauf nahmen.

Das erste, was ein Leben sich zu vergegenwärtigen hat, das seinen Sinn erfassen will, ist die Banalität, in der es sich vollzieht. Inmitten der gelebten Banalitäten liegt Sinn, oder es gibt keinen. *Ein Denken, das glaubt, das Banale umgehen / zu müssen, wird am Ende wertlos* (Benyoëtz, Scheideweg, 15).

Aber wo ist die Welt?

Draußen, Anderswo?

Auch. Vor allem aber ist sie *in* mir. Als Herkunft und Trieb, als das pure Faktum des Begonnenhabens, das ein Begonnenwordensein ist, als Gemengelage all jener Lebensbedingungen, der überschaubaren, mehr noch der unüberschaubaren, mit denen jeder Impuls und jede Handlung einer Lebensführung zu rechnen haben.

Bevor wir eine eigene Welt haben, sind *wir* der Welt zu eigen: *sie* hat uns, schon bevor wir nur daran denken können, sie sollte unsere sein. Denn sie war da, als es uns noch nicht gab, sie brachte uns hervor, und sie wird noch da sein, wenn es uns nicht mehr gibt. Die Welt ist, wohindurch die Passage unseres Daseins führt, in dem sich alles noch einmal ereignet, was uns hervorgebracht hat. *Dies, worin oder woraus wir auch abwesend sein können, ist die ›Welt‹. Abwesend kann ich von der Welt nur sein, wenn die Zeit ›ohne mich‹ weiterläuft, wenn es ›Weltzeit‹ gibt* (Blumenberg, Beschreibung, 602).

Eines der merkwürdigsten Stücke der jüngeren deutschsprachigen Literatur, Peter Roseis ›Entwurf für eine Welt ohne Menschen‹, ist deshalb die denkbar genaueste ontologische Beschreibung der Welt aus der Perspektive eines Menschen, der zu verstehen sucht, in welchem Verhältnis sein erfahrenes Dasein zu den Bedingungen steht, unter denen es möglich ist, weil es unter ihnen wirklich wurde. Deren Inbegriff ist die Welt: sie ist, was ohne Menschen sein kann, weshalb Menschen nicht ohne sie sein können. Die Welt mit menschlichen Augen zu sehen und zu beschreiben, als gäbe es keine Menschen in ihr, bezeugt weniger ihre Menschenferne als die Weltfremde, in der der Mensch sich in ihr findet: was ihn ermöglicht, erlebt er, als gäbe es ihn nicht.

Die Welt ist, was es ohne mich gibt, aber sein muss, damit es mich hat geben können.

Diese metaphysische Banalität steht am Beginn jeder möglichen Einsicht in die Bedingungen des Menschseins. Vor allem aber ist sie *die* Ursache dafür, dass wir uns um solche Einsicht bemühen müssen, weil wir unser Dasein unter den von ihr bestimmten Bedingungen und deren Wirkungen durchleben.

Waren die Bedingungen seiner Möglichkeit bisher nur metaphysisch und biologisch, vereint im Skandal des Todes, der unabwendbar jedem Leben bevorsteht, das sich im Verbrauch seiner Organe verzehrt, auch zugleich die Ursachen für den Verlust des Lebens, so wurden sie es mit der Geschichte absichtsvoller Vernichtung von Menschen auch gesellschaftlich und politisch. Zur ›Thanatokratie‹ missraten (Serres, Verrat), wurde die Geschichte der Moderne, die die Vollendung der Neuzeit hatte werden sollen und ihre Perversion ins Gegenteil ihrer Prinzipien wurde, zur negativen Bestätigung des Grundsatzes der Anthropologie der ›Selbstbehauptung‹. Wenn noch seine eigene Zerstörung zum Werk des Menschen wird, kann es seine Bewahrung *nur* als menschliche Leistung geben. Kein Gott, keine Natur wird ihm dabei helfend zur Seite stehen.

Deshalb gibt es keine wichtigere, als die Verständigung darüber, *welche* Menschen wir sein wollen. Dazu aber müssen wir wissen, wie wir wurden, die wir sind, weil wir nur sein können, wenn wir sind, was wir sein müssen, um leben zu können.

Die Weltperspektive hat das philosophische Denken seit langem preisgegeben. Nun, da mit dem Ende eines kurzlebigen ›posthistoire‹, das mit der Ideologie des Menschen auch das Nachdenken über das Menschsein aufgeben wollte, das Bedürfnis des geführten Lebens nach Selbst-Verständnis sich wieder regt, wird ihr Verlust desto stärker spürbar.

Könnte man die Begründung neuer Wissenschaften noch für möglich halten, so wäre die Erforschung dieser zwingenden Erfahrung die Aufgabe einer philosophischen Disziplin, die den Namen einer *Ontoanthropologie*, einer Weltlehre vom Menschen, tragen müsste. So unwahrscheinlich es ist, dass es eine derartige Disziplin geben wird, so wichtig ist die Aufgabe, der sie sich zu stellen hätte.

In diese Lücke des Denkens tritt dieser Entwurf einer *Weltlehre vom Menschen*.

Er greift zurück, nimmt auf und setzt fort besonders Motive der verschiedenen Ansätze zu einer Kulturanthropologie, die im vergangenen Jahrhundert kaum über erste Entwürfe und Proben hinausgelangten.

Mit wenigem muss man so zurückhaltend sein wie mit Vorhersagen. *Die*

Kulturanthropologie wird die Anthropologie der Zukunft sein. Aus der Perspektive einer Vorschau in eine Zukunft gesehen, die inzwischen Gegenwart längst schon wieder gewesen ist, teilt dieser so bestimmungssichere Ausblick, den Michael Landmann 1955 formulierte (Landmann, Anthropologie, 222), das Schicksal fast aller Prognosen, unerfüllt zu bleiben.

Dass die Grundvermutung der episodisch gebliebenen ›Kulturanthropologie‹ in der Voraussetzung einer sich aus der Erfahrung der Geschichte aufdrängenden Ontoanthropologie wiederfindet, spricht nicht gegen diese, sowenig, wie es jene nachträglich ›rehabilitiert‹. Es spricht für den in der Sache selbst liegenden – und sie begründenden – Befund einer Kontinuität der Problematik, die sich zwar in der Geschichte entfaltet, als deren Bestimmung aber gleich bleibt: die Problematik einer alles Menschenleben bestimmenden, ebenso ungeklärten wie unbeherrschten Ungewißheit seiner Weltstellung. Deren Bewußtsein in der europäischen Kulturgeschichte ist älter als die dem zeitgenössischen Bewußtsein in ihrer Fragwürdigkeit so befremdlich nahen späten Zeugnisse. Es *ist* geradezu die Kulturgeschichte Europas.

Als die Bedingung unseres Daseins in der Welt, die nicht verschwindet, ist der Urzustand des Menschseins nicht das, womit es begann, sondern das, was nicht endet. Das, was sich durch alle Geschichte und alle Veränderung hindurch erhält und gleich bleibt.

Für die Geschichte Europas lässt dieser Urzustand sich ideengeschichtlich als Tradition der Weltunheimlichkeit herauspräparieren. Damit wird Anthropologie zu einer ontologischen Archäologie der Humanität (zu diesem Begriff vgl. Steffens, Archäologie).

Ein jegliches Lebewesen ist zugleich ein Fossil. Es trägt in sich – und bis in die mikroskopische Struktur seiner Eiweißstoffe hinein – die Spuren, vielleicht sogar die Male seiner Herkunft. Das gilt für den Menschen noch viel stärker als für jede andere Tierart, weil er der Erbe einer doppelten Evolution ist – der natürlichen und der ›ideellen‹ Evolution (Monod, a.a.O., 197). Die tiefste aller Spuren, die jeder Mensch als Lebewesen in sich trägt, tritt in der ältesten bezeugten Erfahrung hervor, sich als Fremdling in der Welt zu fühlen. Die

Gleichgültigkeit der Welt bestimmt über den Urzustand des Menschseins. Die ›Fremde‹ ist das ›Leitfossil‹ dieser Archäologie.

Zu dieser Wendung gibt es Vorläufer und Vorbereitungen.

In einem späten Entwurf zur Anthropologie als *Frage nach dem Prinzip des Menschseins* hat Martin Buber das Prinzip einer Kulturanthropologie als die Polarität von ›Urdistanz und Beziehung‹ beschrieben. *Die Tatsachen der Urdistanz liefern uns eben die wesentliche Antwort auf die Frage: Wie ist der Mensch möglich?, die Tatsachen der Beziehung aber die wesentliche Antwort auf die Frage: Wie verwirklicht sich das Menschsein? Die erste Frage ist streng kategorial, die zweite kategorial-geschichtlich; die Urdistanz stiftet die menschliche Situation, die Beziehung das Menschwerden in ihr* (Buber, Urdistanz, 20). Nach der Shoah formuliert, mutet das an wie ein Äußerstes an Ignoranz oder Zuversicht, im einen Fall so befremdlich wie im anderen. Der Befund stimmt, der diesem anthropologischen Modell zugrunde liegt; aber wie tragfähig ist das auf ihn gegründete Modell ›danach‹? Diese Frage stellt sich seither jeder Anthropologie; in ihrer Ungeklärtheit liegen Berechtigung und Verpflichtung zu ihrem Neubeginn.

Bubers metaphysisch einleuchtende Vermittlung büßt durch ihre unvermeidliche Konfrontation mit der Erfahrung des Kulturbruchs, der genau darin bestand, jene Verbindlichkeit aufzukündigen, die eine Gesellschaft in dem Maß zu einer menschlichen Gemeinschaft macht, in dem *ihre Mitglieder einander bestätigen* (Buber, Urdistanz, 26), nichts an Plausibilität ein, wohl aber fast alle Gewißheit.

Dessen eingedenk zu bleiben, erweist sich als desto notwendiger, je deutlicher sich zeigt, dass die unser zeitgenössisches Bewußtsein anthropologisch prägende Erfahrung der Geschichte in den sie bestimmenden Ereignissen von eben den Momenten beherrscht ist, die die dauerhafteste Urreaktion auf jenen Urzustand darstellen: *Schuld* und *Opfer*.

Die Bestimmung des Menschen als Wesen der Schuld, welche das Neue Testament in der paulinischen Version seiner Offenbarung vornahm, verlieh der christlichen Theologie jene Tendenz hin auf Geschichtlichkeit, die ihr Erbe noch in der bürgerlichen Epoche des Religionszerfalls als Modell des neuen Denkens zumutbar und wirksam bleiben ließ: *der Mensch, so wird hier erkannt, ist ein essentiell geschichtliches Wesen, das im Lauf seiner Geschichte grundlegende Wandlungen durchmacht: je nach seiner Zeitstelle ist er immer wieder ein anderer. Adam vor und nach dem Fall, die Menschheit vor und nach Christus ist jeweils nicht nur in Außenbezirken des Menschseins, sondern bis ins Innerste hinein verschieden. Daher darf die Anthropologie die geschichtliche Dimension des Menschen nicht außer acht lassen; sie muß sich erweitern zur Geschichtsphilosophie* (Landmann, Anthropologie, 76).

Vor allem aber muss sie die Idee der ›Schuld‹ ins Zentrum aller ihrer Überlegungen stellen, die sich auf eben diese Geschichte beziehen. Diese Wendung ist alternativlos, ja zwingend, seit in der scheinbar seit langem vollkommen ›säkularisiert‹ gewesenen Geschichte Europas Schuldverstrickungen entstanden, die ohne Vorbild und beispiellos sind. Die Geschichte selbst hat die Schuld als Movens ihres Geschehens in die Bemühungen um eine Bestimmung des Menschseins aus der Erfahrung der Geschichte zurückgeholt, deren eigenes Verständnis sich von den christlichen Ursprüngen ihrer Konzeption vollständig gelöst hatte. Diese Wendung gilt auch dann, wenn man die Kontroverse um ›Säkularisierung‹ eher mit Blumenberg gegen Löwith, als umgekehrt entschieden findet.

Wir leben in ihr, aber wir kennen sie nicht; denn die Welt ist uns fremd. Gegen die Weltfremde müssen wir anleben.

Wir wissen von uns, aber wir kennen uns nicht, deshalb sind wir uns fremd geblieben. Gegen die Selbstfremdheit müssen wir leben.

Mit dieser doppelten Unkenntnis von Welt und Mensch bekommt es jedes Bemühen zu tun, ein Erwachen aus dem ›Schlaf‹ der Anthropologie zu einem neuen Tag der Menschen-er-kenntnis zu erwirken. Einer Philosophie, die sich aus der historischen Erfahrung der Selbstverleugnung des Menschseins neu zu bilden sucht, stellt sich die Aufgabe einer Durchdringung von Anthropologie und Ontologie. *Wenn er sich finden wollte, stieß er auf das Rätsel der Welt: wollte er das Rätsel der Welt entschleiern, so schritt er näher auf sich zu* (Loerke, Heimann, 19).

Aus dieser Perspektive betrachtet, lassen die elementaren Fragen sich zwar immer noch nicht leichter beantworten; aber um so viel präziser stellen, wie es erforderlich ist, um eine Antwort überhaupt denkbar werden zu lassen, die der junge Robert Walser, in das zu seiner Lebenshoffnung gewordene Berlin übersiedelt, noch keck stellt: *Was ist Welt? Ein Gerücht? Ein Gerede?* (Robert Walser, Kleine Berlinerin, in: Berlin, 89).

Das eine so gut wie das andere.

Vor allem aber ist sie, was jeden, der dazu kam, in ihr zu leben, zu dem macht, der er ist. Die Welt ist, was wir sein müssen.

Für unser Leben jedoch beanspruchen wir, zu sein, wenigstens zu werden, was wir sein wollen.

Jedermann weiß, wer er ist. Oder versteht doch, vorzugeben, für wen er gehalten werden will. Wenigstens, es sich selbst vorzumachen. Ohne eine Selbstüberzeugung vom eigenen Dasein lässt es sich nicht leben. Vor dem Leben aber, das sie trägt, besteht keine Selbstgewißheit auf Dauer. Und schon gar nicht von Anfang an. Das Leben muss fortgeschritten sein, um ausbilden zu können, wovon es getragen werden kann.

Die Hoffnung, die der junge Poet Robert Walser an seine Übersiedlung in die Reichshauptstadt knüpfte, erneuert sich in jeder Existenz, und wird in jeder unweigerlich auf die Probe gestellt, von deren Bestehen oder Nichtbestehen abhängt, wer man schließlich wirklich sein wird. *In Berlin werde ich in kürzerer oder längerer Zeit zu meinem wahrhaftigen Vergnügen erfahren, was die Welt von mir will und was meinerseits ich selber von ihr zu wollen habe* (zit. n.: Greven, Nachwort zu: Walser, Berlin, 161). Das Widerspiel zwischen dem Willen der Welt und dem eigenen Wollen in ihr auszubalancieren, ist die Lebensaufgabe.

Gelebt wird erst dann im Selbstbewußtsein eines eigenen Lebens, wenn es aus dem Bewußtsein der Differenz zwischen gelebtem und gewolltem Leben nicht mehr nur erfahren wird, sondern auch geführt werden kann: wenn man als der lebt, der man wurde, ohne dieser sein zu wollen. Erst wer für sich wurde, der er wurde, ohne es beabsichtigt zu haben, kann die Distanz zu diesem falschen Selbst herstellen, aus der heraus es möglich werden kann, anzustreben, was einer stattdessen sein will. Der Lebensweg zum Selbst führt über den unvermeidlichen Umweg der Erfahrung seiner

Verfehlung. Keiner wird zu sich kommen, der ihre Drohung nicht wenigstens einmal zu spüren bekam.

In diesem Bruch siedelt die zweitälteste Denkform. Nach der Götterpoesie nahm es die Philosophie auf sich, es mit allem aufzunehmen, dessen Unverständnis so dauerhaft zum Skandal des Begreifenwollens aus Begreifenmüssen wurde, dass es nicht auf sich beruhen bleiben kann. Ihre Leistungen bestehen in Lesarten der Weisen, das Unbegreifliche darzustellen.

An keinem ihrer Gegenstände wird das so überraschend und entmutigend deutlich wie an ihrem letzten. Beinahe nichts von dem, was sie seit ihrer Entdeckung des Menschen über ihn ausgemacht zu haben überzeugt gewesen ist, hat vor den Erfahrungen der Menschen mit sich selbst und anderen bestehen können. Was immer sie lehren oder nicht lehren mag, die Geschichte macht es zur Gewißheit, dass es kein praktisches Lehrbuch der Anthropologie geben kann.

Ihr Gegenstand ähnelt jenem Fabelwesen mittelalterlicher Phantasie, das so oft beschrieben, und niemals zweifelsfrei nachgewiesen wurde: für den, der nach ›dem Menschen‹ sucht, wird er zum Einhorn einer Einbildungskraft, die das Un*begreifliche* nicht un*vorgestellt* lassen kann.

Bedenkt man Zwangsläufigkeit und Dauerhaftigkeit dieses Verlaufsmusters, so konvergiert historische Reflexion des Menschlichen auf die zwar beleg-, aber nicht erweisbare Vermutung, dass es eine ursprüngliche Gewalt des Daseins geben muss, eine in seinem Ursprung angelegte und sich mit jedem neuen, das entsteht, wiederherstellende Gewalt, die es dazu zwingt, mit sich selbst in Widerspruch zu geraten. Nichts belastet das menschliche Leben so sehr wie seine Weisen, da zu sein. Was in der Sozialphilosophie des 20. Jahrhunderts als Fluch der Selbsterhaltung dingfest gemacht wurde, muss tiefere Ursachen haben als gesellschaftliche, da das Phänomen nicht an eine bestimmte gebunden ist, sondern über Jahrtausende hinweg in den verschiedensten Gesellschaftsformen auftritt.

Der Selbstwiderspruch des gelebten Lebens mit dem erstrebten ist das geringere Phänomen gegenüber der Widerständigkeit einer Welt, die vor allem sonst immer das ist, was ›ich‹ nicht bin. Im Extrem kann dieses, was ich nicht bin, mein eigenes Dasein ergreifen, wenn ich als Objekt einer

Feindschaft äußerstenfalls zu dem gemacht werde, was es in der Welt nicht geben soll.

In den Erfahrungen der *Überwältigung* prägt die Struktur des Seins sich dem Dasein ein. Für die Anthropologie ist die ›Welt‹ kein Gegenstandsbegriff des Erkennens, sondern der Inbegriff von Erfahrungen und deren Bedingungen, die über die Sinnerlebnisse und die Selbstwahrnehmung eines individuellen Lebens entscheiden.

II

Ein anderes Denken

Vom Opferpriester zum Weltfreund

Ein Selbst besitzt, wer auf die – selten originär neugierige, dafür immer zudringliche – Frage: Was sind Sie?, eine Antwort bereit hat, die mehr ist als eine Berufsbezeichnung.

Einer, der über die Welt nachdenkt – das lässt sich kaum noch als die Antwort eines Philosophen vorstellen. Ist er einer von denen, die die Frage an die beschämende Unklarheit seines Pseudometiers erinnert, wird er zu der für solche Fälle bereitliegenden Ironie greifen und erläutern, einer, der über Gott und die Welt nachdenke.

Womit in der doppelten Abwehr von Scheininteresse und Selbstzweifel die ganze Problematik umrissen wäre, derer einer sich zu stellen hat, der auf die Frage, was er sei, sagen müsste: Philosoph. Oder besser: sagen könnte, und zu sagen wagte. Denn der ›Philosoph‹ alleine ginge nicht als Identitätsbeglaubigung durch, für die erst ein, sollte er in der Lage sein, es hinzuzufügen, ergänzendes ›Professor der Philosophie‹ sorgen könnte. Schopenhauers Erläuterung des Unterschiedes ist nicht überholt.

Der einzige Gott, der noch einer sein durfte, gab den Menschen die Welt, nachdem er deren ursprüngliche Einrichtung für sie widerrufen hatte, weil sie sich nicht aufführten, wie er es erwartete. Sie verloren sie noch einmal, als er aus ihr verschwand. Seitdem sind sie darum bemüht, sie wiederzuerlangen.

Die Scham, die einen befallen kann, der zum Bekenntnis gezwungen wird, wie es in der gar nicht harmlosen Frage lauert, was einer denn sei, er widme sein Leben einer im allgemeinen als ehrwürdig, aber bedeutungslos geltenden Sache, gründet mit im Versagen derer, die ihm in dieser Fragwürdigkeit vorangingen. Dass Philosophie nichts mehr zum Leben in der Welt beizutragen hat, liegt eben auch daran, dass sie seit langem von beidem nicht mehr spricht, und auch etwas dazu getan hat, dass von Gott nicht mehr gesprochen wird.

Dieser Verzicht war zu der Bedingung längst geworden, als die Hegel ihn in der Vorrede zu den ›Grundlinien der Philosophie des Rechts‹ 1820 einer Philosophie auferlegte, die *als der Gedanke der Welt* das *Ergründen des Vernünftigen ist, eben damit das Erfassen des Gegenwärtigen und Wirklichen, nicht das Aufstellen eines Jenseitigen (ist), das Gott weiß wo sein sollte – oder von dem man in der Tat wohl zu sagen weiß, wo es ist, nämlich in dem Irrtum eines einseitigen, leeren Räsonierens.* Das war für die Philosophie gegen den sich abzeichnenden neuen Anspruch auf exklusive Wirklichkeitserforschung gerichtet, den die sich zum endgültigen Auszug aus ihr anschickenden Wissenschaften als Basis ihrer Legitimation wählten. So sehr er diese heraufziehende Konkurrenz bereits veranschlagt, so entschieden verwahrt Hegel sich dagegen, der Philosophie zum besseren Bestand in ihr eine Teilnahme an den aus ihrer Erkenntnis zu erwartenden Veränderungen der Wirklichkeit anzusinnen. Dazu kann sie, die *ihre Zeit in Gedanken erfaßt,* ohnehin nur *immer zu spät* kommen.

Die Erkenntnis der Welt bleibt nicht ohne Wirkung auf ihre Zustände. Aber nicht diese hat sie im Blick, sondern die Menschen, die sich darum bemühen, es in ihnen auszuhalten. Das Ziel der Welterkenntnis kann nur Menschenverständnis sein.

Nur deshalb kann es als empflindlicher Verlust überhaupt empfunden werden, feststellen zu müssen, dass die Welt vom Nachdenken vernachlässigt wird.

Das ist kein historischer Befund. Er gehört zur Zeitgenossenschaft am Beginn des dritten Jahrtausends der Zeitrechnung einer Geschichte, zu deren dauerhaftesten, seltsamsten und aufregendsten menschlichen Hervorbringungen die Philosophie gehört. *Unsere Welt ist lautlos untergegangen. Die Welt, von der man noch nicht einmal Abschied nahm*, notiert Botho Strauss am Ende des zwanzigsten Jahrhunderts (Kopist, 88).

Woher rührt dieser Verlust? Und warum ist es einer?

Aus einem Arbeiter am Werden einer allgemeinen Kulturgesinnung war die Philosophie nach dem Zusammenbruch in der Mitte des neunzehnten Jahrhunderts ein Rentner geworden, der sich fern von der Welt mit dem, was er sich gerettet hatte, beschäftigt. Sie wurde zu Wissenschaft, die die Ergebnisse der Naturwissenschaften und der historischen Wissenschaften sichtete und das Material zu einer zukünftigen Weltanschauung zusammentrug und dementsprechend einen gelehrten Betrieb auf allen Gebieten unterhielt. Zugleich wurde sie immer von der Beschäftigung mit ihrer eigenen Vergangenheit absorbiert. Fast wurde die Philosophie zur Geschichte der Philosophie. Der schöpferische Geist hatte sie verlassen. Mehr und mehr wurde sie eine Philosophie ohne Denken. Wohl dachte sie über die Resultate der Einzelwissenschaften nach, aber das elementare Denken kam ihr abhanden. (...). Weltfremd war sie geworden, bei allem Wissen (Schweitzer, Kultur, 19 f.). Seitdem Albert Schweitzer darin vor einem guten Jahrhundert die *Schuld der Philosophie an dem Niedergang der Kultur* sah, was eine freundliche, sie ehrende, aber eine große Überschätzung zwar nicht ihrer Aufgabe, doch ihrer Wirkungsmöglichkeit war, ist seine Klage immer seltener widerlegt worden.

Selbst ihre Adressaten teilten sie. *Die Welt, von der wir doch ein Stück sind, kam uns ganz abhanden und wurde uns in unabsehbare Ferne gerückt*, hatte Ernst Mach, einer der Pioniere der fatalen Verwissenschaftlichung der Philosophie, 1886 in seiner ›Analyse der Empfindungen‹ geschrieben (zit. n. Sommer, Husserl und der frühe Positivismus, 12. – Zu Mach und seiner vorhusserlischen Phänomenologie vgl. Sommer. Zum Mach-Zitat dort 44 f.).

Da war Schopenhauers apodiktische Bestimmung der Philosophie als *Weltweisheit* noch in Erinnerung: *ihr Problem ist die Welt: mit dieser allein hat sie es zu tun und läßt die Götter in Ruhe, erwartet aber dafür, auch von ihnen in Ruhe gelassen zu werden* (Schopenhauer, Welt als Wille, 243).

Gibt es eine Rivalität zwischen der Zumutung, man habe sich gefälligst selbst zu verstehen und von seinem Selbstverständnis Rechenschaft zu geben, und der Ungebrochenheit des Verlangens, die Welt und nichts als die Welt zu verstehen? Man kann es sich leicht machen und antworten: Gerade dies, nichts anderes als die Welt verstehen zu wollen, sei eben der Kern eines Selbstverständnisses. Dieses mag sich aus der Unerträglichkeit nähren, ein Leben in einer Welt hinzubringen, aus der man davongehen könnte, ohne sie verstanden zu haben. Nicht die Welt ist die Episode – ich bin es. Daraus könnte alles folgen (Blumenberg, Selbstverständnis, in: ders., Verführbarkeit, 136). Zu Ende, oder wenigstens weiter gedacht, heißt dies, man wäre kein Mensch gewesen, stürbe man, ohne, wenn schon nicht die Welt, so doch etwas von ihr verstanden, oder sich wenigstens darum bemüht zu haben.

So könnte ein Mythos lauten: Wer die Welt unverstanden verlasse, gelange nicht dorthin zurück, woher er in sie kam und müsse sich in einer anderen erneut um diesen Erwerb der Seinsrückkehrwürdigkeit bemühen. Henry Fieldings Fiktion eines Berichts eines Gestorbenen von 1743 ›Eine Reise von dieser Welt in die nächste‹ ist ihm am nächsten gekommen. Für den Philosophen enthält er den bedenkenswertesten Hinweis, dass es gerade die Überzeugung sein muss, es in der Erkenntnis der Welt zur Weisheit gebracht zu haben, was eine abgeschiedene Seele um ihre Aufnahme ins Jenseits bringt. *Ich sah mich bald darauf durch den Richter eben so grausam enttäuschet, wie ich vordem auf angenehme Weise überraschet worden war. (...). Ich fing also an und erzählte meine ganze Geschichte, am Ende eines jeden Satzes erwartend, er werde das Thor zu öffnen befehlen; aber ich wurde genöthiget, alles zu erzählen, bis Minos mich nach kurzer Überlegung wie folget ansprach: – »Ihr, Herr Neunmahlklug, tretet hervor, wenn es Euch gefällig ist. Glaubt mir, mein Herr, ein Rückweg auf die Erde wird einer der weisesten Schritte seyn, die Ihr je gethan habt, und Eurer Weisheit mehr Ehre als jeder der vorigen machen. Auf der andern Seite wäre nichts einfältiger, als wenn Ihr ins Elysium wolltet; denn wer sonst als ein Narr bringt eine Waare von einem Orte, wo sie den höchsten Werth hat, an einen anderen, wo sie gar nichts gilt? Doch ich will Eure Ernsthaftigkeit nicht durch einen Scherz beleidigen; aber Ihr müßt dahin zurückkehren, woher Ihr kamet; denn das Elysium ist nicht für solche bestimmt, die zu weise sind, um glücklich zu seyn.« Dieser Urtheilsspruch bestürzte mich sehr* (Fielding, Reise, 88 f.). Die Weisheit ist ein gefährliches Gut. Man sollte sich hüten, mehr als nur ihr Freund werden zu wollen.

Da Philosophen bei allem, was sie vortragen und veröffentlchen, immer auch auf die Apologie ihrer unter dem Generalverdacht ihrer Entbehrlichkeit stehenden Sache bedacht sind, zu deren Rhetorik es gehört, sich die Kritik zu eigen zu machen, konnte die Weltabstinenz der neueren Philosophie von denen, die diese Kritik ernst nehmen, nicht übersehen werden.

Im Werk Michel Serres wurde sie zum Antrieb einer Selbsterneuerung der Philosophie.

Das mindestens seit einem halben Jahrhundert am meisten vergessene, verachtete, aufgegebene unter den einstigen Objekten der Philosophie ist die Welt, diese Welt, in der wir nicht mehr leben, deren fossile Überreste wir nur noch gelegentlich besichtigen an den entlegensten Orten unseres Know-how, diese besiegte, verstümmelte und bald nur noch scheußliche Welt, die wir endlich ganz nach Belieben umstürzen können, ohne recht zu sehen, was daraus werden wird. Was das siebzehnte Jahrhundert vorausgesehen hatte: daß wir ihre Herren sein werden; und was das neunzehnte Jahrhundert vorausgesagt hatte: daß wir sie verändern würden; diese philosophischen Thesen sind heute Kinderspiele, denen wir uns nach Lust und Laune hingeben. Wir gehen bis an die Grenze dieser Lektion, wir können die Welt zerstören, und einige bereiten sich darauf vor, methodisch und zielstrebig. Die Welt ist nicht mehr die Grundlage unseres Lebens und noch weniger das Dekor unseres Daseins (Serres, Spaziergang, 130).

In einer Welt der durch Zerstörungen erreichten Weltveränderung wird die Weltignoranz des Philosophen zum Skandal der Mittäterschaft am Unzulässigen, dessen Ereignisse die Unzumutbarbeiten des Daseins unablässig vermehren.

Durch Erstarrung zum Rationalitätsdogmatiker zu ihrem Komplizen geworden, macht die tätige Weltvergessenheit der Zivilisation der Weltveränderung den Philosophen zu einem neuen Opfer-Priester.

Unser Übel ist es zu glauben, daß die Zeit nur durch Zerstörung vorwärts geht; daß das Zukünftige jenseits der Ruinen liegt, daß die Kinder jenseits des Grabes der Vorfahren geboren werden. Ist das unausweichlich? Ich sehe keinen Unterschied mehr zwischen den Philosophen, die durch das Werk des Negativen voranschreiten und den Menschenopfern der Azteken, die oben auf ihrer Pyramide dem Opfer das Herz herausreißen, damit die Sonne nicht ihre Bahn verläßt. Auch sie glauben, daß der Tod in der Zeit liegt, daß er der Motor der Welt und der Geschichte ist. Beendet das Opfern und ihr werdet sehen, daß die Sonne auch weiterhin ihrer Bahn folgt. Beendet Zerstörung, Mord und Verwüstung, und die Geschichte wird auch ohne Blutbad friedlich weitergehen. Später dann werden eure Nachkommen nicht mit Verachtung an euch denken. Es war jene Zeit, werden sie zu ihren Kindern sagen, wo unsere Vorfahren, unsere wilden, unter Geschichte ihren eigenen unersättlichen Durst nach Leichen verstanden. Was würde passieren, wenn wir nicht mehr mitarbeiteten am Werk des Todes? Was könnte er ohne uns ausrichten? Was, wenn seine Notwendigkeit nichts anderes wäre als unser Wille? Oder wenn das, was wir für ein Naturgesetz halten, nur eine schlechte Angewohnheit wäre? Daß sie sich verlöre, sobald sie keine Unterstützung mehr fände? (Serres, Ablösung, 70).

Mit ihrer jahrhundertelang geübten Selbstdegradierung zur Magd erst der Theologie, dann der Wissenschaften wurde die Philosophie zu einem Diskurs unter anderen. Ihre Diskursivität enthält bereits ihren eigenen Weltverlust, der ihre Bedeutungslosigkeit *für* die Welt besiegelt. *Da endet ein halbes Jahrhundert Philosophie ohne einen Baum, ohne ein Stückchen Himmel, ohne einen See, ohne ein Meer. Als Diskurs über den Diskurs war sie schwarz auf weiß zu lesen und vergaß die Welt* (Serres, Anfänge, 7).

Unter den oft verblüffenden, immer erhellenden, Zeit seines Lebens in unerhörter Disziplin notierten Morgengedanken Paul Valérys findet sich einer, der das Desinteresse an der Welt als eine umwegigste Art des Interesses an ihrem Fortbestand erscheinen lässt. *Die Welt hört nicht auf, auch das Leben und der Geist nicht, weil uns die Dinge, die schwer zu erkennen sind, Widerstand leisten. Einmal enträtselt, würde alles sogleich vergehen; ein durchsichtig gewordenes Universum könnte so wenig bestehen wie ein aufgedeckter Betrug oder das Kunststück eines Taschenspielers, dessen Geheimnis man kennt* (Valéry, Verschwiegenes, Werke 5, 320 f.). Wer ihre Existenz sichern will, müsste also nicht nur, pragmatisch-ökologisch, die Finger von ihr, sondern die Welt vor allem in seinem Bedenken selbst auf sich beruhen lassen. Der Bestand der Welt ist abhängig von ihrer Unerkanntheit. Dann würde es irgendwann zur Welterhaltungspflicht, den Erkenntnisfortschritt aufzuhalten, wenigstens zu verzögern. Auch wenn man der in ihm auch liegenden Suggestion dieses Gedankens nicht folgt, die Dummheit als eine der wesentlichen Bedingungen für den Bestand der Welt halten zu müssen, was eine formale Analyse der Dummheit zur Methode machte, doch noch zu erkennen, was die Welt im Innersten zusammenhält, liegt darin eine wesentliche ontologische Warnung: das philosophisch zwingende Interesse an der Welt nicht mit dem Zwang zu ihrer Erkenntnis zu verwechseln. Aber davor ist eine Philosophie hinlänglich gefeit, die ihr eigenes Erkenntnisideal an der Methodik der Wissenschaft ausrichtet, die auf dem Verzicht auf Wesenserkenntnis beruht.

Aber wie alles Menschliche nur um Menschen willen geschieht, so auch die Rettung der Welt, und wäre es nur eine im und für das Denken.

Ein anderer Gedanke Valérys, notiert in unmittelbarer Nachbarschaft zum vorigen, lässt diese ebenso verpflichtende Erkenntnisbescheidenheit näher bestimmen. *Sich kennen heißt nicht sich bessern. Sich kennen ist ein Umweg, um sich zu vergeben* (a.a.O., 322). Die Philosophie heute auf ein erneuertes Weltinteresse zu verpflichten, hat anthropologische Verbindlichkeit. In Gattungsanalogie übertragen, besagt dies, dass Anthropologie eine Anstrengung zur Entschuldung der Menschheit vor sich selbst ist. Dann besteht die Arbeit der Philosophie darin, die Monstruosität des menschlichen Lebens, wie seine Geschichte und die Begebenheiten seiner Zeitgenossenschaft sie jederzeit und überall darbieten, durch Erkenntnis zu distanzieren: jenen Spielraum der Distanz zu schaffen, in dem anderes als unabsehbare Fortsetzung der Kontinuität des Fatalen möglich ist.

Einen Rückweg aus der Weltvergessenheit bietet der Verzicht auf Diskursivität zugunsten einer beziehungsreichen Reflexion bezeugten Lebens. Im Bedenken der Zeugnisse wird Philosophie in die vernachlässigte Welt zurückgeleitet.

Das ist nicht Sache individueller Wahl. Man kann darauf verzichten; folgt man aber diesem Weg, so erfüllt man eine elementare Beziehung. *Es gibt etwas in der Welt, das zum Denken nötigt. Dieses Etwas ist Gegenstand einer fundamentalen* Begegnung, *und nicht einer Rekognition* (Deleuze, Differenz, 182.- Hervorhebung im Original).

Es ist: sie selbst.

Diese Begegnung ist eine in sich nicht bestimmbare Erfahrung. Es ist die Welt in ihrer Un(be)greiflicheit, was uns überhaupt denken macht.

Wer denkt, ist in ihr; wer sich dessen vergewissert, auf dem Weg zu seiner eigenen.

Weil es zugleich die Erfahrung der Selbst-Befremdung des Wesens ist, das nur sein kann, indem es sich denkend orientiert, heißt auf das Undenkbare zu stoßen, zugleich die eigene Seinsbegrenzung erfahren. Deshalb muss die Welt gedacht werden, um das Menschliche denken zu können: sie grenzen aneinander und bestimmen einander in dieser gegenseitigen Begrenzung.

Aber dieses Denken geschieht diesseits jeder Bestimmung ›der Welt‹. *Wer die Welt zum Begriff erhebt, kann sie darin verschwinden machen. Hermann Hesse hat darauf hingewiesen, daß mit dem Tode jedes Menschen ein Kosmos zugrunde geht. Der Begriff und seine ideologische Verballhornung können mörderische Leistungen des Intellekts werden, und keine Idee, keine utopische Vision hat das Recht, in das unwiederholbare Leben des einzelnen gewalttätig einzugreifen. Aufklärung ohne Trauer, Wissenschaft ohne Demut, Erkenntnis ohne Betroffenheit können tödlich wirken* (Lange, Tagebuch, 25). Das ist keine bloß kluge Vermutung, sondern übermäßig belegte Erfahrung.

Im Denken der Lebenserfahrungen, mittels dessen, was Gilles Deleuze und Félix Guattari ›Perzept‹ nannten: *die sinnlich unspürbaren Kräfte, die unsere Welt bevölkern, die uns affizieren, uns werden lassen, spürbar zu machen* (Deleuze/Guattari, Philosophie, 216), konstituiert die Welt sich als Medium der Existenz.

Wem ein solches Denken gelingt, dem stünde als Antwort auf jene jedem Philosophen unbehagliche Frage danach, was er sei, als Variante dessen zu, was Franz Werfel im Titel seiner ersten Gedichtsammlung von 1911 *Weltfreund* nannte.

Eine Sache der Gelehrsamkeit zwar, aber nicht der Erkenntnis, eher des Verstehens, des Fragens eher als des Antwortens zu sein, hilft dem Philosophen dabei, als letzten Sinn seines Einsatzes anzuerkennen, die Philosophie entbehrlich zu machen. Was eben nicht heißt: überflüssig, sondern das, was sie leisten kann, so allgemein zu machen, dass es sie als Besonderheit einiger weniger nicht mehr geben müsste.

Dass dies keine besonders anmaßende Bescheidenheit ist, belegt, dass Philosophie nichts anderes zum Gegenstand hat als das, was alle interessiert, denen ihr einmaliges Leben zu kostbar ist, um es so unverstanden zu beenden, wie es begonnen wird.

Die Philosophie, die ihre eigene *Weltferne* entdeckt, bemerkt nicht nur *an* sich, sondern *sich selbst* als ein Symptom jener *Weltfremde*, gegen die anzudenken ihre ureigene Sache gewesen ist, bis sie im kulturellen Bewußtsein Europas von der Wissenschaft und der von dieser geweckten Zuversicht einer bevorstehenden Vollendung des Weltbesitzes ersetzt wurde, dessen Verheißung mit den ersten Laboratorien und Werkstätten einer technischen Kunst in der Renaissance eingesetzt hatte.

Dass sie es noch einmal werden müsse und könne, ist Voraussetzung und Ertrag einer Ontoanthropologie.

Umwege zum Selbst

Meine Kollegen halten mich für einen Humanisten, das heißt für einen Menschen, der die Welt mit freundlicher Abscheu betrachtet (Brudzinski, Katzenjammer, 5).

Aber ist es wirklich die Welt, die Abscheu erregt? Sind es nicht eher die Menschen, die mit ihren Taten und Unterlassungen, die die Welt zu dem machen, als die wir sie erleben, einander zur Last werden?

Grell starrt die Leere weißer Tischtücher. Die Feindseligkeit, die Gleichgültigkeit der anderen Leute, die hier zu Abend essen, ist bedrückend. Wir sehen einander an; entdecken, daß wir einander nicht kennen, starren ins Leere und sehen dann wieder weg. Solche Blicke sind Peitschenhiebe. Ich fühle die ganze Grausamkeit und Gleichgültigkeit der Welt in ihnen. Wenn er nicht käme, ich könnte es nicht ertragen (Woolf, Wellen, 117).

Die Welt ist ein Problem des Menschseins.

Dann ist es gemäß philosophischer Disziplinenaufteilung Sache der Anthropologie, sich um die Welt zu kümmern.

Nach den Maßstäben dieser Aufteilung aber ist diese Zuordnung unorthodox. Die Tradition hat das Weltproblem als eines der Metaphysik und der Erkenntniskritik abgehandelt, und danach gefragt, ob es sie gebe, ob und wie sie erkennbar, schließlich, was sie sei.

Die Frage, was sie für diejenigen bedeute, die in ihr leben, ist dabei mehr als nur vernachlässigt worden. Die als letzte Disziplin entstandene Anthropologie hat die Welt schließlich nicht zu ihrer Sache gemacht, vielmehr den Verzicht auf deren Erkenntnis zu einem Zentralstück ihrer eigenen Legitimierung.

Wer sich philosophisch für sie interessiert, muss sich mit einer Denkform einlassen, die der Lebensform des modernen Menschen am fernsten gerückt ist, der Metaphysik.

Seinen angehenden Doktoranden Golo Mann würdigte der hannoveranisch strenge und im direkten Umgang ganz undiplomatisch kalte Karl Jaspers Ende der 20er Jahre eines improvisierten Kurz-Kollegs über das

Entscheidende. *Nachdem wir eine kurze Weile über meine Arbeit gesprochen hatten, ging er zu Ernsterem über. »Nun muß ich Ihnen einen kleinen Vortrag halten«. Es ging um die Situation der Philosophie heute. Alles müsse neu begonnen werden; »den alten Philosophen glauben wir nicht mehr«. Wohl müsse man sie kennen, oder besser, einen von ihnen gründlich kennen; aber um die Frage, was die Welt sei, gehe es nicht mehr, sondern um des Menschen Erdendasein. »Da interessiert uns alles; die Wissenschaften, die Historie, die Sprache, die Gesellschaft, was immer«. Er meinte das, was im zweiten Band seines Werkes ›Philosophie‹ Existenzerhellung hieß* (Golo Mann, Erinnerungen, 302 f.). Hätte es sie in der ersten Jahrhunderthälfte tatsächlich gegeben, dieses Zeugnis wäre der Beleg, dass auch Jaspers‹ Existentialismus Teil der anthropologischen Wende war, die man später glaubte, in ihr ausmachen zu können.

Den Menschen erkunden zu wollen, indem über die Welt nachgedacht wird, muss akademisch als Verstoß gegen die eindeutige und klare Abgegrenztheit eines Sachverhalts gelten, die wichtigste Grundregel wissenschaftlicher Verfahrensweise. Das ist die Philosophie den Interessen des Betriebs einer Institution schuldig, die darauf bedacht sein muss, ihre gesellschaftliche Berechtigung nachweisen zu können, was man noch immer am besten dadurch tat, möglichst viele Sachgebiete der eigenen Kompetenz zuzuschlagen.

Die wirklichen Denker haben auf Einsicht, und zwar ihrer selbst wegen, hingearbeitet; weil sie die Welt, in der sie sich befanden, doch irgend wie sich verständlich zu machen inbrünstiglich begehrten; nicht aber um zu lehren und zu schwätzen.

Arthur Schopenhauers Kritik an der Universitätsphilosophie seiner Zeit trifft – allzumenschliche Polemik gegen den als *Spaaßphilosophen* verachteten Hegel, von dem der erfolglose Privatdozent sich an der Berliner Universität zurückgesetzt und gedemütigt fühlte, abgezogen – den Kern der Skepsis, die sich gegen die als eine Wissenschaft innerhalb der Wissenschaftsinstitutionen organisierte Philosophie richtet, desto mehr, je erfolgreicher im Sinne von Wissenszuwachs alle anderen Disziplinen seit ihrer Neubegründung im 19. Jahrhundert wurden. Sie hat kein instrumentalisierbares Wissen zu bieten; was sie stattdessen zu bieten hätte, kümmerte sie sich nur um ihr ureigenstes Interesse, wäre allerdings, wozu keine noch so erfolgreiche Wissenschaft, außer vielleicht der Physik, seit sie nach der Weltformel sucht, jemals gelangen kann: ein Verständnis dessen, in dessen Rahmen Kenntnisse erst ihren Sinn gewinnen. Dafür steht als Inbegriff die »Welt«.

Aber warum sollte man überhaupt noch etwas über »die Welt« erfahren wollen? Da doch von ihr kaum noch etwas zu erfahren und zu besichtigen übrig geblieben ist? Sie steht jedermann zu jeder Zeit an jedem beliebigen Ort offen, zu Bedingungen, die keine todesmutige Abenteuerbereitschaft mehr erfordern, zieht es einen nicht gerade in von Bürgerkrieg und Terror beherrschte Regionen. Als Touristen zunächst auf den eigenen Spuren, die sie als Landser der Wehrmacht durch Europa gezogen hatten, die dazu bestimmt war, die deutsche Weltherrschaft in einem zweiten Anlauf doch noch zu erobern, von der selbst ein Max Weber für die Gebildeten seiner Zeit träumte, später auf deren Spuren dann ihre Nachkommen, haben im vergangenen halben Jahrhundert gerade die Deutschen soviel von der Welt gesehen, wie wohl kein anderes Volk.

Sollte es nicht so sein, dass dies auch im Bann der Erfahrung einer von ihnen mitzuverantwortenden Geschichte geschah, in deren Zentrum jener Weltverlust in ungezählten Einzelleben stand, der gattungsgeschichtlich der von allen Geistesbildungen bezeugte größte Schrecken des Menschen ist ? Gleichsam Übriggebliebenes aufsuchen und in seinem nun umso größer gewordenen Wert genießen zu wollen, nachdem man Akteur in der Anrichtung so vieler Verluste gewesen war ? Viele derer, deren Reisewut sie Europa durchstreifen ließ, waren selbst Betroffene, Leidtragende des Rückschlages, der die Erstakteure auf gleiche Art als zweite treffen musste.

Nach den Erfahrungen der menschlichen Selbstbefremdung in den Unmenschlichkeiten der neueren Geschichte ist die Welt das erste Mal wieder Gegenstand menschlichen Interesses aus einem Akt der Abwendung vom Menschen geworden.

Ich bin fest überzeugt davon, daß unter Hitler Millionen von Menschen, jawohl, auch Millionen seiner Anhänger, aus der ›Welt‹, der sie ohnehin schon perspektivelos eingefügt gewesen waren, endgültig herausgerückt worden waren; daß viele von denen, die an den Greueln mitbeteiligt waren, ›keine Welt‹ mehr hatten; daß sie in ihrer weltlosen Situation tatsächlich nichts mehr erkannten; daß sie Menschen nicht mehr als Menschen auffaßten, nicht mehr auffassen konnten; daß ihnen ›im unvertrauten Milieu auch Vertrautes unvertraut wurde‹; und daß schließlich Handlungen, die ihnen früher unmöglich vorgekommen waren, möglich wurden, weil in dieser weltlosen Situation alles gleich möglich und unmöglich schien (Anders, Schrift an der Wand, 212).

Die stets bedrohte Weltlichkeit des Menschseins bedingt die Selbstfremdheit des Menschen. *Als ein in der Welt ausgesetztes Wesen ist der Mensch sich verborgen* – homo absconditus. *Dieser ursprünglich aus dem unergründlichen Wesen Gottes zugesprochene Begriff trifft die Natur des Menschen. Sie läßt sich nur als eine von ihrer biologischen Basis jeweils begrenzte und ermöglichte Lebensweise fassen, die den Menschen weiterer festlegender Bestimmung entzieht* (Plessner, Homo absconditus, 149).- Hervorhebung im Original.). Das Denken von Welt wird zu einem Medium der Neubildung einer Anthropologie, die die Geschichte des 20. Jahrhunderts ihrer bisherigen Fundamente und scheinbar verbürgten Einsichten beraubte.

In seinem ›Offenen Brief an Klaus Eichmann‹ nannte Günther Anders als eine der einschneidendsten Folgen der historischen Sinnimplosionen die *Verdunkelung der Welt*. Ihre Verwandlung in eine reine *Maschinenwelt* hat dem europäischen ›humanistischen‹ Verständnis des Menschseins den Boden entzogen. In dieser Verwandlung liegt das *Monströse* der Geschichte, deren Erfahrung nach einer Erneuerung von Anthropologie verlangen lässt.

Nach den umstürzenden Erfahrungen in der Mitte des 20. Jahrhunderts, die zu einer solchen anthropologischen Wende in der unvordenklichen Zerstörung aller Perspektiven nötigte, die sie bis dahin hatten tragen sollen, kehrt die Welt-Frage als die Grund-Perspektive einer gerade aufgrund dieses Umsturzes zu erneuernden Anthropologie wieder: nun beschreibt es einen möglichen Weg zum ›Menschen‹, die ›Welt‹ zu denken. Im Übergang vom 20. ins 21. Jahrhundert stellt sich ihre Aufgabe neu als Erkundung der

Weltbildung. Die Aufgabe des Lebens ist der Bestand der Welt, wenn die eindrücklichste Erfahrung dieses Lebens die der Weltunsicherheit ist.

Am nächsten ist dem Heidegger gekommen, der wie sonst nur Adorno kein Anthropologe sein wollte, und es auch nicht war, dessen Denken dennoch der präziseste Ausdruck der historischen Situation ist, die eine solche Anthropologie dringlich macht (vgl. Steffens, Wiederkehr, 223-253). Jaspers widerwilliger Kontrahent um die Existenzphilosophie hatte den Menschen erkennen wollen, um das ›Sein‹ verstehen zu lernen; nun geht es darum, die ›Welt‹ zu verstehen, um den ›Menschen‹ neu begreifen zu lernen, der sich in seiner jüngeren Geschichte allem entzogen hat, worauf sein Verständnis beruhte.

Die Frage der Anthropologie lautet nicht mehr, was das Menschsein sei, sondern wie es geschehe. In dieser Hinsicht ist Ernst Cassirers Unterscheidung von Substanz- und Funktionsbegriffen, die er selbst am fruchtbarsten in seiner Kulturphilosophie zur Wirkung brachte, grundlegend geblieben. So sehr, dass selbst sein erklärtester Gegner, der sie schroff verwarf und zu dessen eigenem frühen Ruhm unter einer von den Umwälzungen eines ersten Weltkrieges versehrten akademischen Jugend die in jeder Hinsicht ›unkultivierte‹ Zelebrierung dieser Gegnerschaft in der direkten Auseinandersetzung in Davos erheblich beitrug, nicht umhin konnte, dem Zwang in der Sache folgend von ihr Gebrauch zu machen.

Erschöpft die genannte Bestimmung, daß der Mensch das animal rationale sei, das Wesen des Menschen? (...). Das ist die Frage. Es ist die Weltfrage des Denkens. An ihrer Beantwortung entscheidet sich, was aus der Erde wird und was aus dem Dasein des Menschen auf dieser Erde (Heidegger, Satz vom Grund, 210 f.).

Heidegger wollte seinen Umweg zum Menschsein über das Sein nehmen: die Welt geriet ihm zum Schlachtfeld der Begegnung beider.

Kriegsmetaphorik durchzieht seine große Freiburger Metaphysik-Vorlesung von 1929/30, in der er radikalisiert, was in ›Sein und Zeit‹ erst Sache der »Methode« des sich aus der Phänomenologie Herausarbeitenden gewesen war: den Vorrang des Seins vor dem Dasein. In ihr versteckte Heidegger seine eigene antianthropologische Bestimmung des Menschen. Sie rangiert nicht nur hinter der Ontologie, sie ist auch eine ontologische, indem sie den Menschen als das weltbildende Wesen versteht (Heidegger, Grundbegriffe der Metaphysik, §§ 42-48; 64-68; 74-75).

Welt ist – nach der These – zugehörig der Weltbildung. Offenbarkeit des Seienden als solchem im Ganzen, Welt, bildet sich, und Welt ist nur, was sie ist, in einer solchen Bildung. Wer bildet die Welt? Nach der These der Mensch. Aber was ist der Mensch? Bildet er die Welt etwa so, wie er einen Gesangverein bildet, oder bildet er die Welt als der wesentliche Mensch? »Der Mensch« – so wie wir ihn kennen, oder der Mensch als der, als welchen wir ihn zumeist nicht kennen? Der Mensch, insofern er selbst in seinem Menschsein durch etwas ermöglicht ist? Bestünde die Ermöglichung gerade zum Teil in dem, was wir als Weltbildung ansetzen? Denn es ist nicht so, daß der Mensch existiert und sich unter anderem auch einmal einfallen läßt, eine Welt zu bilden, sondern Weltbildung geschieht, und auf ihrem Grunde kann erst ein Mensch existieren. Der Mensch qua Mensch ist weltbildend, das heißt nicht: der Mensch, so, wie er auf der Straße herumläuft, sondern das Dasein im Menschen ist weltbildend. Weltbildung gebrauchen wir absichtlich in einer Mehrdeutigkeit. Das Dasein im Menschen bildet die Welt: 1. Es stellt sie her; 2. Es gibt ein Bild, einen Anblick von ihr, es stellt sie dar; 3. Es macht sie aus, ist das Einfassende, Umfangende (a.a.O., § 68, 413 f.). Doch auch diese ontologische Anthropologie ist keine und soll keine sein, sondern jene ›Magd‹ im Dienste der Erkenntnis des Seins, die Heidegger zeitlebens der Philosophie als einzige Rolle zubilligen wollte.

Seine Pseudo-Anthropologie hat Heidegger nicht nur philosophisch hinter die Ontologie zurücktreten lassen und als minderen Ranges behandelt, er hat sie auch in ihr angesiedelt: nur als Teil der Ontologie und als dieser nachgeordnet schien sie ihm davor bewahrt, in jene Falle des europäischen Humanismus zu tappen, durch Definition des Menschen sein Wesen zu verfehlen.

Dass in dieser Fluchtlinie zuletzt die Produktion von Nichtmenschen lag, ist der furchtbarste Gehalt der Geschichte des 20. Jahrhunderts und die unverdaute Essenz ihrer Erfahrung geworden.

Bei aller Fragwürdigkeit nötigt es Respekt ab, sich zu verdeutlichen, wie konsequent Heidegger der Zeitgeistsuggestion widerstanden hat, der zu folgen seiner philosophischen Verirrung in den Nationalsozialismus zu schnellerer Entschuld(ig)ung hätte verhelfen können, nach den welthistorischen Schrecken an der Neubegründung des Humanismus mitzutun wie sein Antipode Jaspers es sich mit ›Rückkehr zu Goethe‹ und Benennungen von ›Bedingungen eines neuen Humanismus‹ beflissen angelegen sein ließ. Er hatte, radikaler als seine Kritiker, verstanden, dass der historische Humanismus als Anthropologie, als Entwurf nicht irgendeines, sondern des besten aller möglichen Menschen, zu dem die existierenden zu erziehen wären, eben jene Gefährdung humaner Substanz bereits als Möglichkeit enthielt, die in den Verbrechen der Athropolitik kulminierte: den Menschen zu definieren, stellt ihn zugleich in Frage, indem jede Definition eines Ideals Abweichungen produziert, deren Existenz dessen absolut gesetzte Gültigkeit nicht akzeptieren kann.

Die Definition als Entscheidung über Abweichung ist der Schlüssel zu jeder Macht. Die Bemühung um ihre eigene Bestimmung war ein untergründiges Movens in der Philosophie des von der Macht besessenen 20. Jahrhunderts. Heideggers antianthropologischer Standhaftigkeit entspricht Adornos antihumanistische Aversion, die sich in einem unversöhnlichen Rigorismus gegen jede Operation des Definierens äußerte.

Der Weltverlust ist die Rückseite des Selbstverlustes, eine Spätestfolge der kosmologischen Demütigung des Kopernikus und des humanitätsimplodierenden Scheiterns des Versuchs, diese Demütigung durch eine Anthropologie wett zu machen, deren Bestimmung dem Menschen die Selbstgewißheit zurückerstattete, die ihm seine enthüllte Stellung in der Welt nicht mehr bieten konnte.

Mit Ausnahme der frühen Arbeiten fehlt in Ihrem Werk die Darstellung des Menschen, nicht aber der Hinweis auf ihn, denn man empfindet seine Abwesenheit. (...). Ist dies Ausdruck einer Geisteshaltung oder gibt es dafür nur formal-ästhetische Gründe?

Die Antwort, die der Maler Antoni Tapies auf diese Frage gab, spricht die Ernüchterung des neuzeitlichen Menschen aus, den die ausschließliche

Selbstbezüglichkeit ermüdete und in den Unmenschlichkeiten ihrer Folgen bestürzt.

Auf alle Fälle ist dies keine Frage des Formal-Ästhetischen. Anfangs verspürte ich die Notwendigkeit, den Menschen zu ›töten‹; ich wollte zeigen, daß der Mensch kein von Natur privilegiertes Wesen ist, sondern Teil des Universums wie die Gestirne, daß er nicht mehr ist als ein Stück Papier oder ein Blatt (Catoir, Interview mit Antoni Tapies, 13).

Die Weltzuwendung ist der Umweg, auf dem der von sich selbst entsetzte Mensch der Neuzeit zu sich zurückzufinden hofft. Für die Erben der unvollendeten Neuzeit gibt es keinen direkten Zugang zum »Menschen« mehr. Umwegigkeit ist das Kennzeichen jedes anthropologischen Procedere, das seinem »Gegenstand«, der keiner ist sondern eine Idee, gerecht werden will.

Die Welt wird wahrnehmbar und erfahren immer bereits in jenem Modus der Entrücktheit, der die Bedingung ihrer Erkenntnis ist. Der Erkenntnisakt beginnt damit, *daß er sich die Welt gleichsam in die Ferne rückt, daß er eine Schranke zwischen dem Ich und der Welt aufrichtet* (Cassirer, ›Geist‹ und ›Leben‹, 47). Das versagt jede Form direkten Zugriffs.

Demgegenüber bedeutet die Welt des menschlichen Geistes, wie sie sich in der Sprache und im Werkzeuggebrauch, in der künstlerischen Darstellung und in der begrifflichen Erkenntnis aufbaut, nichts anderes als die ständige, stets erweiterte und verfeinerte ›Kunst des Umwegs‹. Mehr und mehr lernt der Mensch, sich die Welt zu beseitigen, um die Welt an sich zu ziehen – und mehr und mehr verschmelzen ihm diese beiden einander entgegengesetzten Grundrichtungen des Wirkens zu einer einzigen, in sich einheitlichen Tätigkeit, deren beide Seiten, wie Ein- und Ausatmen, einander wechselseitig bedingen.

Der Umweg ist Leistung und Erkennungszeichen der Kultur. Darin, ihn machen zu können, gibt sie sich zu erkennen. Sie hat die Unmittelbarkeiten der Welt, die ursprünglich immer Bedrohungen sind, weit genug distanziert, es wagen zu können, nicht ständig auf sie Acht zu haben. Dann wird Kultiviertheit als Verzicht auf den direkten Zugriff möglich. Nur Barbaren langen direkt zu; der Kultivierte nähert sich auf erwartungssteigernden Umwegen seinen Zielen, über Konventionen, Rituale, Zeremonien und Spiele.

Die Kunst des Umwegs ist die Kunst, die das Denken besonders üben muss, das dem Menschen auf die Schliche zu kommen sucht: es muss von ihm absehen lernen, um zu ihm finden zu können. Die Erfahrung, wohin es führt, wenn er *zu* konsequent von sich absieht, führt durch das Entsetzen hindurch in die Gefüge der Welt, in der es geschah. Die ontologische Wendung in der Anthropologie ist der Versuch, das Verlorene durch Bewährung dieser Kunst des Umweges aufs neue zu suchen.

III
Der Urverdacht: Weltlosigkeit

»Kannst du nicht endlich Ruhe geben!« sagte der Doktor. Er war an einem späten Nachmittag gekommen und fand Nora beim Briefeschreiben. »Kannst du nicht endlich Schluß machen, kannst du nicht aufgeben? Ruhig, jetzt, da du weißt, um was es in der Welt geht – nämlich um nichts!«

Djuna Barnes
›Nachtgewächs‹

Alles ist vom Übel. Das heißt, alles Sein ist vom Übel. Daß überhaupt etwas vorhanden ist, ist vom Übel. Was da ist, birgt in sich den Zweck des Übels. Das Dasein ist vom Übel und zum Übel erkoren. Zweck des Alls ist das Übel. Die Einrichtung, die Beschaffenheit, die gesetzmäßige und natürliche Bewegung des Universums sind nichts als Übel und dienen nichts anderem als dem Übel. Es gibt kein Glück, als nicht zu sein. Gut ist nur, was nicht ist. Das Sein ist nur gut, wenn es nicht ist; denn alles Sein ist schlecht. Alles Vorhandene, die Gesamtheit der vielen vorhandenen Welten, das Universum sind, metaphysisch gesprochen, nicht mehr als ein Nichts, als ein Staubkorn. Das Dasein ist in seiner Anlage und seiner besonderen und allgemeinen Beschaffenheit nach etwas Unvollkommenes, Ungeordnetes, Ungeheuerliches. Allein diese Unvollkommenheit ist etwas durchaus Geringfügiges, ist ein wirkliches Nichts. Denn, da alle vorhandenen Welten, wie zahlreich und groß sie auch sein mögen, dennoch ganz gewiß nicht unendlich sind, weder an Zahl noch an Ausdehnung, so sind sie infolgedessen unendlich klein, verglichen mit dem, was das All sein könnte, wäre es unendlich. Und alles Vorhandene ist unendlich klein im Vergleich zu der – wenn man es so ausdrücken darf – wahren Unendlichkeit des Nichtvorhandenen, des Nichts (Leopardi, Zibaldone, 102).

Niemand hat den Verdacht, in dem sich das erlebte Mißverhältnis der Welt zum Menschen immer wieder äußert, so rückhaltlos und umfassend, dabei so nüchtern, als wäre er unbetroffen, ausgesprochen, wie Giacomo Leopardi in diesem vierundsechzigsten Stück seines ›Zibaldone‹. Die Bitterkeit der Kränkung, die Schopenhauers Weltverneinung unter den Vorbehalt eines nur persönlichen, philosophisch verallgemeinerten Mangels stellt, fehlt hier ganz. Gerade die Unbeholfenheit des Dilettanten, der sich ins Kosmologische versteigt, wirkt philosophisch überzeugender als die ungezügelte Emotion des Philosophen. Hier spricht einer von der Welt, wie er sie erfahren hat, nicht von sich, wie er die Welt erfährt. In diesem Unterschied der Blickrichtung steckt die ganze Ontoanthropologie.

Einer, der in allem so übermäßig beispielhaft sein wollte, dass ihm nichts gelingen konnte, wurde es in der gelebten Repräsentanz dieses Urverdachtes gegen die Welt auf einzigartige Weise: Heinrich von Kleist bezeugte Leopardis Weltlosigkeitsbefund mit der äußersten möglichen Konsequenz.

Noch als der Entschluß feststeht, zögert er, die wahren Beweggründe zu nennen. An Marie von Kleist schreibt er, er sterbe, weil ihm *auf Erden nichts mehr zu lernen und zu erwerben übrigbleibt.* So mag einer sich äußern, der auf ein erfülltes Leben zurückschaut.

Am selben Tag heißt es im Abschiedsbrief an Sophie Müller: *Ja, die Welt ist eine wunderliche Einrichtung!* So mag einer sich äußern, der sich in ihr nicht zurechtzufinden weiß.

Erst in der letzten Mitteilung an die Lieblingsschwester Ulrike findet er zum offenen Bekenntnis, und löst die Widersprüchlichkeiten in *die Wahrheit* auf: *daß mir auf Erden nicht zu helfen war.*

Man kann nicht anders, als die Frage anzuschließen: aber anderswo?

Dafür, dass Kleist daran denken mochte, spricht die Nachschrift seiner Gefährtin im Suizid, Henriette Vogel, zum Brief an Sophie Müller. *Lebt wohl denn! Ihr, meine lieben Freunde, und erinnert Euch in Freud und Leid der zwei wunderlichen Menschen, die bald ihre große Entdeckungsreise antreten werden.*

Zwei Tage später, unmittelbar vor der Tat, wird er im letzten Brief an Marie von Kleist in dieser Frage unzweideutig: *Ach, meine teure Freundin, möchte Dich Gott bald abberufen in jene bessere Welt, wo wir uns alle, mit der Liebe der Engel, einander werden ans Herz drücken können.* Die Zuversicht, vor dem direkten Übergang in *jene bessere Welt* zu stehen, lässt den Entschluß zur Tat, gegen die Marie sich wiederholt zur Wehr setzte, die er am liebsten als seine Komplizin der endgültigen Lebensabweisung gesehen hätte, von einem im Leben unbekannten Glücksgefühl begleiten. *Ach, ich versichere Dich, ich bin ganz selig. Morgens und abends knie ich nieder, was ich nie gekonnt habe, und bete zu Gott; ich kann ihm mein Leben, das allerqualvollste, das je ein Mensch geführt hat, jetzo danken, weil er es mir durch den herrlichsten und wollüstigsten aller Tode vergütigt.* Wer ein Zeugnis radikalster Aufkündigung des Christentums sucht, hier ist eines.

Wie ein jeder sonst, lässt auch dieser Suizid sich aus den Lebensumständen dessen erklären, der ihn begeht. Aus seinem versponnenen und übersteigerten Grüblertum, seiner Menschenscheu, seiner Unfähigkeit zu beruflicher Existenz, seinen Mißerfolgen im Äußeren, seiner Neurasthenie, die sich bis zur Hysterie steigern konnte, seiner Unstetigkeit und Disziplinlosigkeit, der extremen Schüchternheit, der ungelebten zweideutigen Sexualität, der Unkenntnis der Frau als leiblicher Partnerin, der Charakterschwäche und Labilität, der Exaltiertheit und Disziplinlosigkeit, dem Unvermögen zur Erfüllung des doch anerkannten und hochgehaltenen soldatischen Ideals seiner Klasse und Familie, denen beiden er nicht zu genügen wußte, schließlich aus dem Scheitern der letzten Hoffnung, der Ablehnung durch den zugleich gefürchteten und bewunderten Goethe, dessen Ästhetik er bekämpfte und für seine eigene doch von ihm Bestätigung erwartete – all das erklärt; Verstehen bietet erst ein Überschuß über das Tableau an rekonstruierbaren Tatbeständen: der metaphysische Kern in der Selbsterfahrung seiner Lebensexterritorialität: *daß mir auf Erden nicht zu helfen war.*

Man darf es nicht so verstehen, als hätte er gesuchte Hilfe nicht erhalten; seine Einsamkeit war konstitutionell, keine Verlassenheit von anderen. Es gab Menschen, deren Hilfe ehrlich und bemüht genug war, einen im Leben zu halten, Hilfe, die trotz Unverständnis geboten, aber nicht wahrgenommen wurde. Der Impuls saß tiefer.

Heinrich von Kleist wollte sterben, weil diese Welt ihm für sein Leben die Möglichkeit nicht bot. Er wollte nicht sterben, um nicht mehr leben zu müssen, er suchte den Tod nicht als Befreiung; er zog die letzte mögliche Konsequenz aus der Erfahrung, aus dieser Welt ausgeschlossen, zu ihr nicht zugelassen zu sein als der, der er war. Er starb nicht, weil er nicht mehr hätte leben wollen; er starb, weil er endgültig erfahren hatte, dass er in d(ies)er Welt *sein* Leben nicht führen konnte.

Auch ohne gnostische Lesart im engeren Sinne macht seine Abschiedsbegründung Kleist zum Zeugen des europäischen Ur-Verdachtes, den die Menschen gegen ihre Welt hegen zu müssen sich immer wieder von den Bedingungen ihres Lebens genötigt sehen, in einer ihnen nicht gemäßen Welt zu leben: wir sind von der Welt nicht vorgesehen – und haben doch keine *andere* für *dieses* Leben.

Kleists Verkörperung dieses erschreckendsten Verdachtes, der im menschlichen Leben aufkommen kann, machte ihn zum *Meister des Unge-*

heuerlichen, als den Friedrich Gundolf den Erzähler kennzeichnete (Gundolf, Kleist, 172). Darin liegt die metaphysische Bedeutung seines Lebens.

Genau das, und keine Literatenrivalität, hatte ihm Goethes schmerzhafte Ablehnung eingetragen: der Mann war ihm nicht geheuer, nicht weil er ihn verkannt hätte; er hatte ihn zu genau erkannt, um sich mit ihm einlassen zu können, da er das Gegenteil dessen personifizierte, was er sich selbst in mühsamer Lebensarbeit an Weltfähigkeit hatte verschaffen können.

Alles in allem – die Welt der deutschen Klassik ist nicht total, nicht harmonisch, nicht vollendet, wohl aber der Totalität, der Harmonie, der Vollendung unbedingt bedürftig und so auch fähig. (...). Die Beteiligung aber des Menschen an der Vollendungsstrebigkeit des Weltgeschehens als der einzigen universalen Tendenz, die wir mit einiger Zuverlässigkeit auszumitteln vermögen, diese Beteiligung gibt dem Menschen innerhalb des Weltganzen seine spezifisch humane Stelle. Der Auftritt des Menschen auf dem Schauplatz der Welt rechtfertigt sich mit einemmal, und es rechtfertigt sich im gleichen das höchst fragwürdige menschliche So-Sein und Nicht-anders-Sein (Ziegler, Spätlese, 371). Kleist war die lebende Widerlegung dieser Zuversicht.

Für den Alten in Weimar war er Wiedergänger seiner eigenen größten Gefährdung. Die Erfindung der Klassik war auch eine autoanthropoietische Revolte gegen den europäischen Ur-Verdacht gegen das menschliche Dasein gewesen. Deshalb musste er die ästhetische Revolte gegen sie ablehnen. *Goethes Dramen geben Menschenprobleme oder Weltprobleme, d.h. Lösungen des Gegensatzes zwischen den Menschen und ihrer Welt – auch und gerade der Faust, der eben die Weltwerdung des Menschen darstellt... also die Weltlosigkeit Fausts zunächst voraussetzt* (Gundolf, Kleist, 13). Aber er hatte sie ihn überwinden lassen. Kleist hebt die Überwindung wieder auf und nötigt seine Begabung zu überspanntem Zeugnis der Weltlosigkeit, so ausschließlich, dass der Verdacht sich nahelegen musste, da genieße einer das Menschenunglück als eigene Bestimmung. Goethe mochte wittern, dass ihm hier nicht nur ein Wiedergänger der eigenen Anfechtung, sondern dazu ein Apostel einer Literatur begegnete, die sich von seinen Lösungen und Einfriedungen der Ur-Problematik immer weiter entfernen sollte, um schließlich Kleists Zeugnis noch einmal zu ihrer Sache zu machen (Maier,

Paradies. – vgl. Katharina Mommsen, Kleists Kampf, 211-229: Ausgang des Agons. Goethe und das Tragische; Steiner, Tod der Tragödie, 138 ff.).

Der Selbstmord ist nur deshalb das einzige ernsthafte Problem der Philosophie (Camus, Sisyphos, 9), weil sich in ihm die *Lebens*problematik als *Welt*problematik verdichtet.

In seiner Novelle vom Ende des Heinrich von Kleist und der Henriette Vogel hat Hartmut Lange dem Problem die letzte mögliche Zuspitzung gegeben.

Sie käme von der Vorstellung nicht los, daß der Rendant Vogel oder Peguilhen durch diese Tür treten könnten, um sie in letzter Minute an ihrem Glück zu hindern.

Dies sei unmöglich, antwortete er, die Briefe seien noch nicht abgeschickt. Aber, fügte er hinzu, auch er sei voller Unruhe. Auf dem Hof hätte es geschneit, und er hätte im Mondlicht eine Einbildung gehabt, nämlich... Es sei immer dasselbe. Es käme ihm vor, als könne er weder leben noch sterben, als wäre er von der Welt ausgeschlossen und könne deshalb auch keinen Abschied von ihr nehmen! (Lange, November, 77).

Wenn sich der Verdacht der Weltlosigkeit zu der Erfahrung der Ausgeschlossenheit von der Welt verdichtet, heißt dies nicht nur, sie durch kein Mittel verlassen zu können; es heißt vor allem, durch kein Mittel in sie gelangen zu können: die Geburt war nicht nur fahrlässig, sie war vorzeitig, und darin vergebens.

Diese letzte Tragik, eine Welt, deren Angehöriger man nicht sein kann, auch nicht wieder verlassen zu können, überspitzt das Absurde der menschlichen Weltstellung zur Vergeblichkeit noch des Selbstmordes, der als das letzte Mittel erschien, gegen sie aufzubegehren und das Unzulässige wenigstens zu beenden, wenn es sich schon nicht ungeschehen machen lässt.

Der Verdacht gegen die Welt ist der Verdacht des Selbstmörders. Denn die Geschichte, die nicht aufhört, noch uns ›gnädig‹ nach 1945 Geborene zu nötigen, Schuld zu denken, ist eine Geschichte, die Selbstmörder anrichteten.

Die Herrschaft der geborenen Selbstmörder hat die Zerrüttung Europas vollendet. Der Selbstmord kann – wie zur Zeit des Siebenjährigen Krieges

– als ein Lebensproblem der Epoche erfahren werden. Es gibt keine Grenze zwischen Geschichtlichem und Subjektivem (...). Die Zeit ereignet sich in uns. Darum müssen wir sie als unsere eigene Sache verantworten (Schneider, Der verhüllte Tag, 10).

Es waren Selbstmörder, deren Unglück persönlicher Weltlosigkeit sie von Anfang an zum Scheitern verurteilte.

Es gilt aber zu leben (Camus, Sisyphos, 59).

IV

Ein Ende als Anfang: Das Urereignis, das nicht endete

Wir verlangen eine Änderung des Vorhandenen und lehnen die Anbetung dieses Vorhandenen und die Aussöhnung mit ihm ab, wenn der Mensch zerstört wird, kehrt erst mit der Verwesung das Menschliche zurück.

Max Bense, ›Bestandteile des Vorüber‹

Wer sich von Geschichte darüber belehren lassen will, was es mit dem Menschsein – vordringlich: seinem eigenen – auf sich habe, der wird sich schnell mit dem verstörenden Paradox der neueren Anthropologie konfrontiert finden, von dieser einzigen Instanz, die Auskunft geben kann, nur das Gegenteil dessen zu erfahren, dessen Erwartung die Frage motivierte. In der historischen Selbstwahrnehmung des Menschen, die dem Weltbewußtsein der Neuzeit und der Moderne zugrunde liegt, herrschen Phänomene vor, die mit dem idealen Selbstbild ›des‹ Menschen nicht übereinstimmen. Wenn die Geschichte uns sagt – und nach Dilthey *nur* sie – , was wir sind, dann belehrt sie uns vor allem über all das, von dem man sich nicht wünschen kann, es selbst jemals zu sein oder zu werden. Historie ist das Inventar menschlicher Möglichkeiten zur Selbstverfehlung.

Das hat das ebenso euphorische wie absolutistische Geschichtsbewußtsein, das *die große Errungenschaft des modernen Menschen zu sein schien*, verwandelt *in eine nicht zu beantwortende Frage nach dem Sinn der Geschichte* (Octavio Paz, Bogen, 346). Einen derartigen Sinn noch gegen die verzagende Skepsis der Frage nach ihm ausfindig machen zu können, setzt voraus, dass es bereits eine Vorstellung dessen gibt, was Mensch und Welt in ihrem Verhältnis zueinander sind, die als einer Geschichte unterworfen gedacht werden.

Zu erkennen ist der Mensch nicht *aus*, sondern *in* ihr. Wir sind die Menschen, die ihre Geschichte haben; aber nicht, *weil* wir Geschichte haben. Denn das historische Urphänomen jedes Seienden, geworden, aus einer Herkunft einer bereits vorherbestehenden Welt entstanden zu sein, ist selbst ohne Geschichte. Sie ist die Kontinuität dieser sich unablässig erneuernden Gleichförmigkeit. Die *einzige Frage, die sich der Mensch als geschichtliches Wesen, und ich muß hinzufügen, als Mensch stellt: die Frage nach dem Grund und nach dem Zweck der Veränderungen*, liegt diesseits der Frage, die die Suche nach einem historischen Sinn hervorbringt. Denn sie *enthält im Keim bereits einen Begriff vom Menschen und ein Bild der Welt* (Paz, a.a.O.). Die Zuwendung des Bewußtseins zur Geschichte aus dem Bedürfnis nach menschlichem Selbstverstehen wird eine mögliche Erfüllung nur dank einer Wendung erreichen, die den Sinn der Geschichte im Verhältnis des Menschen zur Welt, und der Welt zum Menschen begründet sieht.

Nach zweihundert Jahren historischer Belehrung über ihren Gegenstand sieht jede anthropologische Besinnung sich irgendwann mit einem Graben konfrontiert, der sich zwischen dem unmittelbaren Selbstempfinden eines jeden Einzelnen in seinem Menschentum und dem Bild, das die Überlieferung der menschlichen Wirklichkeiten bietet, erstreckt, und unablässig verbreitert. Die Gewißheit des eigenen Menschseins steht in verstörendem Gegensatz zu den unvermeidlichen Bestimmungen des Menschseins, die die reflektierte Erfahrung der Geschichte aufdrängt.

Wir sind die Menschen, für die wir uns in unserem Leben halten, nur solange, wie wir uns als die historischen Wesen, die wir sind, noch nicht kennen. Als die, die sich in ihren Wirklichkeiten erfahren, sind wir nicht die, die wir zu sein glauben. Selbsterfahrung und historische Bestimmung des Menschen klaffen auseinander. Das Wesen, das sich derart in seiner Wirklichkeit immer wieder als das Gegenteil dessen erlebt, was es in individueller Selbstgewißheit zu sein empfindet, kann nicht bei sich sein: es ›hat‹ nicht, wonach es sucht, obwohl es glaubt, es zu besitzen.

Dieser Befund später Anthropologie verleitet zu paläoanthropologischer Spekulation. Noch in nächster zeitlicher Nachbarschaft zu den historischen Ereignissen, die eine Generation später noch den Wunsch nach dem ›Ende der Geschichte‹ wecken sollten, bezeichnete Karl Jaspers in der ersten ›nachhistorischen‹ Geschichtsphilosophie das innerste Motiv einer Rückwendung des menschenforschenden Blicks noch hinter die Geschichte zurück in die Vorgeschichte. *Die Vergegenwärtigung des Problems des Werdens des Menschen in Vorgeschichte und Geschichte bedeutet zugleich eine Vergegenwärtigung der Frage nach dem Wesen des Menschseins* (Jaspers, Ursprung, 57). Unverkennbar in der Hoffnung, dabei auf etwas anderes zu stoßen, als weitere Ernüchterungen über dessen Unkenntnis.

Jaspers selbst geht in dieser Bewegung nicht hinter die eigene Urzeit der Geschichte zurück. In der Fiktion eines Idealtypus ihres Beginns entwirft er die ›Achsenzeit‹ als die Epoche, in der *der Mensch sich des Seins im Ganzen, seiner selbst und seiner Grenzen bewußt wird. Er erfährt die Furchtbarkeit der*

Welt und die eigene Ohnmacht (a.a.O., 20). Gerade diese Furchtbarkeit und diese Ohnmacht aber stimmen so sehr mit der jüngsten Zeit überein, dass sich die Suggestion ergeben muss, in ihnen den Nachhall dessen zu finden, was am Beginn der Geschichte den Menschen zu dem Wesen machte, als das sich verstehen zu sollen seine Geschichte ihm immer wieder Grund im Übermaß gibt. Dieser Anfang selbst muss schon eine Spätzeit gewesen sein. Die wirkliche Vorzeit muss durch ein Geschehen ihr Ende gefunden haben, dessen Mitgift an den Menschen für alle Zeiten ›Furchtbarkeit‹ und ›Ohnmacht‹ als dessen beherrschende Züge waren.

Das legt den Gedanken einer Unabgeschlossenheit der Menschwerdung nahe. Mehr noch: einer nie zustande gekommenen Menschwerdung. Ein Wesen, das sich in seiner langen Daseinsgeschichte in der Welt so ungebrochen als nicht ›bei sich‹ erfährt, kann noch nicht bei sich angekommen sein.

Die Menschwerdung misslang, weil sie abbrach, bevor sie ihr Ziel erreichte.

In diese Vermutung muss zuletzt die Wahrnehmung der Geschichte münden, die sie von den Katastrophen bestimmt findet, die sie unablässig anrichtet, um sie sogleich wieder – durch nächste – vergessen zu machen.

So wie jede historische Einsicht Rückprojektion der Verständnisbedürfnisse gegenwärtiger Zustände ist – mag sie auch noch so reflektiert und im genauen Bewußtsein dessen erfolgen – , so behebt die Kenntnis der Frühe nicht die Verwirrungen und Widersprüche später Selbsterfahrung des Menschseins. Die negativen Erfahrungen mit dem Späten sind es, die umgekehrt die Bilder der Frühe prägen. Das Schlechte des Gegebenen wird plausibel als Folge früher Verluste, so sehr, dass das Gewesene überhaupt sich zum verlorenen Besseren verklärt.

Dieses Muster ist von so epochenübergreifender Traditionsmacht, dass es als Widerhall eines tatsächlichen, wenn auch unerfindlichen, Ereignisses im ersten Ursprung der Anfänge alles Menschlichen erscheinen muss. Das Unverständliche des Späten lässt erahnen, welcher Art die Ursprünge gewesen sein müssen, wenn *dieses* aus ihnen werden konnte. Der Sohn macht den Vater kenntlich; nicht dieser jenen verständlich. Das spätere Leben erklärt das frühere.

Das erfährt, wer in vorgeschrittener Lebenszeit aus der Rückwendung auf seine Kindheit und Jugend zu verstehen unternimmt, wer er wurde. *Es kann für einen Menschen, der älter wird, sehr beruhigend sein, seinen frühesten Spuren nachzugehen, sie geduldig zu suchen und mit einem Anschein von Redlichkeit zu bestimmen. Es wird ihm die Überzeugung geben, daß alles so kommen musste, wie es kam, und wenn er sich das sagen kann, hat er sich weniger vorzuwerfen. Und doch glaube ich, daß er dabei einer Täuschung unterliegt, denn vom Verlauf seines späteren Lebens hängt es ab, was er über sein früheres findet. Die Auswahl, die die Erinnerung für ihn trifft, ist von dem bestimmt, was er nun ist, und es ließe sich sehr wohl denken, daß derselbe Mensch, wenn sein Leben als Erwachsener anders verlaufen wäre, auch eine andere Kindheit in sich fände* (Elias Canetti, Kristall, 119). Was für den einzelnen eine behutsame psychologische Maxime ist, gilt für *den* Menschen als Bedingung und Ertrag jeder historischen Besinnung auf dessen Lebensvoraussetzungen. Wir werden die Vorgeschichte haben, die das Bild, das die Erfahrung einer Gegenwart von ihr eingegeben hat, von der Geschichte, die zu uns führte, prägt.

Jüngstes offenbart Frühestes. Das Späte, das erfahren wird, erklärt das Frühe, von dem sich nichts in Erfahrung bringen lässt, außer, dass aus ihm geworden sein muss, was sich an gegenwärtiger Erfahrung der Erkenntnismöglichkeit darbietet, oder entzieht – das Unverständliche einer Gegenwart konturiert deren unergründliche Herkünfte: im Unbegreiflichen der Gegenwart offenbart sich die Art ihrer Ursprünge.

Ursprung ist nicht Wiederkehr; Wiederkehr ist Ursprung: als das Unbegreifliche.

Das aber heißt, dass es keine Kontinuität gibt. Weder eines Menschen*wesens*, noch einer Entwicklung zu ihm. Der Anfang der Geschichte muss ein Bruch gewesen sein. Jede späte Unverständlichkeit, die Menschen einander auferlegen, ist ein Hinweis auf ihn.

Das Unverständliche der neueren Geschichte: die Selbstvergessenheit der Menschen, die unzählbare Millionen Ihresgleichen zu Nichtmenschen erklärten und durch Tötung aus der Welt entfernten, ist in dieser Perspektive das härteste Indiz für den Verlust der Selbstgewißheit des Wesens, aus dem der Mensch entstand, als dessen Ursprung: Der Mensch ist die zur Daseinsform gewordene Seinsratlosigkeit seines unmittelbaren Ahnen. Unser unausschlagbares Erbe wird eine *Weltkatastrophe* gewesen sein, die diese ursprüngliche Ratlosigkeit verursacht haben muss, die sich in jeder Handlung erneuert, in der ein Mensch vergißt, was es bedeutet, Mensch zu sein: *Weltlosigkeit.*

Ursprung in diesem ontoanthropologischen Sinn ist nicht, was allem in der Welt Vorhandenen vorangeht und dessen Ursache wäre; vielmehr, was sich in allem wiederherstellt, da es nicht vergehen kann, weil es dessen ›Sein‹ ausmacht: die Summe aller Bedingungen dafür, dass etwas ›ist‹: so, wie es ist.

Kultur wird in dieser Perspektive deutlicher bestimmbar: als das Gerüst der möglichen Kompensationen einer Urkatastrophe.

Die Geschichte erweist sich so dauerhaft als Kontinuum von Katastrophen, dass sie das Muster dessen sein müssen, woraus entstand, was sie beherrschen: Geschichte *ist* die nicht endende Folge einer Katastrophe.

Das lässt die Geschichte des Menschen als einen Prozeß der »Verwesung«, der Vernichtung seines Wesens erscheinen. Sie führt nicht zu ihm, weil das, womit sie begann, das Ende dessen bedeutete, was zu ihm drängte. Der Weg führt nicht vom Tier zum Menschen. Der halbe Weg führt vom Tier zu einem anderen Wesen, einem Zwischenwesen, das Mensch noch erst zu werden hätte. Der Mensch ›*ist*‹ das ›missing link‹.

Ein begonnener Prozess brach ab, wurde jäh unterbrochen, und ließ das Wesen, das sich als Mensch erfahren und in seiner Geschichte bestimmt finden sollte, als Halbzeug einer ausgebliebenen Entwicklung zurück. Als Invalide einer Weltkatastrophe, die verhinderte, dass er werden konnte, worauf er angelegt war, wurde der Mensch zu dem am wenigsten welteingebundenen Wesen, und die Fremdheit zu seiner ›natürlichen‹ Daseinsverfassung. In der Weltschwäche des Menschen reflektiert sich die Menschengleichgültigkeit der Welt.

Die Welt, in der wir leben, ist nicht mehr die, in der wir begonnen hatten, Menschen zu werden: wir erinnern uns unserer Bestimmung, die sich in der Welt nicht erfüllen kann, in die die Urkatastrophe uns versetzte. Diese Welt ist zwar die, in der wir leben müssen; aber nicht die, in der wir sein könnten, wozu wir uns bestimmt fühlen, ohne recht zu wissen, wie es erreichbar wäre.

Die Teilhabe des Menschen an der ursprünglichen Weltverfassung endete, indem die ursprüngliche Welt, für die er vorgesehen war, endete. Dieses doppelte Ende war ein Anfang: unser Anfang – das Wesen, das nicht mehr in die Welt passte, weil diese nicht mehr seine Welt war, wurde zum Menschen. Dessen Ursprung war die plötzliche Trennung des Wesens von seinen Ursprüngen, das in dieser Katastrophe zum Ursprung des Menschen wurde.

Wir haben Geschichte, weil unsere Vorgeschichte verloren ging. Aber sie verschwand nicht. Sie lebt in der Ontogenese des Menschen fort. Die Menschheit trägt ihre Kindheit in sich, ohne sie kennen zu können. Oder umgekehrt: was sie als das Unbekannteste bestimmt, begleitet sie in den Vorgängen, in denen jedes neue Menschenleben entsteht.

Im Blick von seinen späten Lasten her gesehen, erscheint der Ursprung des Menschen als eine Verlegenheit des Seins: aus einer Unfähigkeit der Welt wurde das ewig defizitäre Wesen Mensch.

In dem letzten Kunstmythos, den sein Autor nicht als Poesie, sondern als eine Stück lebendiger Spiritualität verstand, hat Karl Wolfskehl die Menschwerdung als das Ergebnis einer Verlegenheit Gottes als des Weltschöpfers beschrieben: keines seiner Geschöpfe fand sich bereit, die ihm angetragene Rolle des Herrn über die Schöpfung anzunehmen. Über dieser Zurückweisung fast schon bereit, sein Werk wieder zu vernichten, drängt eines der minderwertigen Wesen sich dazu, die vakant gebliebene Stelle zu besetzen.

»Keiner hat wollen, den Ich gewollt, die Allmacht staute sich vor euch, die Kreatur fiel aus der Hand ihres Herrn. Aber mein Wort gilt. Einer muß sein über euch, und nun sei es der, den Gott nicht gewollt hat, der sich anbot Mir, er, euer aller Abschaum und Verzerrung! Ich habe es erhört, dein freches und

feiles Gegrein. Dich küre Ich, aus dir schaffe Ich den Meister meiner Welt. Vernimm Mich, du Ungestalt, vernimm Mich, du Affe!«

So ungeheuer scheint dies selbst dem, bei dem nichts unmöglich ist, dass er es dabei nicht bewenden lassen will, und beschließt, aus diesem Wesen erst noch das hervorgehen zu lassen, dem die Weltherrschaft anheimfallen soll. *Du bist nun Menschenwelt, denn Mensch soll der heißen, den Ich hervorgehen lasse aus den struppigen Lenden dieses deines Herrn. Ich kann ihn nicht wandeln aus Grund und Kern, er ist Affensproß und affenhaft bleibt sein Drang, sein Trotz und seine Gier. Schlechter Boden für gute Saat!*

Dieser wird ein furchtbarer Herr über die Welt so sehr sein, dass ihr Schöpfer nicht anders kann, als sie vor ihm zu warnen. *Aber hüte dich Schöpfung, hütet euch Reislein, hütet euch Alle dennoch! Denn aus eines Affen Herz sprießt das, was ihr wahrhaft seid und ewig ersehnt. Und der Affe bleibt euch als euer Erdenherr.* Der Anfang ist die erste und letzte Entscheidung darüber, was sein kann, das aus ihm wird. Oder umgekehrt: nichts, was wird, kann wesentlich anders sein als das, woraus es wurde. *Mensch oder Welt, Mensch wider Welt, Mensch wider Menschen, Mensch wider sich, das sind ihre Zeichen und Fanale, und oft scheint es, als dorreten die Reislein im schlechten Sand* (Wolfskehl, Menschwerdung, 7-9).

Das ist mehr als eine ›Fabel‹, und mehr als ein Stück Versöhnung von Darwinismus und biblischem Kreationsglauben (Landmann, Wolfskehl). Das ›Bild‹ des Affen als Prototyp des nur mangelhaft zu einer vorläufigen Reife gebrachten Menschen, der das ihm zugefallene Amt des Weltherrschers ausüben kann, bezeichnet das ›Gesetz‹ der Menschenwelt, dazu verurteilt zu sein, aus einem Gemenge schlechter Folgen eines minderwertigen Beginns zu bestehen. Es mag noch soviel ›Entwicklung‹ geben; wenn sie sich an einem Sein vollzieht, dessen erster Zustand geringen Ranges war, wird nichts bewirken können, es zu einer Vollendung in Vollkommenheit zu führen.

Wolfskehls Kunstmythos hat vor allen mythisierenden Ursprungsphantasien den Vorzug, die Suggestion einer Verklärung der Anfänge zu unterlaufen: aus schlechten Spätzeiten gibt es keine Rückkehren in frühe Herrlichkeiten.

Die älteste und wirkmächtigste mythische Tradition des verlorenen

›Goldenen Zeitalters‹ strahlte aus noch bis in die Anfänge der Geschichtsphilosophie bei Vico und Herder. Der Abbruch des begonnenen Prozesses der Menschwerdung mag in vieler Hinsicht ein Ereignis von Verlusten gewesen sein; aber genau das, worauf die Sehnsucht nach ›Rückkehren‹ in menschengemäße Zustände sich richtet, kann nicht Objekt dieses Verlustes gewesen sein, weil es diesen optimalen Zustand des Menschlichen noch gar nicht gegeben hatte. Was verloren ging, muss die Möglichkeit gewesen sein, ihn nach den Maßen der ursprünglichen, ersten Weltverhältnisse überhaupt auszubilden, so wie in Wolfskehls Mythos die Schöpfung um ihren angemessenen Herrn kam, indem alle, die dieser Stellung würdig gewesen wären, sie ausschlugen.

In überraschendster Gegenläufigkeit zum neorousseauistischen Zeitgeist einer ersten ›Rückkehr zur Natur‹ im 20. Jahrhundert hatte Wilhelm Worringer seinen jugendbewegten Zeitgenossen ein Gegenbild des ›primitiven Menschen‹ entworfen. *Von der frühen Menschheit haben wir ein falsches Bild. (...). Unter dem Druck eines dumpfen Schuldbewußtseins fasst der Mensch seine Entwicklungsgeschichte auf als einen langsamen Prozess der Entfremdung zwischen sich und der Aussenwelt, als einen Entfremdungsprozess, der die anfängliche Einheit und Vertraulichkeit in immer weiteren Fernen entschwinden lässt. In Wirklichkeit ist der Verlauf der Entwicklung wohl der umgekehrte, und jener Einheits- und Vertraulichkeitszustand am Beginn der Entwicklung hat nur dichterische, keine historische Geltung. (...), tragen wir den unendlich feinen Wunderbau ununterbrochener Entwicklungsübertragungen bis auf seine Fundamente ab, so bleibt ein Wesen übrig, das hilflos und zusammenhanglos wie ein verwunschenes Tier der Aussenwelt gegenübersteht, (...).* Dagegen sah er den *Entwicklungsprozess der Menschheit (...) als ein langsames Abflauen des Fremdheitsbewußtseins, als ein langsames Vertraulichwerden durch Reduktion aller neuen Gesichtseindrücke aus früheren Erfahrungen. Am Anfang der Entwicklung steht jedenfalls ein absoluter, durch keine Erfahrung gemilderter Dualismus von Mensch und Umwelt* (Worringer, Gotik, 13 f.).

Der in der Urkatastrophe eingetretene Verlust besteht im Abbruch der Bildung des Menschen. Umgekehrt gesagt: weil noch die spätesten Menschen sich als unvollkommen, als ›unfertig‹, ihre Wirklichkeit als im Widerspruch zu ihrer Möglichkeit stehend erleben, muss das Urereignis eine Katastrophe gewesen sein, in der das Wesentliche des begonnenen Menschseins bereits wieder verloren ging. Die Evolution, die danach einsetzte, führte zu einem invaliden Wesen, das zwar *da*, aber nicht *bei sich* ist. Die Evolution rettete die Existenz aus der Katastrophe der verhinderten Ausbildung des Wesens, das es ebenso er-, wie von sich fernhielt.

Die Paradiesesvorstellungen bezeugen keinen Verlust einer einmal besessenen Urverfassung, sondern deren Nichtzustandegekommensein. Das vor der Urkatastrophe Liegende kann nicht das schlechthin Bessere zu allem, was danach kam, gewesen sein. Umgekehrt erweist alles Spätere sich in ihrem Horizont als die Fortdauer der Vorenthaltung eines optimalen Zustandes des Menschlichen, das als deren Folge zu sich nicht kommen konnte. Repräsentativer für die Qualität dessen, was auf diese Weise verloren ging, als das Paradies ist die ›Lebenswelt‹ als ein *unhaltbarer Zustand* (Blumenberg, Lebenswelt, 39).

Deshalb kann der Beginn jedes neuen Menschenlebens als ein Unglück verstanden werden. *Wir haben, als wir geboren wurden, soviel verloren, wie wir beim Sterben verlieren werden. Alles* (Cioran, Nachteil, 48). Im Unglück der Geburt wiederholt die Urkatastrophe sich im Leben jedes Menschen, auf eine unvollkommene Existenz eingeschränkt zu sein, und dennoch zu empfinden, dass es etwas anderes geben müsste. Das Unglück des Menschen ist das verstörende Erlebnis der Nichtübereinstimmung seines wirklichen Daseins mit seinem möglichen Sein.

Für das Bewußtsein eines Lebens ist die Kindheit das Unbekannteste. Nicht nur im eigenen. Sie bleibt die leere Zone des Bewußtseins, das je länger es sich mit ihr befasst, desto deutlicher erkennen muss, sie nicht durchschauen zu können. Die Kindheit ist das Realsymbol des ›Unaussprechlichen‹ (Lyotard, Kindheitslektüren).

Kindheit ist das Vergangene. Tritt die eigene ins Bewußtsein, gibt es sie nicht mehr. Tritt sie am lebhaftesten wieder vors innere Auge, soll das Lebensende nicht mehr fern sein.

Über Kindheit bringt nur Rätselforschung etwas heraus, Enigmatologie. Kindheiten kann man *beobachten*; *verstehen* kann man den Zustand des

Kindes in seinem Leben nicht: als eigene ist Kindheit das Vergangene, als fremde das Unzugängliche – sie ist unter allem, das allgegenwärtig ist, das Verborgenste.

Das macht sie statt zur Ausnahme, zum Modell jeder Bewußtseinsanstrengung, Dasein zu verstehen. Denn das Unverständliche ist die Grundlage unseres Daseins. Es gründet in der doppelten Verborgenheit des *Zufalls*, als der jede Geburt sich ereignet, und der Bewußtlosigkeit, in der die erste Lebensphase sich vollzieht, in der sich allmählich ausbildet, was als Vermögen des Verstehens erst dem erwachsen gewordenen Leben verfügbar sein wird.

Es ist nicht notwendig, dass wir existieren. Mit diesem Satz aus Kants ›opus posthumum‹ (Bd. XIX, 644) hat jedes Nachdenken über das Menschsein zu beginnen; auf ihn führt jede seiner Einsichten zurück. In der Kindheit, der Ausdehnung des zufälligen Existenzbeginns in der Zeit, die es braucht, ein neues Wesen zu dem Leben zu befähigen, das ihm zufiel, ist das Rätsel, das dieser Grundsatz ausspricht, verdichtet. Unsere Existenz fällt uns zu, weshalb wir aus allen Wolken fallen, wann immer sich etwas ereignet, das in den Sternen eines Himmels stand, der uns die Unermeßlichkeit des Daseins in seltenen Nächten der Klarheit vor Augen bringt.

Indem du zum blauen Himmel aufblickst und dann zum Gesicht deiner Mutter, unterbrichst du das Schweigen mit der Frage, ob er nicht in Wirklichkeit viel weiter weg sei, als es den Anschein hat, erinnert Samuel Beckett sich als alter Mann an den eigenen Kindheitsbeginn. *Der Himmel, natürlich. Der blaue Himmel. Da du keine Antwort bekommst, formulierst du deine Frage im Kopf um, und etwa hundert Schritte weiter blickst du wieder auf zu ihrem Gesicht und fragst sie, ob es nicht den Anschein habe, daß er viel weniger weit weg sei, als er in Wirklichkeit ist. Aus irgendeinem Grunde, den du nie herausfinden konntest, mußte diese Frage sie zutiefst irritiert haben. Denn sie stieß deine kleine Hand von sich und gab dir eine Antwort, die dich so verletzte, daß du es nie vergessen hast.*

Nie vergessen. Auch ohne den Schmerz einer Versehrung durch Unverständnis. Es gibt die Nostalgie der Kindheit als des irdischen Paradieses, das man verlassen musste. Aber die Kindheit ist, was nicht vergeht. Wir tragen sie in uns, solange es uns gibt. *Die Kindheit des Menschen endet nie* (Blumenberg, Beschreibung, 637). Denn sie versammelt, was das neue Wesen, das sie durchlebt, können wird, und wird sein müssen.

Als Kinder sind wir erst da, aber noch nicht gegenwärtig, da wir uns mitten in der in unserem Erscheinen in der Welt zusammengerafften Wiederkehr der Weltgeschichte befinden.

Aus Vergangenem entstanden, ist Kindheit selbst die einzige Vergangenheit, die für das Leben, das mit ihr einsetzt, nicht vergeht. Erwachsen geworden, sind wir die Überlebenden unserer Kindheit. Das Kind, das wir waren, ist das Programm des Menschen, der wir werden müssen von dem Augenblick an, da wir zu atmen begannen.

Immer dabei, und doch nie gegenwärtig, setzt die Kindheit das perpetuum mobile unseres Lebens in Bewegung. Was immer wir wollen, sie setzt sich durch, und sorgt, ohne dass wir wüssten wie, dafür, dass alles in unserem Leben sich nach ihrem Maß begebe: sie ist gewesen, was wir sein müssen, wenn wir keine Kinder mehr sind. Wir müssen sein, was unsere Kindheit für uns vorgesehen hat. *Sie schloß kurz die Augen. »Tja, so war das«. Sie schluckte. »Und so ist es immer noch«* (Rothmann, Milch, 101).

Der Kindheit entwachsend, wiederholt sich in jedem einzelnen Menschenleben, was am Beginn des Lebens der Menschheit gestanden haben muss: die Vertreibung aus einer Verfassung gegenseitiger Entsprechung von Welt und Lebensform. Erwachsen zu werden, heißt für jeden, das Objektsein, an dem sich ein unabweisbarer Vorgang unbeeinflussbar vollzieht, wiederholen zu müssen. Im Ereignis der Pubertät ereignet sich noch einmal der Urzwang der Welt am Menschen, eine Lebensform verlassen zu müssen, um schließlich als ein anderes Wesen in einer anderen Welt jenseits der Herkunft leben zu können. Mit ihr endet das Recht der Eltern an dem Wesen, das sie hervorbrachten, und dessen Eigensein beginnt. Für die Sehnsucht nach Freiheit, die in diesem Moment am größten ist, bedeutet dies, das belastendste Gattungserbe antreten zu müssen, frei nur sein zu können durch die handelnde Einwilligung in die Bedingtheit des Daseins durch Erfüllung seiner Voraussetzungen. Frei werden wir in der Welt nur, wenn wir uns den Seinszwängen unterwerfen, denen sie uns aussetzt.

Als letzter Mythos Europas war die Psychoanalyse die subtilste Erzählung von verlorenen Ursprüngen und deren unerkannten Wirkungen. Aber ihr Muster wird erst dann wirklich aufschlußreich, wenn dieser letzte Mythos seinerseits als eine Reaktion verstanden wird: in der Psychoanalyse scheint das Muster durch, das von der verschütteten Erinnerung an eine das Menschenwesen von sich absprengenden katastrophalen Urerfahrung gestiftet wurde. In ihr kehrt als Bewußtseinsform in der Gestalt der Reflexion wieder, was die Ursprünge unseres Daseins in einer uneinholbaren Vorzeit bestimmt haben muss. Zugang dazu gewährt nur eine behutsame physiognomisch-spekulative Spuren-Suche.

Die Urkatastrophe des Verlustes der Welteinpassung setzt sich fort und erneuert sich in der Störung der archaischen Biozönose, der Passung von Mensch und Umwelt, durch die Kulturleistung einer pazifizierten ›Umwelt‹. Dreißig Jahre politischer Popularisierung der ›Ökologie‹ haben den Begriff der Umwelt so untrennbar wie falsch mit ›Natur‹ gleichgesetzt, dass an seinen genauen biologischen Sinn erinnert werden muss.

In Verhaltensweisen, die sich neurotisierend oder pathologisierend, jedenfalls lebensbeeinträchtigend auswirken, für die es keinen offensichtlichen Grund in ihrem unmittelbaren Lebensumfeld gibt, brechen vorzeitliche gattungspsychische Rezidive wieder auf. Wir tragen den Beginn als Zwang und als Überwältigung, als Verlust eines auf ein anderes Sein hin angelegten Urzustandes, dessen Verwirklichung unterblieb, unser Leben lang mit uns.

Rudolf Bilz hat in seinem Vorwort zur Neuausgabe der ›Theoretischen Biologie‹, mit der Jakob von Uexküll 1928 die Humanökologie begründete, dargelegt, inwiefern die Umweltlehre *die Basis einer Anthropologie* sein kann. In der Sicht seiner eigenen ›Palöoanthropologie‹ erhält seine Darstellung den Akzent einer Aufmerksamkeit für das ›vorzeitliche‹ Erbe des Menschen noch in seinen spätesten Existenzformen. In seinem gestörten Verhältnis zu seiner Umwelt, die seit Jahrtausenden aus ›Kultur‹ besteht, ohne dass seine ursprüngliche leib-psychische Verfassung sich geändert hätte, die auf die unmittelbare Konfrontation mit einer feindlichen ›Natur‹ gestimmt war, tritt ›Die unbewältigte Vergangenheit des Menschengeschlechts‹ hervor, wie es im Titel einer ersten Sammlung seiner Studien zur Paläoanthropologie heißt.

Der Mensch ist ein geschichtliches Wesen, das auf dem Wege zur Zivilisation die in seine biologisch-archaische Umwelt hineinverwobene Leiblichkeit mit ihren Entsprechungen nicht einfach abstreifen konnte, so wie der Schmetterling sein Puppenstadium und damit seine Raupenvergangenheit aufgibt. Unsere paläoanthropologischen Merk- und Wirkmale blieben trotz aller Vereinfachungen, die wir zusätzlich gewannen, identisch.

Die Urkatastrophe des Protomenschen, der sein Weltverhältnis gesprengt fand, setzt sich als vorzeitliches Rezidiv noch inmitten der Kultur fort, deren Leistungen der Weltbesänftigung die ontopsychisch im Menschen ungebrochen bereitliegenden Verhaltensdispositionen ins Leere gehen lassen. *Nicht unsere Leiblichkeit erfuhr eine Metamorphose, sondern es gelang uns, unsere Umwelt zu denaturieren, und zwar zunächst in dem Sinne, daß wir eine Reihe der allerärgsten archaischen Bedrohungen abschaffen konnten. (Hier bestätigt sich auch Sigmund Freuds Lust-Prinzip, genauer gesagt: sein Unlust-Vermeidungs-Prinzip.) So brachten wir unsere Biozönose, d.h. das wohlausgewogene alte Gleichgewicht, in Unordnung.*

Die Welt im Menschen der späten Kultur ist die Welt des Urwesens, das seine Welteinpassung verlor, und sein Überleben der Ausbildung einer Kompensationsfähigkeit verdankte, deren Reaktionsmechanismus im Umgang mit einer allgegenwärtigen Lebensgefahr so stark wurde, dass er sich in der genetischen Grundausstattung des neuen Wesens unvermindert noch dann fortzeugt, wenn es für ihn immer weniger, schließlich keinen Bedarf mehr gibt.

Der menschlichen Kreativität sind keine Schranken gesetzt, wenn die alte Umweltentsprechung, in der das Hungern vorgesehen ist, nicht mehr stimmt. Jederart Wahn hat darin seine Wurzel, daß wir bereits im Utopischen leben. Wir alle bedürfen des ›Pfeffers‹, den wir haben sollten, weil Angst und Not von Haus aus zu unserem Inventar gehören. Die Wahnerkrankungen stellen gewissermaßen Heilungsversuche dar, oder anders: ein altes Gleichgewicht will sich ›wiederherstellen‹ (Bilz, Vorwort zu: Uexküll, Biologie, XI, XII, XV).

Mit jeder Störung, die den Menschen von sich selbst als Person distanziert und in Gegensatz zu seinem Leben setzt, versucht die Welt ihr eigenes ursprüngliches Verhältnis zum Menschen noch einmal gegen dessen Leistungen einer Neutralisierung der Weltverhältnisse für seine Daseinsmöglichkeiten durchzusetzen. Die Ansatzpunkte, die sie dazu im Menschen findet, sind die *biologischen Radikale*, unverwandelte Reste der Vorzeitverhaltensdispositionen, die mit der kulturellen Entwicklung der äußeren Lebensbedingungen des Menschen nicht Schritt gehalten haben. Es sind Relikte aus einem *paläoanthropologischen Urstatus*, der in allen Phänomenen kultureller Verhaltensstörungen in Erscheinung tritt (Bilz, Paläoanthropologie, 130); *Erscheinungen, die es bei uns erblich-angeboren gibt, d.h. die uns mittels unseres Leibes als Bereitschaften (Erlebnis- und Aktions- sowie Reaktions-Bereitschaften) ebenso wie den Tieren mittels ihrer leiblichen Organisationen so oder ähnlich zugeteilt sind* (a.a.O., 121).

Diese unverfügbaren Einstellungen, die in jedem wirken, wie vernünftig er sein Leben auch immer führen mag, im Blick, lässt die ›Ontoanthropologie‹, die sich der Erforschung des Weltverhältnisses eines unfertigen Menschseins widmet, sich methodisch als eine Palöoanthropologie der historischen Existenz kennzeichnen. Von dem, was wir nicht mehr sind, als ›Geschichte‹ absolut bestimmt, muss alles, was unsere Selbstgewißheit als Menschen beeinträchtigt, aus der rezenten Fortdauer dessen stammen, was die Geschichte in Gang setzte, in der wir uns so unbezweifelbar befinden, wie sie uns den Zweifel auferlegt, dass wir es seien, die sie beherrscht.

Die ›Urkatastrophe‹ der abgebrochenen Menschwerdung ist die spekulative Metapher für ein Weltverhältnis des Menschen, das die Unablässigkeit seiner Selbstverfehlung in seiner Geschichte zwar nicht erklärbar, aber verständlich macht. Dessen aufschlussreichste Spur im kollektiven Gedächtnis der europäischen Kultur ist seit der Antike die Atlantis-Imago, als Widerschein einer traumatisch verdrängten Erinnerung an ein Urgeschehen, dessen Unbewältigbarkeit die eingreifendste Prägung der menschlichen Weltdispositionen war.

Im Verstörungs-Verhältnis der Vernunft zu einer permanent katastrophischen Geschichte bricht diese Erinnerung sich in dem Gedanken *einer Traumatisierung der historischen Menschheit durch die vorausgegangene*

Katastrophe Bahn. *Eine solche Wunde (...) muß (...) einen kollektiven Wiederholungszwang nach sich ziehen, der zum Gefährlichsten gehört, was der Geschichte seitdem überhaupt anhaftet. Der Zwang würde darin bestehen, das Schreckliche zu machen, weil man es nicht erträgt, dass es gschah* (Kamper/Sonnemann, Atlantis, 17).

Defizitär ist das menschliche Weltverhältnis als Folge der Zerstörung des Weltverhältnisses eines protomenschlichen Wesens, das in diesem Verlust zum Menschen wurde. Das Urereignis beendete die Seinsform des Vormenschen, ohne das Wesen, das daraus hervorging, mit der Weltbegabung auszustatten, derer es als Folge der Verluste bedürfen sollte. Wie sehr wir auch Artisten der Vernunft werden mögen, bleiben wir doch Invaliden der Instinkte, die uns eingeben müssten, wohin wir es mit unserer Vernunft zu bringen hätten. Als deren Ersatz, deren Fehlen kompensierend, kann sie nicht leisten, was deren Verkümmerung zu leisten unfähig machte.

Deswegen müssen Menschen sich in der Welt ihre eigene Welt schaffen, als sekundäre Umwelt, in der die Vernunft leisten kann, was die im Menschen verkümmerten Instinkte in der Welt zu leisten unfähig sind.

V

Die Urgestalt: Der Vertriebene

Das Urbild des Vertriebenen ist in der nachantiken Kultur Europas das aus dem Paradies gewiesene Urmenschenpaar. Sein biblischer Mythos hat Vertreibung als Strafe bestimmt. Damit wurde sie zum Urmodell der Geschichte, unter deren Phänomenen keines so zeitlos allgegenwärtig ist wie das der Vertreibung.

Unter der Suggestion einer unvermeidlichen Nachwirkung der mythischen Fabel vom Sündenfall als Folge von Fehlverhalten empfunden, wird sie desto härter erfahren, je geringer das Bewußtsein einer Verfehlung ist, für die sie die angemessene Strafe wäre.

Zuverlässig wie ein Uhrwerk, kam die Sprache auf ihre Vertreibung vom Breslauer Hof, wann immer wir uns in Garten oder Treppenhaus begegneten und den Schwatz hielten, wie er unter Nachbarn und, wie in diesem Fall, Vermieterin und Mieter, harmlose Alltagspflicht ist. In der ersten Zeit versuchte ich, behutsam und rücksichtsvoll, doch eindeutig zu argumentieren, es sei, so unbestreitbar furchtbar, doch eine Folge jener Handlungen gewesen, die Millionen Deutscher als Totschläger von Abermillionen Russen und Polen in den Osten geschickt hatten. Doch ebenso prompt folgte auf ein kurzes Aufmerken, und den Seufzer, ja, der Krieg sei schrecklich gewesen, die unbezwingbare Anklage: Aber die Polen, die waren die Schlimmsten! Bis ich schließlich den Hinweis unterließ, auch diese, die ihr alles nahmen, doch immerhin nicht ihr Leben, seien ihrerseits Vertriebene gewesen, die es nicht freiwillig, sondern gezwungenermaßen taten. Zuletzt beließ ich es in unserem Ritual dabei, zuzugeben, das alles sei furchtbar gewesen.

Diese Frau, die sich in allem sonst als vortrefflich und gutwillig erwies, war nicht einfach unbelehrbar. Natürlich wusste sie, was ich ihr vorhalten zu sollen meinte. Was aus ihr sprach, war nicht nur eine noch nach Jahrzehnten unbezähmbare Emotion aus tiefster Verletzung durch unwiederbringlichen Verlust; aus ihr sprach die Urerfahrung der Unverwindbarkeit. Die Vertreibung aus der Welt ihrer Heimat in eine Fremde, die sie sich doch zu neuer Heimat gestalten konnte, hatte an ihr das Geburtstrauma der Austreibung in die Welt, dessen unlöschbare Prägung sie zur Fremde macht, wiederholt. Der erwachsene Mensch, der aus seiner Welt gewaltsam vertrieben wird, findet sich in die ontogenetische Urpsyche des frühesten Menschen zurückversetzt, für den es kaum schon eine Lebens-Welt gab.

Im mythischen Bild und in der Erfahrung des Geschichtsphänomens Vertreibung reflektiert sich die biologische Urerfahrung jedes Lebensbeginns. Die Geburt ist die Ausstoßung aus dem Ort des Ursprungs in die Welt des Lebens. Es beginnt mit einem Übergang: verlassen wird, was einen hervorbrachte, damit erreicht wird, worin man werden kann, worauf unser Ursprung uns anlegt, schließlich, der man sein will. Die erste Erfahrung, die ein Lebewesen machen muss, bestimmt die Erwartungen und Erfahrungsgestimmtheit, die es gegen die Welt hegen wird, in die es im Akt seiner Geburt versetzt wurde. Was sich in seinem Leben als Weltfremdheit zeigen mag, ist die unvermeidliche Resonanz jener Weltfremde, die die Erfahrung der Geburt einprägt, in die Welt seines Lebens nur durch den Verlust seines allerersten Anfangs gelangen zu können.

Für die ontoanthropologische Grunddisposition des Daseins ist die Frage, wann genau das In-der-Welt-Sein beginne, nicht nur von tiefenpsychologischer Bedeutung: schon als Embryo im Uterus, oder erst als Säugling nach der Geburt? Der Mutterleib ist in der Welt; aber ist schon in ihr, was sich in ihm befindet? Ist er schon die Welt für das in ihm entstehende Wesen, oder paradiesische Vorwelt, die es wird verlassen müssen? Oder wird erst die mit der Pubertät, in der sich der mächtigste aller Zwänge, die die Welt über den Menschen übt, in ihm ausbildet, endende Kindheit die Vorwelt sein, die man verlassen muss, um in die Welt des eigenen Lebens ganz zu gelangen? Wann immer man den Übergang geschehen sieht, es ist seine Erfahrung, die das Weltverhältnis jedes Lebens vorgibt.

Es sind die Abweichungen von mittleren Wahrnehmungen, die zum Wesentlichen führen. Selbst unter den abseitigen Surrealisten noch Außenseiter, hat Antonin Artaud in seinen 1936 in Mexiko-City gehaltenen Vorträgen über die surrealistische Bewegung, der er selbst nicht mehr angehörte, eine Anthropologie der Weltfremde improvisiert, die er in der Begegnung mit den Tarahumara-Indianern auf die Probe einer psychotisch gesteigerten poetischen Ethnologie stellte.

Der Surrealismus ist aus Verzweiflung und Abscheu entstanden, und er ist auf den Schulbänken entstanden.

Weit mehr als eine literarische Bewegung ist er eine geistige Revolte gewesen, der Schrei der menschlichen Organe, das Aufbäumen des Seins in uns gegen allen Zwang (Artaud, Surrealismus, 140).

Das Sein *in* uns aber *ist* eben der Zwang, gegen den jede existentielle Revolte sich richtet, so sehr, dass das befreite Sein in uns, das wir unterdrückt meinen und befreien wollen, gelänge dies, die ungehemmte Freiheit dessen würde, was uns versklavt. Es ist die Tragödie der humanen Selbstbehauptung, sich gegen das richten zu müssen, was uns vor der ungezügelten Übermacht bewahrt, deren Weltwalten vollkommen gleichgültig um unsere, oder irgendeine Existenz ist.

Als Bewohner der zivilisierten Welt erlebt Artaud sich als aus der ursprünglichen Welt vertrieben, deren Widerschein er im Leben der letzten Indianer Mexikos zu finden glaubt, zu denen er unter unsäglichen Mühen und Strapazen reist. Als Augenzeuge ihres Daseins findet er sich zurückversetzt in die Realität jener vorzeitlichen Welt, in der die Urkatastrophe sich ereignet haben muss, in deren Folge das Un-Wesen Mensch entstand, indem sie die Kultur seines Vorgängers zerstörte.

Seit Platos Erzählung wird sie als ›Atlantis‹ vorgestellt. *Am 16. September, dem Tag des mexikanischen Unabhängigkeitsfestes, habe ich in Norogachic, tief in der Sierra Tarahumara, den Ritus der Könige von Atlantis gesehen, den Platon im ›Kritias‹ beschreibt. Platon spricht von einem seltsamen Ritus, den die Könige von Atlantis vollzogen, wenn ihre Rasse in eine verzweifelte Lage geraten war.*

Wie mythisch die Existenz von Atlantis auch sein mag, Platon beschreibt die Einwohner von Atlantis als eine Rasse magischen Ursprungs. Bei den Tarahumaras, die meiner Meinung nach die direkten Nachkommen der Bewohner von Atlantis sind, gibt es noch heute diesen Kult magischer Riten.

Die letzten Unzivilisierten werden für den an der Zivilisation Leidenden zu lebendigen Zeugen eines verlorenen Lebens, das die Versehrung, die ihn zeichnet, nicht kennt. *Ich weiß, daß das Leben der Indianer dem Geschmack der heutigen Welt nicht entspricht; doch wir können einen Vergleich ziehen, der zeigt, daß gerade das moderne Leben in gewisser Hinsicht im Rückstand ist, daß also nicht die Tarahumara-Indianer im Rückstand sind in bezug auf die Gegenwart.*

Sie wissen, daß jeder Fortschritt, jede Erleichterung, die durch das Vorherrschen einer rein materiellen Zivilisation erreicht wird, auch einen Verlust, einen Rückschritt mit sich bringt (Artaud, Ritus der Könige, 74).

Wenn die *gesellschaftliche Aufgabe der Kunst* darin besteht, *daß sie den Ängsten ihrer Zeit einen Ausweg schafft* (Artaud, Anarchie, 242), dann bezeugt seine eigene für seine Zeit eine Virulenz der Urangst, der Welt, in der zu leben ist, nicht wirklich anzugehören. Was sich in Artauds eigener Lebenserfahrung als psychotische Geistesstörung äußert, wird kulturell in dem Phänomen der Anthropolitik manifest, die unter diesem Gesichtspunkt als der Versuch bestimmbar wird, die Weltungewißheit, die sein Leben als Selbstungewißheit belastet, durch eine einzige und endgültige Gestalt des Menschen zu überwinden, deren Geschlossenheit eine ebenso geschlossene, und damit für ihn endlich sichere, Welt hervorbringen wird. Ihr Scheitern in einer unvordenklichen humanen Katastrophe hat den ältesten Verdacht der europäischen Kultur gegen die Welt wiederhergestellt.

Die Fernwirkung des Schreckens des Anfangs beenden zu wollen, potenzierte ihn mitten in der Kultur, die ihn seit Jahrtausenden immer weiter hatte distanzieren können, zu einem äußersten Erschrecken über eine nie dagewesene menschliche Selbstvergessenheit.

Den Anfang im Zeichen des Schreckens zu sehen, ist die mächtigere, aber nicht einzige Perspektive auf das ursprüngliche Weltverhältnis. Auch das Gegenbild einer Zuversicht menschlicher Weltverträglichkeit über alle Weltverstörungen hinaus setzt an beim biblischen Mythos der Vertreibung.

Die nachparadiesische Welt ist die Welt ohne die ursprüngliche Bestimmung und Aufgabe des Menschen. *Die Urbestimmung des Menschen war nämlich, »das Paradies zu bauen und selbes erst über die Erde, sodann über das ganze Universum zu verbreiten« – d.h. die von der höheren, ewigen Natur ab- und herausgekehrten Zeitwesen (Creaturen) mit der Krone des Lebens wieder in die Ewigkeit einzukehren oder zu verzücken. Aber er selbst, sich aus dem Ewigen wendend in diese Zeit, wollte nicht mehr in Gott offenbar sein, sondern nur in dieser Creatur, anstatt sie durch sich in Gott wieder zu offenbaren* (Baader, Paradies, 70). In seiner Urungehorsamstat gegen Gottes Gebot seine Weltbestimmung ausschlagend, wurde der Mensch zum Verderber des Seins der Welt. *Durch alle Schönheiten der Natur hindurch vernimmt der Mensch, bald leiser, bald lauter, jene melancholische Wehklage derselben über den Witwenschleier, den sie aus Schuld des Menschen tragen muß.*

Aus eigenem Verschulden aus dem Paradies vertrieben, wird die an dessen Stelle getretene Welt und deren Pflege zur Aufgabe des Menschen. Aber die Welt ist nicht das ganz Andere des Paradieses: sie ist dieses in einem anderen Zustand. Sie ist das durch seinen ›Fall‹ nur verwunschene, aber nicht vernichtete Paradies, das seiner Erlösung durch menschliche Sühne entgegenharrt. *Der Mensch brachte nämlich durch seinen Fall den Fluch (Flucht des Paradieses oder ersten Elementes) in die Erde und in die äußere Natur. Es ist also seine Pflicht gegen die Erde, sie von diesem Fluche wieder zu befreien. Versteht man nun unter dieser Befreiung vom Fluch und unter der Entwickelung des Segens in der äußeren Natur die Alchimei, so ist diese nicht Vorwitz, sondern des Menschen Pflicht* (a.a.O., 70; 73).

Mit dieser ontologischen Theologie der Versöhnung hätte Franz von Baader zu einem Klassiker der Begründung jeder Art von Weltverantwortung werden können, wäre es zu deren Bewußtsein nicht erst in der säkularen Welt der materiellen Zivilisation gekommen, die weder von Gott, noch von Natur mehr etwas wissen wollte. Auch die Ökologie wird eine ›diesseitige‹ Perspektive auf die Welt im Rahmen jener Wissenschaftskultur sein, die sie ihrer Herrschaft Zug um Zug unterwarf. Nicht Baaders ›erotische‹ Ontoanthropologie des ›Falls‹ sollte in die politische Theologie des 20. Jahrhunderts wirken, sondern die psychotisch strenge Schuldlehre eines Juan Donoso Cortés, die Carl Schmitt als einen Prototyp der Theorie der Diktatur wiederentdeckt (Staat Gottes; vgl. Carl Schmitt, Cortés).

Sie ist dem näher, was Schopenhauer als dessen ›einzige Wahrheit‹ mit dem Alten Testament ›aussöhnte‹: *Die Welt ist eben die Hölle, und die Menschen sind einerseits die gequälten Seelen und andererseits die Teufel darin* (Schopenhauer, Paralipomena, § 156, Werke V, 354-56). Wenn dies immer wieder so ist, so lautet Baaders Verneinung von Schopenhauers Weltverneinung, dann liegt es nicht an der Welt, sondern am Menschen, der es noch nicht vermochte, seine Schöpfungsaufgabe neu zu ergreifen.

Was Baaders ebenso originelle wie einsame Theologie zu einer wesentlichen Referenz der Ontoanthropologie macht, ist ihr Ideenkern einer unanfechtbar stabilen Weltsubstanz, die unversehrt vom Verlust des Paradieses als vorgeschichtlichem Ort des Menschen geblieben ist, und die Perspektive der aus menschlicher Weltaktivität wiederherstellbaren ursprünglichen Weltbestimmung eröffnet. Der Mensch ist das Wesen, das für die Welt die letzte Verantwortung trägt, und sie tragen kann, weil seine erste Handlung in ihr deren Wesen zwar verfälschte, aber nicht zerstörte. In der mythischen Logik des Paradiesverlustes gesagt: was der Mensch verlor, ist nicht seine Welt, wenn sie auch eine andere Gestalt annahm als die ihr und ihm in ihr vom Schöpfer zugedachte, sondern seine eigene Verfassung, die ihn für diese Welt qualifizierte. Aus eigenem Handeln verloren, kann sie aus eigenem Tun zurückgewonnen werden, und mit ihr der wesentliche Zustand der Welt selbst wiederhergestellt. Der Mensch ist nicht der Verworfene, seine Welt nicht der Vorgeschmack der Hölle. Theologisch bereinigt, heißt das in philosophischer Neutralität: der Mensch ist zwar nicht ihr Urheber, aber der Gestalter der Welt, in der er sein Dasein hat. Es liegt an ihm, welche es sein wird.

Ganz ohne theologische Zurüstung hatte Kant in der menschlichen Urfigur des Vertriebenen eine Figur menschlicher Hoffnung gesehen. Das Paradies ist verloren; aber die Vernunft, deren Gewinn seinen Verlust kompensiert, eröffnet dem Menschen einen eigenen Weg in eine eigene Welt. Schärfer noch: das Paradies *musste* verlassen werden, damit der Mensch ganz zu dem Wesen werden *kann*, auf welches hin sein paradiesisches Vorleben ihn bereits ausgerichtet hatte. Seinen Urzustand zu verlassen, öffnet Möglichkeit und Chance, dass der Mensch werde, was er zu sein hat.

Der erste Schritt also aus diesem Stande war auf der sittlichen Seite der Fall; auf der physischen waren eine Menge nie gekannter Übel des Lebens die Folge dieses Falls, mithin Strafe. Die Geschichte der Natur fängt also vom Guten an, denn sie ist das Werk Gottes; die Geschichte der Freiheit vom Bösen, denn sie ist Menschenwerk. Für das Individuum, welches im Gebrauche seiner Freiheit bloß auf sich selbst sieht, war bei einer solchen Veränderung, Verlust; für die Natur, die ihren Zweck mit dem Menschen auf die Gattung richtet, war sie Gewinn. Jenes hat daher Ursache, alle Übel die es erduldet, und alles Böse das es verübt, seiner eigenen Schuld zuzuschreiben, zugleich aber auch als ein Glied des Ganzen (einer Gattung) die Weisheit und Zweckmäßigkeit der Anordnung zu bewundern und zu preisen (Kant, Mutmasslicher Anfang, 92 f.).

Die Beendigung des Urzustandes war die Bedingung der Menschwerdung, die es nur als Ergebnis menschlicher Eigentätigkeit in Vollkommenheit geben kann. *Ob der Mensch durch diese Veränderung gewonnen, oder verloren habe, kann nun nicht mehr die Frage sein, wenn man auf die Bestimmung seiner Gattung sieht, die in nichts als im Fortschreiten zur Vollkommenheit besteht* (a.a.O., 92). Das wichtigste Mittel dazu aber haben ihm die Umstände, unter denen er im paradiesischen Urstand lebte, vermittelt. *Die Veranlassung, von dem Naturtriebe abtrünnig zu werden, dürfte nur eine Kleinigkeit gewesen sein; allein der Erfolg des ersten Versuchs, nämlich sich seiner Vernunft als eines Vermögens bewußt zu werden, das sich über die Schranken, worin alle Tiere gehalten werden, erweitern kann, war sehr wichtig und für die Lebensart entscheidend.* Der erste Versuch wird erfolglos gewesen sein, wie alles, was ohne Übung begonnen wird. *Der Schade mochte nun gleich so unbedeutend gewesen sein, als man will, so gingen dem Menschen hierüber doch die Augen auf. Er entdeckte in sich ein Vermögen, sich selbst eine Lebensreise auszuwählen, und nicht gleich anderen Tieren an eine einzige gebunden zu sein* (a.a.O., 88). Das Erbe des Paradieses ist die komplette Ausbildung aller Fertigkeiten, die das aus ihm vertriebene Wesen für die Welt braucht, die sich ihm damit eröffnete.

Mit einem Wort: der Vertriebene ist in Freiheit gesetzt.

Dennoch ist die Geschichte des derart zu sich selbst befreiten Wesens, seit es sie dokumentiert, als eine der Unfreiheit betrieben, und mehr noch erfahren worden. Sie kannte immer und überall mehr Sklaven als Freie. Ein Widerspruch aber ist das nur unter der Voraussetzung, Freiheit mit Sicherheit und Selbstgewißheit dessen gleichzusetzen, was ein Mensch als zuträglich und ihm zustehend erachten mag.

Freiheit aber ist mehr Mühe und Not, als Lust und Leichtigkeit. Der Freie, der seine Fähigkeiten noch nicht in der Gewinnung eines eigenen Lebens in Sicherheit hat bewähren können, fühlt sich nicht frei, sondern bedroht, und seiner selbst zutiefst ungewiß. *Als ein in der Welt ausgesetztes Wesen ist der Mensch sich verborgen – homo absconditus* (Plessner, homo absconditus, 149). In der harten Umklammerung der als Fremde erfahrenen Welt bleibt der Mensch sich selbst fremd. Der Vertriebene ist auch die Urfigur des von seiner Freiheit überforderten Menschen. In Fremdheit frei leben zu *müssen*, bringt die Krücke einer tatsächlichen Unfreiheit in scheinbarer Sicherheit hervor. Für eine Anthropologie möglicher menschlicher Selbstbestimmung kann es deshalb keinen wichtigeren Gegenstand geben als die Weltbedingungen des Daseins.

Zum Verlassen eines Ortes gezwungen, wird der Vertriebene zum Suchenden, schließlich zum Entdecker eines anderen Ortes. Auf die Vertreibung hier, folgt die Ankunft dort. Das Anderswo als jederzeit freiwillig wählbarer Aufenthalt ist deshalb eine Urgarantie der Freiheit: woanders ankommen zu *können*, statt zu müssen. Als Exil verlorenen Ursprungs erlebt, ist *die* Welt an jedem ihrer Orte ein potentieller Ursprung für *eine* mögliche Menschenwelt.

Je ferner *eine* Welt ist, desto gewisser wird die Präsenz *der* Welt: *als ob der Zugang zur Welt nur die andere Seite eines Rückzuges aus ihr wäre, und als ob dieser Rückzug an den Rand der Welt nur eine Abhängigkeit wäre und nur ein anderer Ausdruck meiner natürlichen Fähigkeit, auf sie zuzugehen* (Merleau-Ponty, Sichtbares, 23). Desto intensiver, je erwünschter, doch unerreichbar jene ist. Dann ist die Welt, in der man sich findet, unerträglicher Hohn auf die, die man nicht hat, aber haben müsste, um sein zu können, um den man sich betrogen findet.

Die Welt ging verloren; aber so, dass die Menschenwelt möglich wurde. Jede ihrer Erfahrungen, die an den ursprünglichen Weltverlust erinnert, mahnt deshalb daran, sie nicht als gegebene nehmen zu dürfen, sondern jederzeit als herzustellende Welt behandeln zu müssen.

Diese Selbstgewährleistung des Menschen wird möglich, wann immer der, der sich als Vertriebener in ihr findet, sich als Überlebender zu neuem Leben entdeckt.

Dies war der Augenblick der Sprengung, der Augenblick, in dem ich hinausgeschleudert worden war in die absolute Freiheit, der Augenblick, in dem ich losgerissen worden war von jeder Verankerung, jeder Zugehörigkeit, losgelöst von allen Nationen, Rassen und menschlichen Bindungen, der Augenblick, den ich mir gewünscht hatte, der Augenblick, in dem die Welt offen vor mir lag. Jetzt konnte ich zeigen, wer ich war, was das für ein Ich war, das ich durch die Jahre der Flucht getragen hatte, das ich vor der Vernichtung auf dem Schlachtfeld und in der Gaskammer gerettet hatte, das ich gehütet und gepflegt hatte, jetzt war der Augenblick gekommen, in dem ich erklären konnte, wozu all diese Mühe aufgewendet worden war und was ich erwartete (Weiss, Fluchtpunkt, 303).

VI
An den Polen des Daseins

Trost und Glückwunsch

Wir sind nicht ganz, was wir leben; wir leben auch, was wir nicht sind: Anteile anderer, vor allem vergangener Leben. Was wir sind, umfasst mehr als uns; deshalb sind wir immer weniger von dem, was wir zu sein überzeugt sind.

Was wir sein können, hängt davon ab, ob und wie weit wir zu neutralisieren fähig werden, was wir sein müssen, weil es uns gibt. Dass wir bedingt sind, bedeutet, dass wir nur sein können, was wir wollen, wenn es uns gelingt, hinter uns zu bringen, was wir allein dadurch sein müssen, dass wir unser Sein durch Gewordensein haben.

Ich kann von mir sagen, dass ich mich nicht für mich selbst interessiere, sondern für den Konflikt gewisser Ideen, dem meine Seele nur als Schauplatz diente und bei dem ich weniger Schauspieler als Zuschauer, Augen- und Ohrenzeuge war.

Das seltsame Bekenntnis der Selbstferne angesichts des eigenen Werkes, das André Gide seinen Tagebüchern voranstellte, besagt nicht nur etwas über dieses eine, besondere Leben. Worin Gide sich erkannte, deutet hin auf einen Grundzug eines jeden Menschenlebens.

Die Objektivität der Selbstwahrnehmung in dieser Äußerung ist ungewöhnlich; ihr Gehalt bezeugt die gewöhnlichste Bedingung des Daseins, die in jeder Existenz wirkt: Während wir zu handeln und unser Leben zu führen überzeugt sind, geschieht in, durch und mit uns etwas anderes, etwas, worüber wir nicht verfügen. Nicht einmal, wenn wir uns dessen bewußt sind.

Gides Blick der Selbstobjektivierung, der ihn sich als Zuschauer seiner selbst sehen lässt, ist die Lebensmetapher für das Weltverhältnis des Menschen, dessen Erfassung Motivationskern nahezu aller kulturellen Leistungen Europas gewesen ist, seit die Griechen sich als Spielzeuge ihrer Götter empfanden.

Die Existenz des Einzelnen als Schauplatz des Daseins zu betrachten, ist die Metapher für das Weltverhältnis des Menschen, dessen metaphysische

Vermutung sie pointiert, und der Weg zu dessen möglicher Erkenntnis zugleich. Ihre Konturierung liegt im Spannungsfeld der beiden Pole von Weltzu- und Weltabwendung, die die beiden einzigen möglichen Weltverhältnisse bezeichnen – : dabei, oder fern zu sein.

Ein Jahr nach Robert Schumanns Tod schreibt Johannes Brahms am 11. Oktober 1857 an Clara.

Du musst ernstlich danach trachten und dafür sorgen, dass Deine trübe Stimmung nicht alles Maß überschreite und nicht ohne Aufhören sei. Das Leben ist kostbar; gewaltig zerstört solche Geistesstimmung den Körper. Rede Dir nicht ein, dass Dir das Leben wenig wert sei. Das ist nicht wahr, das ist bei ganz wenig Menschen wahr. Gibst Du Dich ganz solcher Stimmung hin, so genießest Du auch frohere Zeiten nicht wie Du könntest. Je mehr Du strebst und Dich gewöhnst, trübere Zeiten gleichmütiger und ruhiger hinzubringen, desto mehr genießest Du die frohere Zeit, die immer folgt. Wozu hat denn der Mensch das himmlische Geschenk, die Hoffnung, empfangen? Und nicht einmal ängstlich zu hoffen brauchst Du, Du weißt, dass angenehme Monate folgen auf diese wie auf jede unangenehme Zeit. Nimm dies nicht leicht, es ist sehr ernst. Der Körper und die Seele wird verdorben durch solches Nachhängen einer trüben Stimmung, die man durchaus nicht bewältigen muß oder nicht aufkommen zu lassen braucht...Solche ungesunde Seelenspeise, wie der immerwährende Trübsinn, verdirbt den Körper und die Seele wie die ärgste Pest. Du musst Dich ernstlich ändern, meine liebste Clara. Nimm Dir jeden Morgen von neuem ganz ernstlich und einfach vor, den Tag und alle Zeit gleichmütiger (gleichmäßiger) und froher zu sein. Leidenschaften gehören nicht zum Menschen als etwas Natürliches. Es sind immer Ausnahmen oder Auswüchse. Bei wem sie das Maß überschreiten, der muß sich als Kranken betrachten und durch Arznei für sein Leben und seine Gesundheit sorgen. Ruhig in der Freude und ruhig im Schmerz und Kummer, ist der schöne, wahrhafte Mensch (Brahms in: Bücken, Musikerbriefe, 209 f.).

Diese ist eine jener wenigen erträglichen Tröstungen, die nicht Sprachlosigkeit geschwätzig überdecken. Brahms Worte sind nicht nur deshalb überzeugend, weil er sie der geliebten, doch unerreichbaren Frau sagt; sie enthalten auch den Kern einer Weisheitslehre, die einen Trost tragen und damit zumutbar machen kann.

Zwanzig Jahre später, im Mai 1877, gratuliert Brahms seinem Freund Joseph Joachim zur Geburt von dessen Sohn Paul mit einer Reprise der bestürzenden Weisheit der griechischen Tragödie. *Das Beste kann man ja in dem Fall nicht mehr wünschen – nicht geboren werden, soll's sein. Möge nun der neue Weltbürger solches nie denken, sondern sich lange Jahre des 7. Mai und seines Lebens freuen* (zit. n. Mayer, Denkmal, 69).

Nur einer, der Leben und Welt schätzt, kann so trösten: seine Worte an Clara rühren aus ehrlicher Überzeugung, einem geliebten Menschen macht man nichts vor, mag das Bedürfnis, ihn zu schützen, einen auch dazu bewegen können, es mit mehr Nachdruck zu tun, als es dem Grad eigener Überzeugung entspricht; nur einer, der vom Leben und der Welt nichts hält, kann so befremdlich gratulieren. Beide Äußerungen entstammen demselben Temperament. Dass zwischen beiden zwanzig Jahre Lebens- und Erfahrungszeit liegen, macht sie als Zeugnisse der menschlichen Selbsterfahrung überzeugend.

Um sie ganz würdigen zu können, muss man sich klar machen, dass es sich bei dem Gegensatz, der zwischen ihnen herrscht, um kein Entweder-Oder handelt: gerade, dass sie *beide* gelten, macht ihren anthropologischen Befund aus. Brahms Trost für die geliebte Frau und sein Glückwunsch an den Freund bezeichnen die äußersten Pole unseres Weltverhältnisses.

Ausgespannt zwischen Lebensvertrauen und Weltenttäuschung bewegt unser Leben sich. Nur beide zusammen ergeben die Wahrheit unseres Daseins. Es ist die Aufgabe jedes Lebens, der keines sich entziehen kann, ohne seine pure Möglichkeit zu gefährden, seine Balance zwischen den extremen Polen zu finden, die Anziehungskraft des einen mit der des anderen auszugleichen, um das unwahrscheinliche Dasein wirklich werden und bleiben zu lassen.

Dieser Widerspruch ist Sache der Anthropologie als einer historischen Phänomenologie der Anstrengungen, diese Balance zu finden, sie zu verlieren und wiederzufinden. Er enthält die metaphysische Wahrheit unseres Seins in d(ies)er Welt.

Ausnahmezustände

Weniges ist so unbekannt wie das selbstverständlich Vorhandene. Für den Inbegriff aller Gegebenheiten, die ›Welt‹, gilt dies absolut. Die einzige Gewissheit, die sich von ihr ausmachen lässt, *daß wir sie eines Tages zurücklassen*, die *in den Träumen, den trüben Stunden, inmitten der Gefahren* (Jünger, Subtile Jagden, 279), und im Bedenken der Lebenserfahrungen, zurückkehrt, durchdringt alles, was ein bewußtes Leben sich an Erfahrungen vergegenwärtigen kann.

Eines Tages war ich nicht, eines Tages werde ich nicht sein. Zwischen diesen beiden Augenblicken der Gleichgültigkeit der Welt bemühe ich mich zu sein. Es ist eine wankende Welt, aufgewühlt von Wirbeln, verunsichert.

Zwischen diesen beiden Abwesenheiten gehen wir dorthin, wohin uns unsere Schritte führen, wir setzen unsere Füße auf die Welt und ihre Orte (Reza, Hammer-Klavier, 123).

Was hier als Kern ihrer Unzumutbarkeit die Gleichgültigkeit der Welt charakterisiert, ist zwar das wesentlichste, alles übrige bedingende, ihrer Momente, erfaßt aber noch nicht die ganze Schwere, mit der es auf unserer Existenz lastet: schlimmer als unsere Vergänglichkeit ist die Schnelligkeit, mit der sie uns als Wesenskern unseres Daseins ihre Erfahrung aufnötigt. In der unbehebbaren Unverhältnismäßigkeit von Kürze der Lebensbefähigung und Umfang der Lebensfertigkeiten, deren Ausschöpfung eine überlange Lebensvorbereitungszeit vereitelt, die mehr als ein Drittel der Lebenszeit beansprucht, tritt die Mangelhaftigkeit als elementares Kennzeichen des menschlichen Daseins zutage.

Wir leben nicht lange genug, um zu werden, was wir sein können, weil wir zu lange zu lernen haben, was wir sein müssen, um leben zu können.

Dagegen muss das bloße Vorhandensein der Welt schon vor, und noch nach jedem Leben, das sie hervorbringt, als Hohn auf dessen möglichen Daseinssinn erscheinen. In der reinen Neutralität ihres Vorhandenseins liegt die elementare Unzumutbarkeit der Welt, mit der jedes neue Exemplar seiner Gattung es zu tun bekommen wird, völlig unabhängig von Gunst oder Ungunst, Glück oder Unglück der Zeitläufte, unter denen es leben wird.

Der Mensch erträgt es nicht, die Welt fertig vorzufinden. Es demütigt ihn, ihr bloßer Nutznießer zu sein. Aber was kann er an dem tun, was doch so überwältigend abgeschlossen vor ihm steht durch die Evolution der Natur, durch die Arbeit der Geschichte? Er muß sich damit helfen, so zu tun, als sei noch alles oder wenigstens viel zu tun (Blumenberg, Zumutungen, 203). Gleichgültig, *wie* sie ist, muss es den Widerstand des Lebendigen wecken, *dass* sie immer schon ist. Diese Unzumutbarkeit würde selbst noch für eine Welt gelten, in der weniger oder kaum noch etwas zu kritisieren oder zu verbessern wäre. Am allerstärksten für eine Welt, in der nichts mehr im Argen läge.

So steht unser Leben in der wichtigsten seiner Äußerungen, die es ›lebenswert‹ macht, seiner Beweglichkeit, seiner Aktivität und seinem Handlungsdrang, kurz: der Erwartung, dass nichts ganz so bleiben muss, wie es vorgefunden wird, unter der paradoxen Bedingung, gerade auf die Zustände, die es an der Welt am meisten stören und an ihr leiden machen müssen, angewiesen zu sein, um am Leben sein zu können. Der Grundsatz einer negativen Theodizee, das Böse sei notwendig, damit das Gute sich bilden und hervortreten könne, weil es notwendig wird, gilt in formaler Neutralität auch anthropologisch: ein Leben ohne Hemmnisse wäre nicht nur unmöglich, es wäre nicht lebenswert. Darin gründet noch die enttäuschende Unbestimmtheit der Utopien, die, auf ihren Kern gebracht, nicht mehr über den ganz anderen Zustand der Welt sagen können, als dass er ganz anders wäre.

Noch schlimmer aber, als die Welt fertig vorzufinden, nachdem man sich mühsam in sie hineingelebt hat, ist für das zu Bewußtsein gekommene Leben die Einsicht, sie hinter sich zu lassen, wenn es enden wird. Die Welt ist für das seiner Endlichkeit inne werdende Leben weniger, was bereits *vor* ihm war, als das, was auch *nach* ihm noch sein wird. Die Exemplare der Gattung Mensch sind die Seinsterritorien, auf denen sich der unablässige Übergang ihres Daseinsmediums vom Werden zum Gewesensein vollzieht. Das Einzelwesen ist die Zukunft der Gattung, die sich mit jedem erneuert.

Wir sind, damit sein können wird, woraus wir entstanden.

Deshalb ist die Welt, was der Sterblichkeit des Wesens, das sie erfährt, widersteht. Sie besteht aus allem, was dauert, obwohl die Menschen, aus deren Leben es entstand, vergehen. Die Welt ist die nicht ermittelbare Quersumme aus allem, was ›vor mir‹ da war, und ›nach mir‹ da sein wird. Welt hat nur, wer sich mit seiner eigenen Vergänglichkeit soweit auszusöhnen versteht, dass er die Erfüllung seines Seinssinnes darin sehen kann, mit seiner Existenz dazu beizutragen, dass es nach deren Ende etwas gibt, was es ohne sie nicht gegeben hätte. Wir überdauern, indem wir zur Kontinuität jenes Seins beitragen, das dauert, obwohl wir vergänglich sind.

Darauf hat Hans Jonas den kategorischen Imperativ seines ›Prinzip Verantwortung‹ gegründet, dafür Sorge tragen zu müssen, dass es eine zukünftige Welt geben *kann*. Einsehbar ist dieser elementare Sinn unseres Daseins, Sein überhaupt zu bewahren, nur aus der Erfahrung der Geschichte. Denn diese ist nichts anderes als die Erfahrung, dass etwas wirkt, das nicht mehr ist (vgl. Steffens, Wiederkehr, 65 f.; 67).

Die Welt ist nicht von sich aus, was sie *für* uns ist. Sie ist die Leistung der unwahrscheinlichsten aller in ihr vorkommenden Lebensformen. *Unsere* Welt ist die Prämie einer Urleistung, das Menschsein gegen die Gleichgültigkeit *der* Welt durchgesetzt zu haben. In dem, was die Welt von sich aus sein mag, sind Menschen nicht vorgesehen, nur möglich. Dass es uns gibt, ist Ergebnis der Stabilisierung eines kosmisch-biologischen Zufalls.

Wie die Welt selbst *inmitten der enttäuschenden Himmelswüste* als *kosmische Oase* ein *Wunder von Ausnahme* ist (Blumenberg, Genesis, 793), so ist der Mensch die Ausnahme in ihr. *Alle Indikatoren der Anthropologie weisen darauf hin, dass der terrestrische Mensch insofern die Ausnahme der Natur ist, als er seine Existenz nur durch eine unverhoffte, nach den Regeln der organischen Natur höchst unzweckmäßige Reparatur einer Deviation erhalten konnte* (Blumenberg, a.a.O., 791).

Die ursprüngliche Ungewißheit des menschlichen Daseins wirkt als zu bannende Drohung noch fort in allen Geistesanstrengungen zum Erweis seiner Notwendigkeit. *Wir möchten, daß wir notwendig sind, daß unsere Existenz unvermeidbar und seit allen Zeiten beschlossen ist. Alle Religionen, fast alle Philosophien und zum Teil sogar die Wissenschaft zeugen von der unermüdlichen, heroischen Anstrengung der Menschheit, verzweifelt ihre eigene Zufälligkeit zu verleugnen.*

Aus dieser Perspektive gesehen, beschreibt die Evolutionsbiologie, wie wir werden konnten, was wir wurden; eine darin sich vollziehende Notwendigkeit belegt auch sie nicht. Die *Biosphäre* enthält *keine prognostizierbare Klasse von Objekten oder Erscheinungen*, weil sie *selber ein besonderes Ereignis darstellt.* Sie ist *genauso unvorhersehbar wie die spezielle Konfiguration der Atome, aus denen der Kieselstein in meiner Hand besteht* (Monod, Zufall, 57).

Der Spielraum unserer Existenzmöglichkeiten als Wirklichkeit möglicher Freiheit hängt seinerseits von den Daseinsbedingungen ab, unter denen es uns als Menschen im Weltkontext lebendigen Seins gibt.

Mit der Erneuerung der prometheischen Perspektive einer künftigen organischen Selbstkonstitution des Menschen jenseits natürlicher Begrenzungen ontogenetischer Herkunft, die von der Biologie in den Anfängen ihrer biochemischen Revolutionierung entworfen worden war, die von deren jüngsten Fortschritten wiederbelebt und sprunghaft erweitert wurde, scheinen die Bedingungen selbst, unter denen wir uns frei zu sein bemühen müssen, in den Spielraum unserer Freiheit eingerückt zu sein. Mit der sich daraus eröffnenden Perspektive einer Lösung möglicher Gattungszukunft von der Gattungsherkunft scheint die Welt als Inbegriff der unverfügbaren Bedingungen des menschlichen Daseins endlich so gleichgültig zu werden, wie die dauerhafteste Tradition menschlicher Selbstwahrnehmung deren Verhältnis zum Menschen verstanden hat.

Diese bestechende Erwartung ist jedoch wenigstens voreilig; wahrscheinlich fahrlässig.

Seit Jacques Monod die Tragweite der ersten großen Erkenntnisrevolution der Biochemie, die Entdeckung der Struktur des Genetischen Codes, auf die eine Generation später die Entschlüsselung des Genoms folgen sollte, in der Ernüchterung der Nichtnotwendigkeit unserer Existenz zusammenfasste, hat die seither ungeahnt beschleunigte Forschung keinen Beleg des Gegenteils zutage gebracht. Die Einsicht, dass es sich dabei nicht nur um eine Einsicht uneinholbar unanschaulich spezialisierter biochemischer Elementarforschung, sondern um ein Stück Erkenntnis des Menschseins im Ganzen handelt, bleibt zu vergegenwärtigen.

Es gibt uns, weil es uns geben kann; nicht, weil es uns geben muss. Daran würde auch eine irgendwann erreichte biotechnische Selbstkonstituierbarkeit des Menschen nichts ändern. Sie würde mit Zwängen eher als mit Spielräumen der dann fälligen Entscheidung zwischen verschiedenen Möglichkeiten konfrontieren.

Nur als Erben jener Urstabilisierung sind wir möglich. Es kann uns solange geben, wie wir die Bedingungen unserer Möglichkeit, über die wir nichts vermögen, selbst aufrechterhalten. Das unablässig zu gewährleisten, ist der Sinn jeder Kultur. Dies würde auch dann noch gelten, wenn diese Bedingungen eines Tages restlos selbstgestaltet wären.

Da Menschen seit unüberschaubar langer Zeit aber in den Stabilisierungsinstitutionen ihrer Kulturen als in ihrer unmittelbaren Wirklichkeit leben, droht das Bewußtsein dieser Elementarbedingung immer wieder zu schwinden oder ganz verloren zu gehen. Weil wir nur deshalb leben, weil unsere Vorfahren die Aufgabe immer wieder meisterten, die Bedingungen dafür zu erfüllen, wird die Aufrechterhaltung des Bewußtseins dieser Aufgabe immer schwieriger. Der permanente Ausnahmezustand, als der unsere Existenz sich gattungsgenealogisch erweist, verschärft sich zu dem Paradox, dass wir immer unwahrscheinlicher werden, je länger es uns gibt, weil mit jedem überstandenen Tag das Bewußtsein abnimmt, dass jeder neue Tag überstanden werden muss.

Die dauerhafte Verlässlichkeit zivilisatorischer Lebenserleichterungen, in deren Nutzung jede neue Generation mit Selbstverständlichkeit hineinwächst, enthält die suggestive Irreführung einer gesellschaftstragend gewordenen unbewußten Überzeugung, einmal Erreichtes könne nicht wieder verloren gehen. Diese Gewißheit der Lebensführung ist deshalb so unbegründet und müsste Anlaß zu grenzenlosem Staunen sein, da keine der Lebenserfahrungen so gewiß ist wie die, dass jedes Leben vollständig enden wird. Die Alterserscheinung, mit vielen Handgriffen der Lebensführung immer schlechter oder gar nicht mehr zurecht zu kommen, ist einer der

Zynismen der Natur, das Leben an seine Bestimmung des Gewesenseins zu erinnern: *Ich habe zu leben verlernt... Und ich konnte es doch so gut!* Dass diese Selbst-Beobachtung, die der alte André Gide am 8. Mai 1937 im Tagebuch festhält, auch für Kulturen gilt, ist eine der historischen Wahrnehmungen, die zur Anthropologisierung des Geschichtsdenkens motivieren.

Da die Erfüllung des Sinnes aller Kultur(en) weder verbürgt, noch selbstverständlich ist, ist die Erinnerung daran eine der wesentlichen kulturellen Aufgaben.

Das Denken der Menschen muß sich wieder auf die elementaren Ordnungen ihres terrestrischen Daseins richten (Schmitt, Nomos, 6). Diese Mahnung von unerwarteter Seite ist darum wegweisend, weil sie angibt, wie diese Erinnerung aussichtsreich zu leisten ist, indem sie Ontologie als Voraussetzung von Anthropologie bezeichnet. Wer Menschsein verstehen will, muss über die Welt nachdenken.

Dass dieser Hinweis vom Denker des Ausnahmezustandes stammt, ist folgerichtiger, als die unmittelbare Kluft zwischen juristischer und philosophischer Perspektive es erscheinen lassen muss. Die Bestimmung, dass *souverän ist, wer über den Ausnahmezustand entscheidet* (Schmitt, Politische Theologie, 11), erweist sich mit Blick auf diese späte Mahnung zu einer Rückkehr zum Elementaren im Denken des Menschlichen als Frucht jener ›pessimistischen‹ Anthropologie, die ihren Autor zum Theoretiker der Feindschaft hatte werden lassen (vgl. Schmitt, Begriff des Politischen, 41 ff.). Das Wesen, das sein eigenes Dasein in der Welt als singuläre Ausnahme des Unwahrscheinlichen verstehen muss, kann nicht anders, als auch seine Lebensformen grundsätzlich nach dem Modell der Ausnahme zu ordnen.

Gerade eine Philosophie des konkreten Lebens darf sich vor der Ausnahme und vor dem extremen Falle nicht zurückziehen, sondern muß sich im höchsten Maße für ihn interessieren. Ihr kann die Ausnahme wichtiger sein als die Regel, nicht aus einer romantischen Ironie für das Paradoxe, sondern mit dem ganzen Ernst der Einsicht, die tiefer geht als die klaren Generalisationen des durchschnittlich sich Wiederholenden. Die Ausnahme ist interessanter als der Normalfall. Das Normale beweist nichts, die Ausnahme beweist alles; sie bestätigt nicht nur die Regel, die Regel lebt überhaupt nur von der Ausnahme.

In der Ausnahme durchbricht die Kraft des wirklichen Lebens die Kruste einer in Wiederholung erstarrten Mechanik (Schmitt, Politische Theologie, 22).

Für die Anthropologie folgt daraus, dass ihr wichtigstes, wenn nicht einziges, Interesse die Ausnahme ist, sofern sich erweist, dass die Ausnahme der ontologische ›Normalfall‹ ihres Gegenstandes ist: der Mensch *ist* Ausnahme.

Walter Benjamin hat mit der achten seiner ›Geschichtsphilosophischen Thesen‹ daraus den weitestgehenden Schluß einer notwendigen Neubestimmung des Begriffs der Geschichte gezogen.

Die Tradition der Unterdrückten belehrt uns darüber, dass der ›Ausnahmezustand‹, in dem wir leben, die Regel ist. Wir müssen zu einem Begriff der Geschichte kommen, der dem entspricht. (...). – Das Staunen darüber, daß die Dinge, die wir erleben, im zwanzigsten Jahrhundert ›noch‹ möglich sind, ist kein philosophisches. Es steht nicht am Anfang einer Erkenntnis, es sei denn der, daß die Vorstellung von Geschichte, aus der er stammt, nicht zu halten ist (Benjamin, Begriff der Geschichte, 697. – Zur Beziehung zwischen Schmitt und Benjamin, die lange verschwiegen, dann skandalisiert worden ist, vgl. Taubes, Schmitt, 28 ff.).

Was wir brauchen, ist nicht das, was wir vorfinden. Ohne dieses können wir zwar nicht sein; um aber wir *selbst* sein zu können, muss es mehr geben können als das, was wir vorfinden, wenn wir uns auf die Suche nach, und den Weg zu uns selbst machen.

In diesem Anspruch des Individuums wird die Grundbedingung unseres Gattungsdaseins zum Motiv der Einzelexistenz: Widerstand gegen die Welt und ihre Erweiterung sind die obligatorischen Grundleistungen jedes Menschseins.

Die Lebenserfahrung findet den Menschen in derselben Situation wie jedes Lebewesen überhaupt, das heißt als einen Organismus, der sich in unausgesetzter wechselseitiger Auseinandersetzung mit dem Widerspiel der Welt befindet. Hält man Mißverständnisse fern, so gilt als erster Satz: der Mensch ist ein handelndes Wesen. An dem Widerstand der Welt gestalten sich seine Kräfte, werden aus Gefühlen und Stimmungen: Taten und Werke. An ihrem Druck erprobt sich die Spannkraft und Spannweite dieser Kräfte, die schöpferische Phantasie, seine Lage zu erfassen und zu meistern (Rothacker, Kulturanthropologie (1942), 9 f.).

Als Erich Rothacker diesen Grundsatz einer Kulturanthropologie 1942 formulierte, trieb die Totalisierung eben der Politik einem unvordenklich gewalttätigen Höhepunkt zu, deren Vernachlässigung er als Motiv dafür ausmachte, dass die Philosophie diese Perspektive so lange übersehen habe. *Daß die Philosophie ihre traditionellen Seinsbegriffe nicht an diesem Urphänomen des Lebens orientiert hat, beweist nur, daß sie über die Verarbeitung anderer Grunderfahrungen die Erfahrung der Politik und zumal der äußeren Politik und Strategie zu verarbeiten versäumte. Urtatsache alles Lebens und zumal des Lebens menschlicher Gemeinschaften ist seine Bewährung in jeweils bestimmten Lagen. Sieht man genauer zu, so ist unser Gegenüber überhaupt nicht die Welt, sondern zunächst eine jeweilige Situation oder Lage* (Rothacker, Kulturanthropologie, a.a.O., 10).

Die Überpolitisierung der menschlichen Selbstbeziehung in der späten Neuzeit zur Anthropolitik, die den Menschen selbst buchstäblich zum Objekt jener Gestaltung macht, der er bis dahin nur die äußeren Weltbedingungen seines Daseins unterwarf (Steffens, Wiederkehr, Zweiter Teil: Anthropolitik, 87-203), hat als Durchführungsmittel ihres ›Daseinsprogramms‹ (Blumenberg, Legitimität, 91) das anthropologische Bewußtsein jener Ursituation des Menschseins in der Welt verschüttet, deren vorläufig letzten Bewältigungsversuch die Anthropolitik darstellt.

Er ist gescheitert. So radikal gescheitert, dass seitdem nichts mehr von dem gilt, was zwei Jahrtausende europäischer Kulturgeschichte an menschlichem Selbstverstehen hervorgebracht haben. Die weiteste zeitliche Entfernung von der ersten Urvermutung der conditio humana hat deren Gehalt auf dramatisch ernüchternde Weise wiederhergestellt.

Das hat die Anthropologie des menschlichen Weltverhältnisses desto mehr der Verdrängung und dem Übersehenwerden überantwortet, als ihre Prämisse einer ursprünglich gleichgültigen und feindlichen Welt von Philosophen wie Rothacker und Gehlen formuliert wurde, deren Lebensgeschichte sie in das totalitäre Geschehen der Zerstörung des Menschen durch den Menschen verstrickte. Man muss sich auf sie nicht ›berufen‹; aber man kann an ihre Einsichten erinnern, ohne die Fragwürdigkeiten dahinter zu übersehen.

Wir müssen unser Dasein so weit, als es irgend geht, annehmen; alles, auch das Unerhörte, muß darin möglich sein.

Dieser Rat ›an einen jungen Dichter‹, den Rainer Maria Rilke 1904 erteilte, liest sich anders nach der Erfahrung der Geschichte, dass Menschen in der Vernichtung von ihresgleichen das ultimative Mittel zu finden überzeugt sein konnten, dem Urerfordernis ihres Lebens zu genügen, sich in der Welt gegen sie zu behaupten. Die Begründung, die er seinem Korrespondenten gab, überzeugt nicht mehr. Das Weltvertrauen, zu dem er mahnte, wird von dieser Erfahrung dementiert.

Wir aber sind nicht Gefangene. Nicht Fallen und Schlingen sind um uns aufgestellt, und es gibt nichts, was uns ängstigen oder quälen sollte. Wir sind ins Leben gesetzt, als in das Element, dem wir am meisten entsprechen, und wir sind überdies durch jahrtausendelange Anpassung diesem Leben so ähnlich geworden, daß wir, wenn wir stille halten, durch ein glückliches Mimikry von allem, was uns umgibt, kaum zu unterscheiden sind. Wir haben keinen Grund, gegen unsere Welt Mißtrauen zu haben, denn sie ist nicht gegen uns. Hat sie Schrecken, so sind es unsere Schrecken, hat sie Abgründe, so gehören diese Abgründe uns, sind Gefahren da, so müssen wir versuchen, sie zu lieben. Und wenn wir nur unser Leben nach jenem Grundsatze einrichten, der uns rät, daß wir uns immer an das Schwere halten müssen, so wird das, welches uns jetzt noch als das fremdeste erscheint, unser Vertrautestes und Treuestes werden (Rilke, Dichter (1903/04), 47 f.). Selbst angenommen, die Welt wäre uns so gut gesonnen, wie Rilkes Weltvertrauen es unterstellt, läge darin keine Garantie dafür, sie auch so besitzen zu können, wie es sich immer wieder als Voraussetzung für ein gutes Menschenleben in ihr erwiesen hat. *Ich bin ja noch gar nicht in dieser Welt eingewöhnt gewesen, die mir gut scheint. Was soll ich in einer anderen?* (Rilke, Malte, 54). Worin für Rilkes Laurids Brigge der Schrecken des Todes liegt, vor der Zeit eines ausgelebten Lebens abtreten zu müssen, tritt die jedes einzelne Dasein beeinträchtigende Bedingung seiner Möglichkeit hervor, sein Leben erst lernen zu müssen, bevor es geführt werden kann. Für jeden gilt in bestürzender Disproportionalität zur Lebensdauer zu jedem Lebenszeitpunkt: *Ich bin ein Anfänger in meinen eigenen Verhältnissen* (a.a.O., 72). Denn lange sind es noch die Verhältnisse anderer, in die wir uns einzugewöhnen haben, bevor wir daran gehen können, aus ihnen ›eigene‹ zu machen. Deshalb stirbt ein jeder nicht nur zu früh, gleich in welchem Alter, was Epikur zuerst aussprach, sondern auch, ohne abgeschlossen zu haben, was er in seinem Leben sein konnte.

In der europäischen Kulturüberlieferung war gerade umgekehrt das Fremdeste immer das Vertrauteste und Dauerhafteste, die Zuversicht des Weltvertrauens ihre Ausnahme; die Regel der Zweifel an Verlässlichkeit und Gegenseitigkeit im Verhältnis von Mensch und Welt. Die Erfahrung, dass die Urfremdheit sich gerade im Verhältnis von Menschen zu Menschen noch unerbittlicher einstellen kann als in dem von Mensch und Welt, hat sie zu einer sich verbietenden Naivität werden lassen.

Auf den zum neutralen Objekt einer totalen Politik reduzierten Menschen angewandt, heben die Mittel der modernen Zivilisation eben die ›Bewohnbarkeit der Welt‹ auf, zu deren Herstellung sie erfunden wurden (vgl. Bense, Ästhetik und Zivilisation).

Die Daseinserfahrung des zivilisatorisch umhegten Individuums, das jederzeit und überall gewärtig sein muss, sich einer totalen Feindschaft konfrontiert zu finden, die ihm das Sein tätig bestreitet (vgl. Schmitt, Begriff des Politischen, 31-35), muss schließlich dazu neigen, noch einmal apokalyptisch zu werden. *Es naht das Weltende. Es naht, es rückt, oder besser, es kriecht heran, mein eigenes Weltende. Das Ende meiner persönlichen Welt. Aber bevor mein Universum zerbröckelt, in Atome zerfällt, in die Leere explodiert, wartet auf mich noch der letzte Kilometer meines Golgatha, die letzte Runde in diesem Marathon, warten die letzten Sprossen hinab oder hinauf auf der Leiter der Sinnlosigkeit* (Konwicki, Apokalypse, 5).

Als Quelle der Angst hat die Geschichte die Natur überflügelt. Was von deren Bedrohungen emanzipieren sollte, hat sie ins Maßlose übersteigert.

Diese Zäsur in der Geschichte menschlicher Selbstbehauptung hat eine neue Art von Unverständlichkeit bewirkt, die es vorher nicht geben konnte, da die Handlungen, die sie herbeiführten, von Menschen stammten, die unter denselben Bedingungen elementarer Weltbedrohung standen wie jene, deren Vernichtung sie als Befreiung von dieser betrieben.

In den Ängsten, die sie weckt, macht die Welt sich zuerst bemerkbar. Als Natur ist sie die Quelle der ältesten und dauerhaftesten: vor der Nacht, dem Gewitter, dem Gebirge. In einer der erstaunlichsten Wandlungsprozesse der Kulturgeschichte erfuhren die Auslöser dieser Urängste seit dem 18. Jahrhundert eine Umwandlung vom Schrecken in Lust, die im Bedeutungswandel des ›Erhabenen‹ hervortritt (Alewyn, Lust, 307-330).

Erst eine Umwertung der Natur, die sich in Europa im 18. Jahrhundert vollzieht, ermöglicht die Idee einer menschenfreundlichen Welt, deren Gegenstück der Anspruch einer weltfreundlichen Menschlichkeit ist, die in der zweiten Hälfte des 20. Jahrhunderts mit der politischen Entdeckung der Ökologie vorübergehend zu kultureller Verbindlichkeit gelangen sollte.

Indem die Natur allmählich zum Bestandteil der Kulturgeschichte wird, scheint sie sich vom Gegner zum Partner des Menschen in den Anstrengungen seiner Selbstfindung und Selbstbehauptung zu wandeln: *An den Meeresküsten bildet sich eine neue Lebenskunst heraus* (Corbin, Meereslust, 120 ff.). Die Last der kosmischen Einsamkeit des Menschen verringert sich in dem Maße, in dem Natur als in jeder Hinsicht heilsam entdeckt wird.

Die Verwandlung der Natur zum Medium des Daseins eröffnet die Perspektive einer Metaphysik ohne Transzendenz, indem die Erde zur Heimstatt des Menschen wird. *Die Geschichte des Menschen löst sich zunehmend von der des Planeten. Die Wissenschaft siedelt eine ganze Reihe von Bildern der Kontinente und des Ozeans einer Zeit an, in der das Menschengeschlecht noch nicht existierte. Die uralte Erde, gleichgültig gegenüber ihren Bewohnern, erhebt sich zu einer neuen erhabenen Größe. Das eintönige, ununterbrochene Rauschen der immer wiederkehrenden Wellen bezeugt hinfort die Ewigkeit der Welt* (Corbin, 139).

Mag sie auch bedrohlich und voller Gefahren bleiben, in dieser Ewigkeit verdrängt die Natur eine göttliche Launenhaftigkeit, gegen die nicht einmal das äußerste mögliche Opfer hatte aufkommen können. Die Natur aber kennt keine Opfer.

Winde, Blitze und Wellen vereinigen sich. Der Ausbruch dieser feindlichen

Kräfte, von denen der Mensch sich bedroht fühlt, läßt den Schöpfer in Vergessenheit geraten. Aus dem Schauspiel der ungebändigten Natur entsteht das Ergötzen: »Verwandte Schrecken sind willkommen!« Eine schwindelerregende Wendung. Der Sturm erscheint nicht mehr als Ausdruck des göttlichen Zorns, sondern als undurchdringliche Bewegung des Unbekannten. Die Gleichgültigkeit der Natur findet ihren Höhepunkt in der Evokation arktischer Landschaften (...). Die Entfesselung des Meeres setzt dem vertraulichen Einverständnis zwischen dem Menschen und einer durch Gottes Hand geordneten Erde ein Ende (Corbin, Meer, 166). Nun regt die Hand des Menschen sich, sie zu bändigen.

Mit diesem Ende beginnt die Erfindung des Menschen, der für sein Schicksal einsteht, indem er es sich selbst bereitet. Die Schrecken der Welt spielen darin weiterhin ihre Rolle; beherrschen es aber nicht mehr.

Die Erfahrung der Geschichte hat diese Erwartung auf Umwandlung des Daseins von der Ausnahme des Seins zur Normalität der Selbstbehauptung im Kern erschüttert. Die Hoffnung, diese Geschichte der Selbstverfehlung als Ausnahme von der Regel erweisen zu können, nach der der Mensch die Selbststabilisierung seiner Weltausnahmestellung ist, lässt die Ontoanthropologie entstehen.

Fremdsein

In jedem Werk unserer Zeit muß, oder muß auch, zu spüren sein, daß die Welt nicht in Ordnung ist. Ein Opfer oder eine Entschuldigung an Apoll. Die romantische Trauer genügt nicht mehr; der Schatten muß existentiell werden.

Ernst Jünger, Siebzig verweht II

Ein riskanter Anspruch. Wer ihn erfüllt, ist auf dem Weg in sie oder befindet sich bereits in einer der unangenehmsten aller menschlichen Verfassungen: In der Schwermut verdichten sich die Schatten existentieller Befremdung durch den Zustand der Welt.

Ihn zu bezeugen, ist Sache des Künstlers und des Philosophen. Sind sie mit ihm nicht bereits konstitutionell geschlagen, machen sie unweigerlich Bekanntschaft mit jenem Schatten, wenn sie ihrer Sache nicht nur von berufswegen, sondern existentiell so nachgehen, wie er das Gemüt überzieht.

Dann erwarten sie gefährliche Begegnungen. Es braucht viel Kraft zu dem, was ihren Mitmenschen an ihnen als ›Lebensschwäche‹ auffällt. Der Melancholiker erfährt in schmerzlicher Zuspitzung zur Gewißheit, dass die Menschen der Welt vollkommen gleichgültig sind. Sie verbürgt niemandem eine Erheblichkeit seiner Existenz, für die er nicht selbst sorgte. Sein oder Nichtsein ist keine Frage, der etwas außerhalb dessen entsprechen könnte, der sie sich stellt. Hamlet scheitert nicht an der Unbeantwortbarkeit seiner Frage, er scheitert daran, dass es für sie keinen anderen Adressaten gibt.

Dabei ist niemand von dem ausgenommen, worauf sie unter Einsatz ihres Lebens reagieren. Künstler und Philosophen sind ausschließlich, was alle Menschen auch sind. Deshalb sind sie für sie wertvoll; deshalb können sie ihnen gleichgültig sein. Deshalb auch begegnen sie eben dem als Vorwurf, dessen Zeugnis sie selbst die Erfahrung der Fremde bewältigen lässt. *Weil die Welt ihnen fremd ist zu neunundneunzig Hundertteilen, so nennen sie weltfremd den, dem der letzte Hundertteil nicht die Welt bedeutet* (Loerke, Wagnis, 49). Die Weltfremdheit ist das eigene Lebensmerkmal derer, die sie denen, die sie bezeugen, als ihres vorhalten. Denn sie wissen nicht, dass fremd in ihr erst sein kann, wer die Welt kennenlernte. Man muss sich für sie so sehr interessieren, dass sie es gleichsam selbst bemerkt und, dem Werben nachgebend, sich preisgibt. Den Tüchtigen, den Mann von Welt interessiert nicht die Welt, sondern ihre Benutzung, weshalb sie ihm fremd aus eigener Gleichgültigkeit bleibt. Das bewahrt ihn davor, zu erfahren, dass er der Welt noch gleichgültiger ist als sie ihm. Die Erfahrung der Fremde ist die negative Prämie für das intensivste Interesse an der Welt.

Aber wann wäre es je anders gewesen? Es wird darauf ankommen, im Daseinsbewußtsein die Erfahrung der Weltfremdheit durch deren Bestimmung als *Weltfremde* zu ersetzen.

Dass die Welt auf ungläubiges Staunen weckende Weise nicht in Ordnung sei, ist die Grunderfahrung des europäischen Menschen. Die Befremdung durch die Welt war der Horizont seines Selbstbewußtseins, seit sie in der griechischen Dichtung zuerst ausgesprochen wurde.

Das zu entdecken, erschütterte einen jungen genialischen Altphilologen so sehr, dass er von da an eine Philosophie entwarf, die Zeugnis dieser Erfahrung in einer nur oberflächlich verwandelten Welt sein sollte. *Es geht die alte Sage, daß König Midas lange Zeit nach dem weisen Silen, dem Begleiter des Dionysus, im Walde gejagt habe, ohne ihn zu fangen. Als er ihm endlich in die Hände gefallen ist, fragt der König, was für den Menschen das Allerbeste und Allervorzüglichste sei. Starr und unbeweglich schweigt der Dämon; bis er, durch den König gezwungen, endlich unter gellendem Lachen in diese Worte ausbricht: »Elendes Eintagsgeschlecht, des Zufalls Kinder und der Mühsal, was zwingst du mich dir zu sagen, was nicht zu hören für dich das Ersprießlichste ist? Das Allerbeste ist für dich gänzlich unerreichbar: nicht geboren zu sein, nicht zu sein, nichts zu sein. Das Zweitbeste aber ist für dich – bald zu sterben«* (Nietzsche, Geburt der Tragödie, 35). Die ›Geburt der Tragödie‹ wurde zur Geburt des Philosophen Friedrich Nietzsche, der die älteste Wahrheit Europas über das Menschsein einer schon in pragmatischer Selbstgefälligkeit erstarrenden Moderne vorhielt, die dabei war, ihre Leistungen zivilisatorischer

Weltveränderung mit jener Weltverbürgung einer auf jede Transzendenz und ›Hinterwelt‹ verzichtenden Menschheit eigener Souveränität zu verwechseln. Als deren – de facto unverändert noch ausstehenden – Prototyp entwarf er den ›Übermenschen‹ (vgl. Steffens, Nietzsche).

Fast alles, was das Menschenleben beschwert, lässt sich los werden, mit mehr oder weniger Anstrengung und dem Glück der Bemühung; nur seine größte Last kann es nicht von sich nehmen, ohne sich damit selbst auf äußerste Weise zu schädigen: Die *Welt* gehört nicht zu den Belastungen, deren Beseitigung man erstreben könnte. Sie los zu sein hieße, nicht mehr zu leben. Das ›Gewicht der Welt‹ – dem Peter Handke sein schönstes Buch widmete – ist die größte Last des Lebens, und die einzige, die es nicht abschütteln kann.

In Momenten der Erschöpfung, schwerer Enttäuschungen, von Verlusten, Niederlagen und Vergeblichkeiten, auch solchen einer unverständlich unbegründeten Freude, entsteht jene Ratlosigkeit, deren Überwindung alle menschliche Geistes- und Kulturtätigkeit in Gang setzt und hält. So schrieb Wilhelm von Humboldt sein sprachphilosophisches Hauptwerk Jahre nach dem Tod seiner Frau, dessen Erwartung ihn in seiner Welthaltung tief verwirrt hatte. Am 12. Februar 1829 berichtete er dem greisen Goethe nach Weimar, seine Frau sei *sehr, sehr krank und es gab im November und Dezember Wochen, wo ich mich dem schrecklichen Augenblicke, sie zu verlieren, sehr nahe glaubte. Diese nahe drohende Gefahr ist jetzt vorüber, aber die wohltuende Empfindung des ruhigen Besitzes, wo man keine andere Unsicherheit vor sich sieht als die allgemeine Ungewißheit aller menschlichen Dinge, ist nicht wiedergewonnen, und ich weiß nicht, ob ich sie wiedergewinnen werde. Das Zusammenleben mit meiner Frau war und ist die Grundlage meines Lebens, ich fühle mich daher in meinem Innersten angegriffen und zerstört.*

Auch und gerade gedacht wird, weil das Denken gegen das, was ihm als solche *allgemeine Ungewißheit aller menschlichen Dinge* einsichtig ist, nicht aufkommt, wenn sie unmittelbar erlebt werden muss. Der Bruch zwischen Erkenntnis und Erfahrung, die Unüberbrückbarkeit zwischen dem, was man als unvermeidlich weiß, und seinem Erleben, ist Symptom der Weltlosigkeit, die sich der Selbsterfahrung des unsicheren Lebens als unlösbare Paradoxie mitteilt: Es geht nicht, und geschieht doch. Unübertroffen erfasst in der einen Zeile des Gedichts »Erinnerung an Frankreich« von Paul Celan: *Wir waren tot, und konnten atmen.*

Genau damit bekommt eine Philosophie es immer wieder zu tun, die die *Behebung der Weltungewißheit* als ihre eigene *Aufgabe* versteht (Blumenberg, Legitimität, erneuerte Ausgabe, 171 f.).

Im ›Versuch über das Absurde‹, dem theoretischen Gegenstück zu seiner poetischen Phänomenologie der Fremdheitserfahrung der Moderne in seinem Roman ›Der Fremde‹, hat Albert Camus diese Aufgabe in denkbar kürzester Form bestimmt. *Denken heißt vor allem: eine Welt erschaffen wollen (oder die eigene abgrenzen, was auf dasselbe hinauskommt. Es heißt: von dem grundsätzlichen Mißverständnis ausgehen, das den Menschen von seiner Erfahrung trennt, und seinem Heimweh entsprechend ein Gebiet des Einverständnisses finden, ein von Vernunftgründen eingeengtes oder von Analogien erhelltes Universum, das eine Lösung des unerträglichen Zwiespalts erlaubt* (Camus, Sisyphos, 495).

Dieser Anspruch ist keine Hybris eines Menschseins, das mehr wollte, als ihm zustünde; er bezeichnet das Wagnis, das für jedes Menschenleben Elementare mit eigenen Kräften sichern zu müssen, da die Welt, in der es zu leben hat, von sich aus nichts zu seiner Gewährleistung unternimmt. *Eine Stufe tiefer – und die Verfremdung ergreift uns: die Wahrnehmung, daß die Welt ›dicht‹ ist, die Ahnung, wie sehr ein Stein fremd ist, undurchdringbar für uns, und mit welcher Intensität die Natur oder eine Landschaft uns verneinen. In der Tiefe jeder Schönheit liegt etwas Unmenschliches, und diese Hügel, der sanfte Himmel, die Konturen der Bäume – sie verlieren im Augenblick den trügerischen Sinn, mit dem wir sie bedachten, und liegen uns von nun an ferner als ein verlorenes Paradies. Die primitive Feindseligkeit der Welt, die durch die Jahrtausende besteht, erhebt sich wieder gegen uns. Eine Sekunde lang verstehen wir die Welt nicht mehr: jahrhundertelang haben wir in ihr nur die Bilder und Gestalten gesehen, die wir zuvor in sie hineingelegt hatten, und nun verfügen wir nicht mehr über die Kraft, von diesem Kunstgriff Gebrauch zu machen. Die Welt entgleitet uns: sie wird wieder sie selbst. Die gewohnheitsmäßig maskierten Kulissen werden wieder, was sie wirklich sind. Sie rücken uns fern. Wie es Tage gibt, an denen man unter dem vertrauten Gesicht einer Frau jene andere wie eine Fremde wiederentdeckt, die man vor Monaten oder Jahren geliebt hatte, so werden wir uns vielleicht gerade das wünschen, was uns plötzlich so einsam macht. Aber so weit ist es noch nicht. Eines nur: diese Dichte und diese Fremdartigkeit der Welt sind das Absurde* (Camus, a.a.O., 408).

Das Fremdsein ist keine Beeinträchtigung des Menschseins, so sehr sein Erlebnis auch versehren kann; es ist die Erfahrung, in der dieses seine Grundverfassung erlebt. Das ist die älteste Erfahrung des europäischen Menschen, und die am kontinuierlichsten in und von seiner Geschichte bezeugte.

Sind fremd zu *fühlen*, bedarf es wenig. Jeder kennt die Anwandlungen der Unzugehörigkeit, des Verdachts, am falschen Platz zu sein, der Verlorenheiten, der Einsamkeit. Jeder hat seine schwachen Momente, in denen man sich des Rückhalts, dessen wir bedürfen, nicht mehr sicher ist, in denen das Vertraute sich entzieht, seine Konturen, Farben, Stimmungen wandelt, das Eigene einem plötzlich Seiten zukehrt, die man nicht kannte, und nun, da man sie kennenlernt, besser nicht kennen wollte. Das alles ist flüchtig, geht vorüber, meistens so schnell und unvermutet, wie es sich einem übers Gemüt legte.

In den *Zustand* der Fremdheit versetzt es einen nicht; es gibt eine Ahnung davon, wie es sein muss, sich in ihm zu befinden. Das Gefühl der Fremdheit ist noch nicht die Erfahrung der Fremde. Es bereitet auf sie vor. Fremdheit ist ein subjektiver Eindruck im Erleben von Wirklichem; die Fremde eine objektive Beschaffenheit des Wirklichen. Das heißt aber nicht, dass die Fremdheit die subjektive Seite des Fremden wäre; umgekehrt: die Fremde ist die objektive Seite der Fremdheit – der Seinskern ihrer Erfahrung. Er ist irreduzibel: auf nichts rückführbar, in nichts auflösbar. Damit ist er die Quelle aller möglichen Selbsterfahrung des Menschen als eines Weltwesens.

Fremd zu *sein*, dagegen ist eine Kunst. Nicht irgendeine und keine, die sich wählen oder ausschlagen oder an andere, dafür Begabtere delegieren ließe – es ist die Kunst, sein Leben in einer Welt zu führen, die einem nicht prinzipiell gewogen ist. Zwischen der Befremdung und der Fremdheit liegt nicht weniger als die Erfahrung der Welt.

Das Verhältnis zwischen Mensch und Welt ist ein Mißverhältnis. Zwischen ihnen herrscht keine Symmetrie gefügter Entsprechung. Nicht einmal Sympathie.

Die ärgste Fremdheit weckt der Nichtbesitz des Eigenen. *Man kann sich selbst fremd werden*, notiert Friedrich Hebbel am 27. November 1838, *das ist der umgekehrte Wahnsinn und der letzte, d.h. tiefste Abgrund, in den man stürzen kann* (Tagebücher, Nr. 1359, Bd. 1, 293). Das Interesse an der Welt aber ist nicht das reine Gegenmittel gegen das Aufbrechen dieses Abgrundes aus dem *Bespiegeln und Auskundschaften uns'rer selbst*, als das es ihm erscheint. Es ist gewiß *etwas ganz, ganz Andres, ob die Welt, der Zufall, das Schicksal, dem Menschen die Fragen vorlegt, oder ob er sich selbst fragt*, doch zuletzt führen die Fragen, die die Welt stellt, zu dem, dem sie sie stellt. Die Welt ist immer auch der Spiegel aller Selbstfremdheit.

Nur Eigenes kann wirklich fremd sein. *Nur wer sich selber fremd wird, gewahrt das Fremde wirklich und dann mit Schrecken* (Sternberger, Fremde, 9). Nur Fremdes macht mit Eigenem bekannt. Vor allem mit seinen Entbehrungen und seinen Sehnsüchten.

Das Fremde ist der Zustand des Eigenen, nachdem es aufgehört hat, einem anzugehören. Oder der Zustand, bevor das Eigene zum Einklang mit dem Selbst gekommen ist. Dann ist das Fremde die Verheißung der möglichen Übereinstimmung zwischen dem, was man hat und ist, und dem, was man braucht und zu sein wünscht. So, wie es in Eichendorffs Gedicht ›Schöne Fremde‹ heißt:

Es funkeln auf mich alle Sterne
Mit glühendem Liebesblick,
Es redet trunken die Ferne
Wie von künftigem, großem Glück! -

Das fremdeste Fremde aber ist das, was einmal das vertrauteste Eigene war, und verloren ging. Nichts kann so fremd sein wie das Haus des Vertriebenen, der zurückkehrt und noch vorfindet, woran er sich so lange in so schmerzlicher Detailgenauigkeit erinnerte; nichts wie ein verlassener Mensch, dem man wiederbegegnet; nichts wie das Lieblingsspielzeug, das man in der Hinterlassenschaft der Eltern wiederfindet; nichts so sehr wie die Wiederkehr einer schon einmal vertanen Chance.

Diese Fremde zu erfahren, ist die Erfahrung der Dauer und der Endgültigkeit des Verlustes. Das Fremde ist das Verlorene, das noch einmal zu einem zurückkehrt, um sich endgültig zu verabschieden. Die Märchen mit ihrem »Es war einmal« bereiten einen auf die Begegnung mit Orten vor, an denen das, was einem verlorengehen wird, für diesen einen Moment einer Ewigkeit des Verschwindens noch einmal zu einem kommt. Ohne Wiederkehr keine Fremde. Wer Vertrautes verlässt und ins Unbekannte geht, wird Fremdheit kennenlernen; das Fremde wird er erst erleben, nachdem er in das verlassene Vertraute zurückgekehrt sein wird, nachdem die Fremde, in die er aufbrach, vertraut geworden ist.

Auch das hat Eichendorff beschrieben, im Gedicht ›Rückkehr‹.

Mit meinem Saitenspiele,
Das schön geklungen hat,
Komm ich durch Länder viele
Zurück in diese Stadt.

Ich ziehe durch die Gassen,
So finster ist die Nacht,
Und alles ist verlassen,
Hatt's anders mir gedacht.

Am Brunnen steh ich lange,
Der rauscht fort, wie vorher,
Kommt mancher wohl gegangen,
Es kennt mich keiner mehr.

In nichts begegnet man sich selbst so sehr wie in der Erfahrung dessen, was einen ausschließt. Es *ist* das Fremde.

Das gestaltete und das reflektierte Erlebnis der Fremde – Kunst und Philosophie – sind Passagen vom ›Ich‹ zum ›Selbst‹. Der ich ›vorher‹ nur wußte, dass ich bin, kenne mich ›nachher‹ als ein Selbst. Jedes Selbst ist der gewendete Spiegel des Anderen. Wer den Anderen kennt, hat die Chance, zu sich zu kommen.

Deshalb ist Fremdheit eine Erscheinung im unverbundenen Miteinander, ein ›soziales‹ Phänomen. *Was habe ich mit diesen Menschen zu schaffen? Dachte ich; es ist, als kämen sie von einem anderen Planeten, aus einem fremden Land*, bemerkt der Erzähler in Cees Nootebooms ›Das Paradies ist nebenan‹. Der Zustand der Welt wird weniger an ihren Erscheinungen als an den Menschen wahrgenommen, denen man in ihr begegnet.

Im Extremfall äußerster Erfahrungen kann die Wahrnehmung der anderen aus der Gemeinschaft mit ihnen hinauskatapultieren und in den Abgrund des metaphysischen Heimwehs aus der Fremde dieser Welt nach der Heimat einer jenseitigen stoßen. *Beim Anblick der Canaille möchte man die Anker lichten zur Fahrt in jene Archipele und Fixsternwelten, deren Geistesraum sich jenseits der Klippen und Engpässe des Todes dem Berufenen enthüllt. Es ist das Heimweh, das uns inmitten der Verworfenen ergreift. Wir fühlen, daß wir in der Fremde sind*, notiert Ernst Jünger am 1. Juli 1942 in Paris.

In den Zufallsbegegnungen lauert das Aufspringen der Angst, die jede Fremdheit birgt, deren Entstehen die erste Reaktion auf sie ist, und deren Unbeherrschung die Fremdheit zur Ursache aller gegenseitigen Schädigungen macht, mit denen Menschen einander ihr Leben belasten oder verhindern. *Denn es ist auf Dauer nicht angenehm, dazuhocken und sich anzustarren und keine Miene zu verziehen. Wir sind doch alle Menschen, nicht wahr? Wir könnten vom Essen sprechen oder vom Wetter, und es würde sich dabei herausstellen, daß wir eine unsterbliche Seele besitzen. Aber wenn wir so still bleiben, hat die Angst ein leichtes Spiel. Sie geht von einem aus oder von zweien, sie scheint ganz bestimmte Züge zu tragen, aber in Wirklichkeit ist es nur die Fremdheit, die um sich greift und alles verzerrt. Man faßt etwas ins Auge, ein*

Menschenangesicht, und schon löst es sich auf, ein Auge schwebt an der Decke, das andere ist erloschen, die Nase ist zweimal, dreimal da, das Kinn steckt wie ein spitzer Stein in der Brust. Man schaut aus dem Fenster, da sinken die Häuser in sich zusammen, breiten sich aus wie schwarze Fladen, unter denen Gewürm sich regt. Man horcht auf das Ticken der Küchenuhr, jeder der zarten Pendeltöne wird ein furchtbarer Schlag, wie von einer Weltuhr, die niemals zum Schweigen kommt (Kaschnitz, Das fremde Land, 189 f.).

Ihre unbehebbare Unvermeidlichkeit, die die Fremdheit als Selbst-Fremdheit unabweisbar macht, gründet in dem alles Menschliche bedingenden Umstand, dass niemand Grund seiner Existenz ist. *Keiner lebt, weil er das will. Aber nachdem er lebt, muß er es wollen* (Bloch, Naturrecht, 15). *Dass* es einen gibt, entzieht sich jeder Selbstverantwortung. Die eigene Existenz kann als Gegebenheit in der Welt keine eigene Hervorbringung sein. Man bestimmt, wenn man will, nur über ihr ›Was‹, ihre Formen, Absichten, Umstände und Verläufe, manchmal über ihr Ende; über ihr ›Dass‹, ihre reine Tatsächlichkeit nicht. Sie lässt sich eigenmächtig zwar beenden, aber darin nicht zurücknehmen. Keine Handlung eines Menschen vermag ihn dorthin zu versetzen, woher seine Existenz stammt. Ihre Stiftung ist für jeden absolut. Kennzeichen einer Schöpfung aber ist, von ihrem Urheber zurückgenommen werden zu können. Ein einmal geborenes Leben ist nicht rückgängig zu machen, nicht von dem, der geboren wurde, nicht von denen, die ihn zeugten. Als Gestaltung eines eigenen Lebens kann jedes Dasein seine eigene Erfindung werden; als Sein ist es absolut und endgültig, noch über sein Ende hinaus. Irgendwann, wenn niemand sich seiner mehr erinnert, und keine Spur mehr fortwirkt, wird es sein, als wäre es nie gewesen; aber es ist gewesen, und wird auf ewig gewesen sein, unauslöschlich. *Einmal* dagewesen, ist für *immer* dagewesen. Das Verlangen nach Unsterblichkeit ist der Wunsch, diese Unauslöschlichkeit des Daseins nicht nur denken, auch erleben zu können.

Sich als fremd erleben kann nur, wem die Nichtselbstverständlichkeit des puren Faktums seines Daseins aufgegangen ist. *Wir wären nicht, hätte unser Vater eine andere Frau, unsere Mutter einen anderen Mann geheiratet. Auch das Bestehen dieser Ehe angenommen, sind wir unter Millionen von Keimen ausgewählt* (Jünger, Strahlungen, 186).

Dass diese einfachste aller Überlegungen so selten angestellt wird, ist das sicherste Symptom einer in unsere Verfassung eingelassenen minimalen Weltverträglichkeit unseres Daseins. Es ist ein Zeichen von Gesundheit, diese grundlegendste aller Existenzbedingungen nicht zum Fundament des eigenen Lebensgefühls werden zu lassen. Es ist die einzige kluge – und für andere zumutbare – Ignoranz, die es gibt.

So kann die Geburt, die Passage zwischen der Stiftung und dem Beginn einer neuen Existenz, wie von allen Gnostikern seit jeher, als ›Unglück‹ schlechthin angesehen werden. Aber eben deshalb steht den Erbschaften, mit denen sich noch eine jede Existenz belastet gefunden hat, keinerlei Verbindlichkeit zu, außer derjenigen, in die eingewilligt wird. Wer an seinen Grund nicht rühren kann, hat keinen Grund, in seiner Herkunft Gründe für die Schwierigkeit zu sein zu suchen. Es ist eines ihrer Verhängnisse, die ihre Schuld bilden, so geordnet zu sein, dass die Welt trotzdem jeden diese Gründe finden lassen wird. Kein Leben ist geschuldet, weil es selbst an seiner Hervorbringung nicht teilhat, so dass *wir weder uns, noch sonst etwas zu rechtfertigen* haben, denn *wir haben uns nicht gemacht* (Bernhard, Beton, 211); aber gerade deshalb stammt ein jedes aus der Schuld, etwas zu seinem Beginn zu verhelfen, für dessen Sein nicht einstehen kann, wer es stiftet. Das macht die Verantwortung der Elternschaft nicht unmöglich, wie die Vulgärethik seinsfauler Intellektueller suggeriert, es begründet sie.

Dass es einen gibt, ist nicht erstaunlich, weil aus der Zwangsläufigkeit der Zufallsverschlingungen heraus zwar nicht erklärlich, aber verständlich – irgendwann musste aus den Bewegungen der Weltelemente heraus diese eine Verbindung entstehen; aber wieso gerade so? Dass man *so* ist, *wie* man ist, ist das noch Erstaunlichere, das wahrhaftig ›Mystische‹. Jedes Seiende markiert einen verschwindend kurzen Moment des Stillstands, der Kristallisation in der unablässigen Interaktion alles dessen, was in der Welt ist. Sie ist nicht die Summe ihrer Elemente, sondern das Kontinuum der Unablässigkeit ihrer Bewegungen.

Wird aus dem Staunen Überlegung, kann jene Einsicht entstehen, die den Zugang zur Welt erst wirklich öffnet. *Der natürlich denkende Mensch beginnt mit der Verwunderung, daß die Dinge so sind, wie sie sind. Sich darüber wundern können besagt, daß sie uns befremdlich und befragbar geworden sind. Wenn aber der fragende Mensch die ihm Antwort gebende Einsicht gewonnen hat, dann würde er sich nunmehr wundern, wenn sich die Dinge anders verhielten und anders wären, als sie von Natur aus schon sind. Diese aristotelische Einsicht in das, was ist – nicht jetzt und nicht künftig, sondern immer – ist nicht geschichtlich auf die griechische Philosophie beschränkt; sie findet sich auch im Osten. Ehe wir wissend geworden sind, sagt ein bekannter buddhistischer Zenspruch, scheinen die Berge und Flüsse einfach Berge und Flüsse zu sein und nichts weiter. Wenn wir einen gewissen Grad der Einsicht gewonnen haben, hören sie auf, nichts weiter als Berge und Flüsse zu sein. Sie werden vielerlei in vielerlei Hinsicht. Wenn wir aber zur vollständigen Einsicht gelangt sind, wird der Berg wieder einfach zum Berg und der Fluß wieder einfach zum Fluß. In dieser schließlichen Anerkennung des So-und-nicht-anders-seins zeigt sich die Welt und der Mensch ursprünglich und endgültig* (Löwith, Natur und Humanität, 207).

In ihrer Unvermeidlichkeit gehört die Fremdheit zur Menschenverfassung. Man kann sie nicht überwinden, man muss *mit* ihr leben wollen, um sie aufheben zu können. In dieser Entscheidung wird sie zu einem Motor der Lebensproduktivität, deren stärkste Regungen aus den Widrigkeiten hervorgehen, die jedes Leben für jeden bereithält.

Es kann nicht darum gehen, die Welt zu erkennen, das übersteigt das Maß des Menschenmöglichen; es muss darum gehen, zu erkennen, wie sich Weltlosigkeit vermeiden lässt, deren Möglichkeit mit der Erfahrung des Fremdseins hervortritt. Sie wird in dem Moment akut, in dem die Erfahrung der Fremde so intensiv geworden ist, dass sie den unerfüllbaren Anspruch zu ihrer Beseitigung wecken muss.

Weltkenntnis ist der notwendige Umweg der Anthropologie zur Kenntnis eines Menschen, der in seiner Geschichte zu viel von sich erfahren hat, um noch meinen zu können, sich zu kennen. Ihre Grundfrage lautet: Wie wird man die Welt so los, dass man es in ihr aushalten kann?

Das gestörte Verhältnis zur Welt, das in die Philosophie treibt und die in ihr notdürftig Beheimateten dem Spott der Tüchtigen aussetzt, ist nichts anderes als die Verstörung, die erleidet, wem die Welt sich zu erkennen gegeben hat: in Erfahrungen, die man so wenig verursachen wie vermeiden kann, die dem Leben die Selbstverständlichkeit beschweren oder nehmen. Wer sie nicht macht, hat nicht nur diese Erfahrung nicht – er ist zur Erfahrung nicht fähig. Das Weltverhältnis des menschlichen Lebens ist nicht nur immer wieder gestört, es *ist* Störung: des Menschen durch die Welt, der Welt durch den Menschen.

Ihr Erleben muss keine Dramatik begleiten. Es muss kein alles umstürzender Einbruch ins Leben sein. Sie schleicht sich ein, als kurzer Moment, in dem die jede Lebensführung ermöglichende Alltagsselbstverständlichkeit aufgehoben wird. Eine Harmlosigkeit wie die Frage nach einer Zigarette kann sie auslösen.

»Gib mir auch eine«, sagte Jacek.

»Sie gehen zu Ende«, erwiderte Pawel.

»Warum sollten sie auch nicht zu Ende gehen.« Jacek nahm eine und steckte sie an, ohne sein Hin- und Hergehen zu unterbrechen. »Nur die Null geht nicht zu Ende, weil sie einen Kreis beschreibt, stimmt's?«

Pawel spürte, daß die Welt vor ihm zurückwich, vor dem Stuhl, auf dem er saß, vor der ganzen Wohnung, und sich in einen fernen, selbstgenügsamen Raum verwandelte. Und sie würden weiter hier sitzen, bis ihr Leben sich erschöpft hätte.

»Sie wartet darauf, daß du sie anrufst«, sagte er, um die abgerissenen Sinnfäden wieder zu verknüpfen (Stasiuk, Neun, 252 f.).

Jeder erfährt es; aber nicht jedem wird es zur Prägung seiner Lebensstimmung. Es ist den Schwermütigen auferlegt, die ganze Last dieser Erfahrung zu durchleben. *Wer an der Notwendigkeit meiner Unternehmung und der Allgegenwart der Melancholie Zweifel hegt, dem empfehle ich wie einst Cyprian dem Donatus, einmal die Welt Revue passieren zu lassen, sich selbst in Gedanken auf den Gipfel eines hohen Berges zu versetzen und von dort auf das Durcheinander und die Unberechenbarkeit dieses Gewoges herabzusehen. Er wird nicht umhin können, über dem Treiben entweder in Lachen auszubrechen oder Mitleid zu empfinden* (Burton, Melancholie, 40).

Die Beeinträchtigungen besitzen eine Skala, reichend von kaum spürbarer Belästigung, einem leisen Unwillen, bis hin zur Überzeugung vom Unwert des Lebens. Wer an diesem äußersten Pol angelangt ist, dem wird die Welt zu einer Absurdität. *Alle Reibungen unter den Menschen sollen durch Mißverständnisse entstehen, eine Theorie, an die ich felsenfest glaube, da ich die Welt selbst für ein Mißverständnis halte* (Thelen, Insel, 125).

In der Melancholie verdichtet die Vermutung der Weltlosigkeit sich zu der äußersten Belastung durch die Welt: zur Beschwerlichkeit, leben zu sollen, obwohl die Sinnlosigkeit der Bemühung Ergebnis jeder Anstrengung dazu ist. Weltlos ist, wen die Leistungen der Kultur nicht vor den Bedrückungen der Weltfremde bewahren.

Anstoß zum Äußersten kann das Geringste sein. *Kleine Ursachen haben oft große Wirkungen, noch kleinere können öfter noch größere haben, und überhaupt keine Ursachen haben am öftesten die allergrößten. Nehmen wir als Beispiel die Welt: sie ist aus dem Nichts erschaffen worden, und damit die größte Kalamität, die die Welt je gesehen hat* (Thelen, Insel, 160).

Mittellos als Emigrant in fremder Welt, drängt sich dem schwermütigen Autor des deutschen Simplizissimus des zwanzigsten Jahrhunderts der ultimative menschliche Freiheitsakt auf. Sein *Lebensekel, für den er sich übrigens eine Mimikry geschaffen hatte, die so fröhlich wirkte, daß niemand seinen Weltschmerz mehr ernst nehmen wollte,* sucht Zuflucht im Gedanken der Selbstauslöschung. *Vigoleis verfügte doch über ein seltenes handwerkliches Geschick und eine über seine Bedürfnisse weit hinausgehende Fingerfertigkeit und Erfindungsgabe. In den Dienst der Selbstvernichtung gestellt, überhöben sie ihn mit einem Male der allmorgendlichen Bestürzung, noch unter den Lebenden zu weilen mitsamt seinem ersten und benebst seinem zweiten Gesicht. Pessimisten sind gerne die größten Optimisten. Jahraus, jahrein schloß Vigoleis allabendlich die Augen in der unumstößlichen Zuversicht, es würde die letzte Nacht eines Lebens sein, dessen Annahme er verweigert hätte, hätte die geheimnisvolle Bestellordnung das zugelassen* (Thelen, Insel, 161 f.).

Aber nur als metaphysischer Einspruch gegen die *Schöpfungssünde* ist der Selbstmord gerechtfertigt, nicht als Reaktion auf Lebensverdruß. *Ich mißbillige den Selbstmord nicht, denn er hat seine Wurzeln im Irrtum der*

Schöpfung selbst (Thelen, Insel, 201). Ihn zu begehen aber, könnte nur eine Bekräftigung dieses Irrtums sein, eine folgenlose Anklage des Unbezweifelbaren. *Du wirst die Realität der Welt damit nicht leugnen. Die Welt geht doch weiter – nur du hast nichts mehr dazu zu sagen. (Denn wenn du von einer Partie Schach dich zurückziehst, weil etwas faul ist an der Partie oder dir faul erscheint, geht die Partie nicht weiter.) Dieses Argument dürfte das einzige sein wider den Selbstmord* (Hohl, Nachnotizen, 207).

So ist die Welt voll von Fremdheit.

Wäre sie möglich, wäre das ihre ›Definition‹.

Ihre Fremdheit erfährt besonders, wer sich in ihr bewegt, um mehr als die ihm angestammten Orte in ihr kennenzulernen; unabweislich erfährt es, wer ausgezogen war, um einen fremden zum eigenen zu machen, und es ihm nicht glückte. Dann gibt die Welt sich in der Erfahrung der Fremdheit ganz zu erkennen, umso intensiver, desto größer die nun enttäuschte Erwartung ihrer Aufhebung an diesem anderen Ort gewesen war.

Dass sie sich mir auf diese Art in den Momenten beginnender Erholung im Warschauer Lazienki-Park zu erkennen gegeben hatte, an meinem ersten derartigen Ort, fern von dem, der meiner nicht war, weshalb ich an diesen kam, damit er es würde, wozu eine Chance sich geboten zu haben schien, verstand ich erst viel später (vgl. Steffens, Vorübergehend, 34 f.). Ich musste an meinen Ursprungsort zurückkehren, um dort schließlich Zugang zu einem anderen zu finden, der mir auf lange Zeit bieten sollte, was jener mir verweigert hatte. In Paris sollte ich finden, was mich in Warschau nicht erwartet hatte. Um zu erfahren, was die Welt ist, muss man von einer Welt in eine andere gegangen, und aus dieser zurückgekehrt sein. Erst dann steht einem ›die‹ Welt offen. Sie befindet sich dann nicht mehr ›woanders‹; sie ist einem zugänglich geworden, weil man selbst ›anders‹ wurde. Es ist das Anderswerden, das einen zu sich bringt (vgl. auch: Steffens, Pariser Momente, in: Vorübergehend).

Derart versammelt sich das zerstreute Selbst und korrigieren sich die falschen Wege. Die dunklen Verstummungen lösen sich ebenso auf, wie das dünne, losgerissene papierene Flattern im fremden Wind sich legt. Du wirst aus der schlechten Selbstversunkenheit herausgerufen und aus der schlechten Selbstvergessenheit zurückgebracht. Du findest dich. Du findest dich selbst in der Fremde. Und die Fremde spaltet dich nicht mehr auseinander in ein leichtes und ein schweres Teil. Sie ist um einiges vertrauter geworden, da du dir selber nicht mehr entfremdet bist (Sternberger, Fremde, 17).

Um der Möglichkeit dieser Verwandlung willen ist weniges so bedrückend wie die Verdächtigung, weltfremd zu sein. Sie ist gefährlich. Wen sie trifft, der ist fast schon Außenseiter. Wem geschieht, was sie meint, wird leicht zu einem.

Der Verdacht, der noch in jedem Zufallsgespräch, das über belanglos Alltägliches hinausgeht, lauern kann, sobald einer nur zu erkennen gibt, er wolle die Welt weniger dumm verlassen, als er in sie kam, ist so radikal wie eine Bedrohung. Er trifft die Existenz an ihrem Grund, indem er diesen in Frage stellt.

Dass besonders Philosophen ihr ausgesetzt werden, am liebsten von Leuten, die sich in ihrem Leben nie auch nur um einen einzigen eigenen Gedanken bemühen, hält sie nicht davon ab, die Verdächtigung auch gegenseitig zu üben.

Eine der schönsten ist der Brief Georg Christoph Lichtenbergs vom 7. Februar 1799 an den Mediziner Johann Friedrich Blumenbach, in dem er sich über den unglücklichen Hauptakteur im Jenaer »Atheismusstreit« belustigt. *Über Herrn Fichte würde ich wahrlich erstaunt sein, wenn ich mit der Einseitigkeit solcher Köpfe weniger bekannt wäre, als ich es bin. Aus den Urteilen dieses Gott-Fressers zu schließen, ist er gar noch nicht einmal eigentlich derjenigen Welt geboren, die er belehren will. Er wird erst noch mit der Zange hineingeholt werden müssen; er lebt jetzt in einer anderen, worin er auch ein ganz guter Professor sein mag* (Röhr, Appellation, Dokument IV, 14, 137).

Nimmt man das statt als Häme, mit dem bei Lichtenberg immer beteiligten Moment von Selbstbezug und Selbstkritik, so liest es sich als sarkastische Klage, dass diejenigen, die sich besonders um sie bemühen, offenbar am wenigsten zur Erkenntnis der Welt befähigt sind. Das wäre verheerend.

In einem der seltsamsten und merkwürdigsten Bücher der europäischen Literatur des vergangenen Jahrhunderts, in Giovanni Papinis ›Weltgericht‹, einer tour de force der Einbildungskraft, in der Verteidigungsreden maßgebender Menschen der europäischen Kulturgeschichte imaginiert sind, die sie nach dem Weltende vor ihrem Schöpfer zur Rechtfertigung ihres Lebens zu halten haben werden, findet sich der Verdacht der Weltfremdheit des Philosophen ultimativ zugespitzt, in der Rede des Königsberger Dieners Lampe. *Ich war nichts anderes als der demütige Diener eines großen Mannes, eines berühmten Philosophen. Ich hatte auf der Welt keinen anderen Ehrgeiz und keine andere Freude, als meine Pflicht gegen jenen verehrungswürdigen, aber seltsamen und unglücklichen Herrn zu erfüllen. Ich war darauf bedacht, ihn vor allen Unbequemlichkeiten und allen Gefahren zu beschützen und ihn nicht allzusehr die Härten und die Störungen des Lebens fühlen zu lassen. Denn er, der berühmte Professor Kant, wußte und verstand nichts von dem, was außerhalb des Reiches seiner Bücher und Gedanken gelegen war. Da war er wie eine Marionette, die einen Uhrwerkmechanismus im Kopf hat, der sich zu festgesetzten Stunden zu bewegen begann wie die Figuren einer Spieluhr, und jeden Tag tat er die gleichen Dinge, immer die gleichen.*

Das einfache Gemüt des einfachen Mannes lässt ihn den Kern des Problems philosophischer Weltferne freilegen. *Ich hege keinen Groll gegen ihn; er war nicht ein Mensch wie andere Menschen, vielleicht war er von einem anderen Planeten gekommen, vielleicht stammte er von einer andren Menschengattung. Ich fragte mich manchmal, ob er, obwohl der Anschein dafür sprach, wirklich ein Mensch sei* (Papini, Weltgericht, 527 f.).

Kann einer, der der Welt so fern ist, ein Mensch überhaupt sein?

Da diese nicht nur die Frage der problematischen Existenz des Philosophen ist, sondern der menschlichen, stellt sie sich der Philosophie, also wiederum den zu ihrer Beantwortung anscheinend so wenig befähigten Philosophen – vollendete Ironie des Weltzynismus.

Das Erstaunen des Dieners Lampe gibt die Richtung vor, in der die Versuche, sie zu beantworten, liegen müssen: Warum ist Seiendes gerade so, wie es ist? Es ist das größere Geheimnis als das der klassischen Metaphysik, die sich am Erstaunen entzündete, *Warum ist überhaupt Seiendes und nicht vielmehr Nichts?* (Heidegger, Metaphysik, 42. – In ›nachmetaphysischer‹

Gestimmtheit angemessener Ambivalenz hat sich der Thematik zuletzt angenommen: Steinvorth, Warum).

Dem Menschen hat von jeher sein Da-Sein mehr gegolten als sein So-Sein: die Schicksalslinie, ihre Länge, ihr Glück und Unglück mehr als der eigentliche Stoff des Schicksals, der allem Bedeutung gibt. Macht gilt ihm mehr als Einsicht, Reichtum mehr als Charakter, die Länge des Lebens mehr als sein Inhalt, Schein mehr als unveräußerliches Sein (Jünger, Zeitmauer, 23 f.). Angesichts seiner Belastungen und Gefährdungen, ist es eine der größten Erstaunlichkeiten, dass der menschliche Trieb zur Erhaltung des Lebens nahezu bedingungslos ist: gleichgültig wie, Hauptsache dass, der Rest wird sich finden, ist der Wahlspruch der Selbsterhaltung. Unter dem Fluch der Hoffnung, lässt ihre Wahllosigkeit noch Unerträgliches ertragen.

Noch rätselhafter als die Zufälligkeit des Tatsächlichen ist seine Beschaffenheit, die sich doch immer darbietet, als könnte sie anders gar nicht sein. Was anzunehmen immer ein Irrtum ist. Ernst Bloch sah darin noch in seinem testamentarischen Greisenwerk des ›Experimentum Mundi‹ – das ein letztes Stück ›Hegelianismus‹ bietet – nicht nur den Kern des Nachdenkens über die Welt, sondern deren eigenen. *Dies Versuchen macht noch den Gang der Welt aus, ruhelos, da das in allem Was steckende Daß sein Was noch nicht herausgefunden hat. Deshalb ist der prozessierende Gang der Welt noch unabgeschlossen, mit all den Rückschlägen im Unterwegs des Sich-Bestimmens auf der schwierigen dunklen Erde und nicht nur auf ihr* (Bloch, Experimentum mundi, 253 f.).

In aller Regel ist es die Beschaffenheit der Welt, ihr »So-und-nicht-anderssein«, die sie denen, die in ihr leben, ›fragwürdig‹ macht, in jedem möglichen Sinn des Wortes. Sie in ihren erlebten Zuständen als fragwürdig, als falsch eingerichtet, wenigstens als unvollkommen und verbesserungsbedürftig zu erfahren, ist das Erstaunen darüber, dass sie so ist, wie sie ist, obwohl sie anders sein könnte. Umgekehrt gewendet: wer sie als falsch erlebt, setzt voraus, *dass* sie anders sein könnte. Nur wenn sie nicht sein müsste, wie sie ist, kann sie als die, die sie ist, als falsch erlebt werden. Was alle Utopien als Sehnsucht trägt, ist die Voraussetzung dafür, zu erfahren, was sie notwendig macht, die Welt als eine andere vorstellen zu können. Könnte sie keine andere sein, wäre es unmöglich, sie als falsche zu erfahren. Allerdings kann hieraus nicht geschlossen werden, dass diese metaphysische Möglichkeit ihres Andersseins garantiere, sie zu einer anderen, die keine falsche mehr wäre, auch machen zu können.

Er hatte sich, so dachte er, im Gegensatz zu den meisten anderen nur nicht durch Zeitungen, Fernsehen, Heilslehren und andere Philosophien zu der Doktrin bekehren lassen, dies sei ›trotz allem‹ doch eine ganz annehmbare Welt, nur weil sie nun einmal existierte. Darüber würde man sich nie einig werden. Lieb und teuer vielleicht, aber ganz annehmbar niemals. Diese Welt gab es erst einige tausend Jahre. Etwas war da gründlich schiefgegangen, und nun sollte es wieder von vorn anfangen. Die Treue gegenüber Gegenständen, Menschen oder sich selbst, die er im täglichen Leben zeigte, änderte nichts an dieser Erkenntnis. Das Universum kam recht gut ohne die Welt aus, und die Welt konnte vorerst recht gut ohne Menschen, Dinge und Inni Wintrop auskommen. Doch im Gegensatz zu Arnold Taads konnte er die Ereignisse ruhig abwarten – heißt es in Cees Nootebooms ›Rituale‹ – einem, der die Wahrheit von Camus‹ Diktum, wer Philosoph sein wolle, müsse Romane schreiben, glänzend rechtfertigt –, in nahezu vollständiger Elementenverdichtung der Problematik (Nooteboom, Rituale, 208 f.).

Die Ratlosigkeit Lampes in Papinis Imagination ist mehr als die übliche Befremdung des einfachen Mannes durch den Philosophen. Sie birgt die Vermutung, dass die wichtigste Bedingung einer Philosophie der Welterkenntnis die Weltlosigkeit ihres Autors sei. Aber jede Erkenntnis ist auf Gemeinschaft mit ihrem Besitz aus. Die Welt von außen betrachten zu können, als betrachtete man sie wie von einem anderen Planeten aus dem All herab, soll erkennen lassen, wie ihre Erkenntnis möglich sei. Denn der Einsicht in ihre Möglichkeit galt Kants Lebenseinsatz. Diese Bedingung zu erfüllen, kann keinem Menschenwesen gelingen, so dass die Vermutung die Empfehlung enthält, sich weniger um Erkenntnis der Welt, dafür um so mehr um die Zugehörigkeit zu ihr zu bemühen.

Dass die Erde als unsere Welt ein Jahrzehnt, nachdem diese Phantasie geschrieben wurde, zum ersten Mal von Menschen aus dem All angesehen wurde und seitdem noch oft, hat diese Unerfüllbarkeit nicht aufgehoben.

Denn dieses gattungsgeschichtliche Ereignis zeitigte nicht die ihm angemessenen Folgen für die Selbstwahrnehmung der Gattung. Und es ist unwahrscheinlich, dass es sie noch haben wird. So ist auch die zweite Chance nach der Shoah zur wirklichen Bildung der Menschheit, die es bot, vertan.

Ihre Erkenntnis auf sich beruhen zu lassen und sich stattdessen um die Weisen ihres Besitzes zu kümmern, ist die Wendung einer sich immer wieder zur Nüchternheit anhaltenden Weltphilosophie, der weniger an Erkenntnis, als an Sinn und Einsicht gelegen ist. Nach der Welt zu fragen, ist ihre Weise, es mit der wichtigeren Frage aufzunehmen, die der ratlose Lampe sich angesichts seines seltsamen Herrn stellte, was ein Mensch denn sei. Denn nichts anderes besagt der Zweifel, ob *dieser* einer gewesen sei.

Wer in der Welt ist, und nicht darauf verzichtet, seine Erfahrungen zu bedenken, bedarf offenbar gelegentlich der Versicherung, es auch wirklich zu sein. Die Welt ist nichts, über dessen Besitz man beruhigt sein könnte: es reicht dafür nicht aus, in sie hineingeboren worden zu sein.

Worin wir leben, ist uns als Welt vertraut, und eben im Grad ihrer Vertrautheit unbekannt; die Erfahrungen unseres Lebens aber lassen die Berechtigung dieses Vertrauens immer wieder in Zweifel ziehen.

Wer sich seiner Welt nicht mehr sicher ist, ist seiner selbst nicht mehr sicher. Wer immer jenes Graffiti »Bin ich?« im Aufzug zum Historischen Seminar der Universität Düsseldorf anbrachte, das dort Ende der 70er Jahre einige Semester lang zu lesen – und nicht die schlechteste Einstimmung in bevorstehende Studien – war, muss eine/r gewesen sein, der/dem die Welt keine Selbstverständlichkeit mehr war. Die Selbstverständlichkeit der Welt ist das Gegenstück zur Selbstgewißheit ihrer Bewohner, und umgekehrt. Deshalb ist Weltkenntnis Sache der Anthropologie.

Wären wir nur fremd in der Welt, wir wollten es am Ende schon in ihr aushalten; zur Wüste wird sie uns mit dem unbezähmbaren Verdacht, den sie uns immer wieder aufdrängt, gar nicht in ihr zu sein. Weltlosigkeit ist der äußerste Schrecken des Menschenlebens. Zu seiner Abwehr ist es zu allem bereit. Und nur zu wenigem in der Lage.

Dabei lernen wir nichts so unweigerlich kennen wie die Welt. Keiner entgeht ihrer Kenntnis. Sie ist unabhängig von jedem Erkenntniswillen.

Sogar, was sie ist, erfährt fast jeder in seinem Leben, selbst, wer es gar nicht wissen wollte. Es ist unvermeidlich. Als negativer Grund des menschlichen Daseins, das sich zu dem zu machen hat, was es sein kann, ist die Fremde das Bekannteste, weil es allem eingeprägt ist, das zum eigenen Erfahrungsfeld gehört.

Genau darin liegt das unser Leben beherrschende Paradox der Weltentzogenheit durch Welteingebundenheit. Je fester und tiefer wir in ihr verankert sind, desto unzugänglicher kann sie werden. *Die Kehrseite dieses homogenen Drinstehens ist, daß der Geist nicht seine Welt für sich hat. Das geistige Individuum hat als Einzelsubjekt weder seine eigene Welt, noch hat es die eine gemeinsame Welt sich gegenüber. Es ist vielmehr in sie einbezogen, ihr Glied. Darum allein gibt es die perspektivischen Ausschnitte aus der Welt, die durch die Grenzen des ihm Gegebenen herausgeschnitten sind. Aber der Ausschnitt ist nur seine Vorstellungs- oder Gedankenwelt. Er lebt und ringt, leidet und stirbt nicht in dieser, sondern in der einen realen Welt, der er angehört* (Hartmann, Problem, 99).

Erlebt wird die Weltfremdheit vom Einzelnen als seine eigene Schwäche: es ist sein Mangel, was ihn fremd sein lässt in ihr.

Deutlich leuchten
die Augen der Nacht

Eine gelbe Scheibe
blüht im Blick

Die große Fremdheit
in der eigenen Haut

(Ausländer, Glück, 130).

Auf diese unwillkürliche Zurechnung bauen alle religiösen Verbindlichkeiten. Die in ihrer Übermacht zutagetretende Gleichgültigkeit der Welt erleben die ihr ausgesetzten Menschen so unmittelbar als eigene Unvollkommenheit, dass das paulinische Christentum die Menschheit mit der alleinigen Verantwortung für ihre Leiden belasten konnte. Soll humane Selbstverantwortung eine Chance gegen die Welt haben, in der sie sich verwirklichen muss, kommt alles darauf an, die Erfahrung der Weltfremdheit statt als Defizit dessen, der sie macht, als Erfahrung der Beschaffenheit der Welt selbst zu begreifen. Zwar leide ›ich‹; aber nicht ›ich‹ bin Ursache meines Leidens. Keine Eigenschaft irgendeines ›Ich‹ macht es leiden; es ist die wesentliche Eigenschaft der Welt.

Die Fremdheit zwischen Mensch und Welt beruht auf Gegenseitigkeit, und es ist die einzige, die zwischen ihnen herrscht: auch der Mensch ist der Welt fremd, so, wie sie es für ihn ist. Dass er der Freigelassene der Schöpfung, sein Dasein durch Weltoffenheit gekennzeichnet ist, begründet seine eigene Gleichgültigkeit *für* die Welt ebenso, wie es ihm seine Lebensspielräume *in* ihr eröffnet. Der Mensch kann frei sein, gerade weil die Welt ihn, als er in ihr entstand, nicht so erwartete, wie werdende Eltern im Idealfall ihr Kind erwarten. Sie hat sich für das neue Wesen nicht vorbereitet. Die Entdeckung des anthropischen Prinzips ist eine anthropomorphe Eitelkeit, ein Akt der Notwehr gegen das Wahrscheinlichere, aber kaum Erträgliche, der reinen unerwarteten und vorbereitungslosen Zufälligkeit des Menschseins. Die Welt weiß mit dem Menschen noch weniger anzufangen als der von ihrer Fremdheit Überwältigte mit ihr. Sie lässt ihn gewähren.

So sehr wir auch Weltkinder sein mögen in einer seit Jahrtausenden für menschliche Bedürfnisse zubereiteten Welt; Kinder der Welt sind wir nicht. Nicht einmal Stiefkinder. Allenfalls Produkte. Hervorgebrachte.

Als Bemühung des intelligenten Wesens, sich zu ihr in lebensermöglichende Beziehung zu setzen, ist Kultur Notwehr gegen eine Welt, die den Menschen unablässig entstehen lässt, ohne ihn zu kennen. Wüsste sie auch nur das Geringste von seinen Lebensnöten, sie müsste seine Dauerzeugung einstellen. Was anderes als äußerste Grausamkeit könnte dazu anhalten, ein Wesen entstehen zu lassen, immer und immer wieder, dessen Leben aus Versehrungen besteht, wenn es verhindert werden könnte?

Aber die Welt handelt nicht. Sie zeitigt nur die Ereignisse und Gegebenheiten, die es *in* ihr gibt. *Sie* gibt es nicht. »*Real ist alles, nur die Welt ist's nicht!*« (Ehrenstein, Zeit, 42). Die Welt ist die Erfindung des Wesens, das sie entbehrt. Wir sind Teil des Wirklichen, ohne dazuzugehören. Die Welt gibt es erst, seit in ihr ein Wesen zu existieren entstand, das nach ihr als seinem Ort zu suchen begann. Sie ist die Projektion der menschlichen Lebensunsicherheit.

Ihre dauerhafteste Erfindung ist deshalb die Klage über die Welt. Sie vor allem verbürgt seit dreitausend Jahren die Gewißheit ihrer Existenz. Ließe es sich angemessen auch von diesem seltsamsten aller Wesen ›Mensch‹ in ihr leben, kein Wesen wüsste von ihr. Es gäbe sie nicht. Die Welt ist die Erfindung des letzten Geschöpfes, dem sie anheimgegeben wurde, das sich in sie nicht finden kann. Die Welt gibt es nur als Fremde. Als Suche nach ihr.

Wer sich in ihr nicht fremd fühlt, weiß nicht nur nichts von ihr, für den existiert sie nicht. Sie entstand in dem Moment, in dem ein Wesen sich zum ersten Mal verloren fühlte. Sie entstand mit dem ersten Empfinden des Unterschiedes, das dieses Wesen zwischen sich und anderen wahrnahm. Sie entstand mit dem Menschen, der dieser Unterschied *ist.*

Die Weltungewißheit, deren Erfahrung sich immer wieder zur menschlichen Lebensungewißheit verdichtet, auf Dauer latent zu machen, Zustände herzustellen, in denen die Notwehr gegen sie nicht mehr unablässig akut werden kann, ist die Aufgabe und die größte mögliche Leistung der Kultur.

Geschieht es doch einmal, und die Welt gibt sich zu erkennen, dann ereignet es sich in Verborgenheiten, incognito. Deshalb ist ihr Verständnis eine Aufgabe des Denkens, und nicht nur jene »Orientierung« in ihr, als welche Karl Jaspers als der letzte Philosoph ohne Anwandlung von Selbstzweifel »die« Philosophie bestimmen konnte.

Entscheidend für alles, das uns Menschen möglich ist, bleibt es, das Geheimnis, daß eine Welt ist und wir darin sind, zu erhellen, aber nicht zu verdecken, schrieb er zwanzig Jahre nach seiner magistralen Bestimmung in einer Überlegung zum »Weltschöpfungsgedanken«.

Zwischen Philosophie und Welt herrscht der älteste Vorbehalt, und er war stets wechselseitig. Wer es mit der Welt hält, sich in ihr rührig macht, wird auf Distanz zur Philosophie bedacht sein; wer sich dieser verschrieben hat, wird Distanz zur Welt suchen, oder fand zu ihr, weil er sein Leben schon aus dieser Distanz erfährt. Im Verborgenen lebe es sich am besten, befand Epikur, den für jedermann offenen Garten seiner Weisheitsschule genießend, und später nicht nur ein Spinoza, ein Descartes, ein Pascal. Philosophen sind selten ›Weltbürger‹, und wenn, dann am ehesten im politischen Sinn. Wenige waren ›mondän‹, und die es waren, hat man dafür beargwöhnt, ihre Wahrheiten ihnen nicht abgenommen, sondern für Leichtfertigkeiten gehalten. Max Schelers Doppelleben beschädigte nicht nur sein bürgerliches Ansehen.

Warum aber sollte einer, der sich auf Frauen, alte Weine, Pflanzen, Landschaften, Tiere, Sprachen, was auch immer versteht und zu genießen weiß, was die Welt bietet, nicht Vertrautheit mit ihr erlangen und sie dennoch wahrhaftig bezeugen können? Für den bekenntnishaften Provinzialismus eines Heidegger spricht nichts außer der Sehnsucht nach ›Gemeinschaft‹, aus der noch immer nichts so zuverlässig ausschloß wie die einzige Neugier, die Argwohn weckt, die Neugier auf Erkenntnis.

Für sie gibt es als einzigen Bundesgenossen nur – : die Welt – denn sie *will erkannt und geliebt werden, die stumme, nicht antwortende* (Jaspers, Lionardo, 75). Dass dieser Gedanke ein letztes Stück Christentum im Atheismus ist, macht ihn nicht falsch.

Schuld und Opfer

Den Expressionismus kennzeichnete die Vorliebe für die großen Worte, die Rhetorik der Exaltation. Wer »außer sich« ist, ist nicht bei sich; nicht »bei sich« zu sein aber, ist ein Zustand der Fremdheit. Sie ist dessen Obligato, und der Schrei seine Geste gewesen. Es ist, als habe sein nur das kurze Jahrzehnt zwischen 1910 und 1920 währendes exzessives Auftreten sein Ziel darin gehabt, die Erfahrung der Fremdheit durch Massierung bis zur Unerträglichkeit ästhetisch unübergehbar zu machen. Was er bezeugte, war für seine Zeitgenossen sozial, politisch und historisch unübersehbar. So sehr, dass es ihn mit einer Schnelligkeit wieder entbehrlich machte, die verblüffen muss.

Das ist keine Sache der Literatur- und Kunstgeschichte allein. Einer Ästhetik, die in den Künsten die Spuren der menschlichen Verfassungen aufspürt (Steffens, Poetik der Welt), bietet sich mit dem Expressionismus ein Tableau von Symptomen elementarer Bedingungen des Menschseins, die selten so isoliert, so intensiv und in derartiger »epochaler« Verdichtung aufgetreten sind.

Mit seinem Gedicht *Fremde sind wir auf der Erde alle* hat Franz Werfel der Problematik die Formel gegeben.

> *Wer zum Sein noch Mein sagt, ist betrogen.*
> *Schuldvoll sind wir, und uns selber schuldig,*
> *Unser Teil ist: Schuld, sie zu begleichen!*

Fremdheit und Schuld korrespondieren wie die zwei Gesichter des Januskopfes. Sie verweisen nicht nur aufeinander. Ohne dass es eine Kausalbeziehung zwischen ihnen gäbe, gehören sie zusammen.

Die Erfahrung der Schuld macht fremd; die Erfahrung der Fremde macht Schuld bemerkbar. Die ihre Fremdheit in der Welt entdeckenden Menschen beginnen, ihre Beziehungen untereinander nach dem Grundmuster der Schuld zu verstehen. Nichts macht gegen andere so fremd, so einsam wie eine Verschuldung an ihnen, bis hin zum sozialen Tod. Die Fremdheit der Welt begründet die Schuld als Urbeziehung. Ein Wesen, das die Fremdheit nicht kennt, kann von Schuld nichts wissen; eines, dem die Fremdheit Grunderfahrung ist, muss die Schuld entdecken, oder erfinden. Der Neurotiker sucht Strafe für eine Schuld, die er sich als eigene zuschreibt und als Ursache seiner Fremdheit in der Welt versteht.

Der Fremde ist das Opfer von morgen. Solange, wie es den anderen, die ihn als den Anderen sehen, gut geht, mag er geduldet werden. Geht es ihnen nicht mehr gut, muss er büßen. Kommt es zum Äußersten, mit seinem Sein, das sich zu dem der anderen nicht fügte. Darin liegt die einzige Berechtigung dafür, dasss eine liberale Gesellschaft ihren Immigranten Integration abverlangt: als vorauseilender Schutz für Zeiten ihrer Illiberalität.

Als Prägung des Daseinsgefühls ist die Erfahrung der Weltfremdheit spätantikes Erbe. Um ihre Auslegung ging der Streit zwischen Gnosis und Christentum, dessen Unausgetragenheit als Ergebnis der Verwandlung des Christentums in eine weltliche Macht die drückendste Hypothek der Neuzeit geblieben ist, trotz ›Säkularisierung‹ und ›Entmythologisierung‹.

Die Abwehr der Gnosis konnte nicht so radikal gelingen, wie die Dogmatisierung des Christentums es erforderte, weil ihre Mythen mit den elementaren Erfahrungen des Menschen in genauerem Einklang standen als die des Christentums. Die Gnosis macht das Leben verständlich; das Christentum verächtlich.

Nach gnostischer wie nach urchristlicher Auffassung ist der Mensch hier und jetzt nie der, der er sein müßte, um wirklich zu ›leben‹, um eigentlich zu sein; er ist es nicht, und er kann es aus eigener Kraft nie werden. Aber diese Situation ist nach gnostischer Lehre Schicksal, Verhängnis, nach urchristlicher Auffassung zwar auch dieses, aber zugleich Schuld (Bultmann, Urchristentum, 213).

Im Gegensatz zur gnostischen Erklärung des Elends der Welt, die zur Verzweiflung disponieren musste, machte die urchristliche Verachtung der Welt sie jedoch erträglich. Der Gnostiker kann sie in überstürzter Verzweiflung gar nicht schnell genug los werden, während der Christ lernen kann, sie mit gelassener Geduld so lange zu ertragen, wie nötig.

Es war eine gnostische Anwandlung, die er als Verführung gerade eben abwehren konnte, was den Apostel Paulus die Urschuld des Menschen als Voraussetzung der Erlösungstat des christlichen Gottes erfinden ließ. Ohne die Verkündung der Weltfremdheit des Menschen durch die Gnosis wäre das auf die schuldentsprungene Erlösungsbedürftigkeit gegründete Christentum des Neuen Testamentes nicht zur Weltreligion geworden. Es bot die Möglichkeit, es in der falschen Welt auszuhalten, weil es die Versicherung gab, bereits erlöst zu sein, ohne das Weltende selbst durch das Grauen einer Überbietung der Weltschrecken provozieren zu müssen. Die Gnosis unterlag dem paulinischen Angebot einer weltneutralen Erlösung: was und wie auch immer die Welt zu erfahren war, wer ihrem durch seinen Opfertod beglaubigten Überwinder folgte, konnte seines Heiles gewiß sein.

Das ließ die Welt ertragen, die die gnostische Überzeugung ihrer Herkunft aus dem Willen eines bösen Schöpfergottes unerträglich machte. Eine Erlösung, für die die Stellung in und zur Welt neutral war, musste das stärkere Versprechen sein, da die Überwindung der Welt nicht mehr Sache des Menschen, sondern eines gnädigen Erlösers war. So musste nicht mehr sein, was nicht sein konnte.

Christi Opfer machte die Welt heilsneutral, was dem Christen jede Stellung und jede Handlung in ihr gestattete, da nichts als die Gnade Gottes über seine Teilhabe an Heil und Unheil entscheiden konnte. Luthers Sorge um diese Gnade ist eine letzte Spur gnostischen Zweifels an der Güte des Schöpfers. Der gläubige Christ kann für sein Heil nichts tun, das für ihn immer schon bereitet ist, und durch Taufe und Glaube nur anerkannt, aber nicht erwirkt werden kann: ihm steht die Welt deshalb zur Verfügung. Selbst ihr Genuß in jeder Form kann das durch Christus erwirkte Heil nicht rückgängig machen.

Als eine der spätesten Folgen dieser Lizenz wird es der zwar ungläubig gewordenen, aber unverändert christlich verfaßten Zivilisation am Ende des zweiten Jahrtausends so schwer, den Gedanken einer »Weltverantwortung« als Voraussetzung menschlicher Selbstbehauptung zu praktizieren. Die »Ökologie« wurde von »Atheisten« entdeckt. Für den Christen kann mit der aufs Spiel gesetzten Welt seit dem Abschluß der Heilsgeschichte auf Golgatha nichts mehr auf dem Spiel stehen.

Fremdheit und Schuld sind die zwei Seiten derselben Beziehung, derselben Kondition: was nach außen als Fremdheit erfahren wird, wird nach innen und im Verhältnis zwischen Menschen und in ihrer Selbstbeziehung als Schuld erfahren. Beide zusammen bestimmen das Weltverhältnis. Sie *sind* die Welt. Wer sich nicht fremd oder schuldig fühlen könnte, hätte keine Welt.

Zwischen beiden Weltkonstitutiva herrscht eine Beziehung umgekehrt proportionalen Ausgleichs. Je fremder, desto weniger schuldhaft wird einer sich fühlen müssen, zum lebensermöglichenden Ausgleich. Wem dieser nicht gelingt, der verliert zuerst seine Welt, dann sich selbst. Auch hier belehren die Extreme am zuverlässigsten: von absoluter Weltfremdheit versehrt, fühlte Hitler sich vollkommen schuldlos (vgl. Steffens, Wiederkehr, 161-165).

Die Welt ist, was sich im Resonanzfeld von *Fremdheit* und *Schuld* ereignet. Deshalb wird sie im Status des *Opfers* am zuverlässigsten erkannt. Denn das Opfer erfährt den Verlust des *Weltvertrauens* am intensivsten, des Weltvertrauens, dessen Beeinträchtigung oder Fehlen zu erleben die Welt als Problem wirklich werden lässt.

Die Zeugnisse extremster Opfererfahrungen belehren darüber, dass es ohne Weltvertrauen zwar die Welt, aber kein menschliches Leben in ihr gibt. Das Opfer verhindert das Menschsein. Wer Opfer wird, erleidet die tiefste Welterfahrung gegenseitiger Gleichgültigkeit. Die Welt wäre erst dann ganz Menschenwelt, wenn in ihr niemand erleben müsste, für sie gleichgültig zu sein.

Die Religion des auf den Opfertod des Einen für Alle gegründeten Heils kann deshalb nur eine der Weltverneinung sein. Dass uns als natürliche Wesen die Angst kennzeichnet, als Reaktion auf alle Lebensbedrohungen, die die Energien der Selbsterhaltung freisetzen, wir den Tod also nicht als willkommene Gelegenheit sehen, die Welt endlich hinter uns lassen zu können, sondern seine Drohung als äußersten Schrecken unter Aufruhr unserer gesamten organischen Ausstattung erleben, belegt, dass wir auf ein Dasein *in* der Welt angelegt sind. Das Opfer ist dessen Widersinn. Die Opferreligion regiert ein Wille zum Nichtsein des Menschen. Der Gott des Alten Testamentes trug sich wiederholt mit dem Gedanken, sein Geschöpf wieder auszurotten.

So bekommt Anthropologie es vor allem mit den Erfahrungen des Überwältigtwerdens zu tun, in denen mit dem Weltvertrauen die eigene Lebensmöglichkeit in Frage steht.

Nicht die Welt ist die Episode – ich bin es (Blumenberg, Selbstverständnis, in: ders., Verführbarkeit, 136). So wichtig es ist, das zu erkennen und darin einzuwilligen, so wichtig ist es, sich als eine *wesentliche* Episode verstehen zu können, ohne deren Existenz die Existenz der Welt weniger gerechtfertigt wäre. *Eine gewisse feinere transzendente Eitelkeit ist ein Element, ohne das wir nicht leben könnten. Wie ein gekrümmter Spiegel malt sie uns ein All, dessen belebende Mitte wir selber sind; ohne sie, fühlen wir, würden wir uns selber entstürzen ins Finstere, Weltlose* (Hofmannsthal, Freunde, 15).

In der Erfahrung persönlicher Kränkung, deren äußerste die metaphysische Zuspitzung ist, in der das eigene Leben zur Episode schrumpft, nimmt das ›Warum so?‹ die Gestalt des ›Warum ich?‹ an, mit der jeder auf den Einbruch einer existentiellen Katastrophe in sein Leben reagiert. Was die Utopie ermöglicht, das Anders-sein-können, wird zu ihrer Ernötigung, wenn für die eigene Person Wesentliches ausgerechnet so ist, wie es ist, ihr nämlich abträglich, obwohl es doch anders sein könnte. Dann wird die unbeantwortbare Grundfrage der Seinserfahrung zwingend.

Eine wirkliche Bedrohung der eigenen Person folgt daraus nur dann nicht, wenn eine Antwort nicht erwartet wird. Weltfähig bleibt in dieser Konfrontation mit der Ungewißheit und der unsteuerbaren Bedingtheit des eigenen Seins nur, wem es gelingt, die Empörung in die Einsicht zu überführen, dass es immer und in jeder Lage genau so und nicht anders ist, gerade *weil* es auch anders hätte kommen können. Dann kann die Erfahrung des Daseins als Ereignis im unausmeßbaren Spielraum der Seinselemente zu einer Freiheitserfahrung werden. Weil alles anders sein könnte, als es gerade ist, müssen wir akzeptieren, dass vieles immer wieder so ausfällt, wie es nicht sein sollte. Immer anders als gewünscht, ist die Vorläufigkeit aller seiner

Einrichtungen das ›Normale‹ des Lebens, und die von jedem Leben aufs neue erstrebte Stabilität seiner Verhältnisse in der Welt die Ausnahme.

In dieser allumfassenden Vorläufigkeit liegt begründet, Philosophie als Hoffnung verantworten zu können. Was der Einzelne als Wahrheit seiner Existenz ebenso unwillig wie unbezweifelbar erfährt, ist metaphysisch das Ungewisseste. Er kann denken, dass es anders sein kann, als es ihm mit seinem Leben zur Gewißheit wurde. So lässt Hölderlin, einer der erschütterndsten Zeugen möglicher Unüberwindbarkeit der Weltfremde, ›Diotoma aus dem Jenseits‹ sprechen:

Du seiest so allein in der schönen Welt,
Behauptest du mir immer, Geliebter! Das
Weißt aber du nicht, ...
...

Man erfährt es nur.

So wird die metaphysische Ungewißheit des existentiellen Wissens, das Nichtwissen des Sokrates, als Hoffnung zum einzigen ›Trost‹ der Philosophie werden.

Die Einsamkeit schließt Weltteilhabe und Weltbesitz nicht aus. Zur eigenen Produktivität befähigend, wird sie zu deren Ermöglichung. *Als ich vor zwei Wochen in diesen schrecklichen Feststraßen ging (Den Haag: Hochzeit der sogenannten Königstochter), all den Dingen um mich fremder als der Fremdeste, und wie seit Jahren nie sprechend, nie mich mit der Außenwelt berührend in dem, was fast alle meine Interessen, Kräfte hielt, und als ich feststellte, daß es vielleicht einige geben mußte, die so allein waren wie ich in dieser Stadt, sicher aber keinen, der verlassener war -: und mir daraufhin so jemanden vorstellte, der einen gleichen Grad von Verlassenheit erreichte: ein armes Proletarierweib oder ähnliches, – da sah ich mich genötigt, zu erkennen: dieser andere freilich, der einen ebenso hohen Grad von Verlassenheit erreichte, hat das nicht, was ich habe; diese große, dennoch immer bejahende, immer zu bejahende, einschränkungslos geliebte, allgemeine wunderbare Anwesenheit: die WELT* (Hohl, Nachnotizen, 18 f.).

Das Versprechen der Heimat

Nach dem ersten Rundgang sprach ich, den blauweißen Teppich als Hintergrund, einige Sätze in die Kamera: über Heimatkunde, mit der Weltkunde beginnt; über die Errichtung unseres Museums, dessen Inventar lediglich den Beweis dafür liefern sollte, wie wir einst gelebt hatten.

Siegfried Lenz
›Heimatmuseum‹

HEIMAT – das war die Fetteinreibung gegen den Weltfrost.

Christoph Meckel, ›Suchbild‹

Wer wüsste nicht, oder hätte keine Vorstellung davon, was ›Heimat‹ ist?

Genau darin aber liegt die erstaunlich große Schwierigkeit, zu verstehen, dessen wir so sicher zu sein glauben: jeder hat sein eigenes. Denn jeder hat seine eigene Heimat.

Darin liegt ein Vorgriff auf eine mögliche Bestimmung von Heimat: sie ist etwas, das zu jedermanns Existenz gehört.

Anders gesagt: sie ist nichts, was einen nichts anginge, ganz gleichgültig, ob einer sich darum kümmert, oder nicht. Heimat ist etwas Unvermeidliches.

Und nur deshalb *kann* sie zum Problem überhaupt werden. Sie *wird* immer dann zum Problem, wenn dieses Unvermeidliche, das sie ausmacht, sich als Unzuträgliches, gar Unzumutbares, erweist. Dann wird sie zu dem, was man wie nichts sonst loszuwerden bestrebt sein muss.

Denn was immer sie ist, ein wesentliches Merkmal wirklicher Heimat ist Zustimmung; auf jeden Fall aber ist sie das Gegenteil von *Ab*wesenheit, sie ist *An*wesenheit; Anwesenheit in ihrer intensivsten Weise; sie ist geradezu der Inbegriff dessen, was sich von allem am schwierigsten distanzieren lässt.

Das kann nicht anders sein, weil Heimat als Anwesenheit die Ursituation jedes neuen Lebens bestimmt: die Situation, in die es hineingeboren wird. Heimat ist zuerst und vor allem sonst das, was dort schon da war, wo unsere Existenz begann. Weil jeder sie damit in sich trägt, und sie mit sich nimmt, wohin immer er geht, ist Heimat – fast – unverlierbar – und von allen Bedingungen des Lebens die am schwierigsten zu bewältigende.

So *hat* jeder eine Heimat *von* Geburt; aber niemand *besitzt* sie *durch* Geburt.

Hier geboren sein hieß nicht, man war hier geborgen, lautet eine Zeile in Durs Grünbeins jüngstem Gedicht auf seine Dresdener Kindheit, ›Russischer Sektor‹ (Grünbein, Strophen, 10):

Am Polarkreis, wer lebt da gern? Tschuktschen, Ewenken?
Staub oder Dunst oder Ruß – das Gemüt, früh bedrückt
Von der Landschaft in Bleisatz, dem Graudruck ringsum,
Federt spät erst wie Tundra, gefrorener Boden, zurück,
Bis als letzter der Zeugen das Gedächtnis verstummt.

Damit der Ort der Geburt Ort der Heimat auch sein *kann*, muss eine doppelte Verneinung sich erfüllen: Heimat kann nur ein Ort sein, an dem man nicht nicht an *seinem* Ort ist. Das aber kann überall sein, am Ende sogar dort, wo man zur Welt kam.

Die poetische Genauigkeit, mit der der Lyriker auf den Ort seiner Herkunft, ihn am inneren Seelenort von Heimatlichkeit messend, zurückschaut, gibt das Moment zu erkennen, das die Heimat mit der Utopie verbindet, sich desto mehr zu verflüchtigen, je konkreter sie bestimmt sein will. Es ist nicht jene Klarheit der Dinge, die sie zur Vertrautheit befähigt, worin Heimatlichkeit liegt; sie entsteht vielmehr in einem ebenso starken, wie kaum benennbaren *Daseinsgefühl*: in diesem verbinden sich das Einverständnis mit sich selbst und das Einverständnis mit der Welt miteinander zu dem Kennzeichen des Ortes, an dem man lebt. Der aber kann überall auf der Welt liegen, mit dem Ort der Geburt ist er nicht identisch. Wo dieses Empfinden sich einstellt, ist Heimat gegenwärtig, wo immer es sein mag.

Für den großbürgerlichen Weltmann Adorno etwa war es nicht die Vaterstadt Frankfurt, sondern das Odenwaldstädtchen Amorbach. Seinen Erinnerungen an die glücklich dort verlebten Sommerfrischen seiner Kindheit hat er nicht nur im Alter seinen schönsten Text gewidmet; sie prägten ihm auch jenes *Weltvertrauen* ein, das ihm durch die Bedrängnisse des eigenen Lebens und die Versehrungen der Emigration hindurch ermöglichen sollte, sich selbst zu bewahren. *Der Unterschied zwischen Amorbach und Paris ist geringer als der zwischen Paris und New York. Jene Amorbacher Dämmerung jedoch, da ich als kleines Kind von einer Bank auf der halben Höhe des Wolkmann zu sehen glaubte, wie gleichzeitig in allen Häusern das soeben eingeführte elektrische Licht aufblitzte, nahm jeden Schock vorweg, der nachmals dem Vertriebenen in Amerika widerfuhr. So gut hatte mein Städtchen mich behütet, daß es mich auf das ihm gänzlich Entgegengesetzte vorbereitete* (Adorno, Amorbach, 22). Noch in seinem philosophischen Hauptwerk dient die Erinnerung daran der Verdeutlichung eines wesentlichen abstrakten Gedankens. *Was metaphysische Erfahrung sei, wird, wer es verschmäht, diese auf angebliche religiöse Urerlebnisse abzuziehen, am ehesten wie Proust sich vergegenwärtigen, an dem Glück etwa, das Namen von Dörfern verheißen wie Otterbach, Watterbach, Reuenthal, Monbrunn. Man glaubt, wenn man hingeht, so wäre man in dem Erfüllten, als ob es wäre. Ist man wirklich dort, so weicht das Versprochene zurück wie der Regenbogen. Dennoch ist man nicht enttäuscht; eher fühlt man, nun wäre man zu nah, und darum sähe man es nicht* (Adorno, Negative Dialektik, 364).

Die Eindrücke der Kindheit stecken den Rahmen ab, innerhalb dessen der Erwachsene seine Welterfahrungen machen wird. *Dem Kind ist selbstverständlich, daß, was es an seinem Lieblingsstädtchen entzückt, nur dort, ganz allein und nirgends sonst zu finden sei; es irrt, aber sein Irrtum stiftet das Modell für Erfahrung* (a.a.O.). So entsteht in der kindlichen Erfahrung des engeren ursprünglichen Heimatkreises das Modell der Welt. Heimat verspricht dem Kind die Welt; die Erfahrung der Welt wird es, erwachsen geworden, darüber belehren, ob das Versprechen trog, oder trägt.

Am stärksten gründet dieses erste Daseinsgefühl der Einverständigkeit in dem System vitaler *Sicherheiten*, das Heimat bildet. Denn sie bietet jedem

Individuum, was es braucht, um als Gattungswesen existieren zu können. *Heimat ist Sicherheit*, schrieb Jean Améry 1966 in seiner grundlegenden Studie ›Wieviel Heimat braucht der Mensch?‹ (Améry, 82 f.). *In der Heimat beherrschen wir souverän die Dialektik von Kennen-Erkennen, von Trauen-Vertrauen: Da wir sie kennen, erkennen wir sie und getrauen uns zu sprechen und zu handeln, weil wir in unsere Kenntnis-Erkenntnis begründetes Vertrauen haben dürfen. Das ganze Feld der verwandten Wörter treu, trauen, Zutrauen, anvertrauen, vertraulich, zutraulich gehört in den weiteren psychologischen Bereich des Sich-sicher-Fühlens. Sicher aber fühlt man sich dort, wo nichts Ungefähres zu erwarten, nichts ganz und gar Fremdes zu fürchten ist. In der Heimat leben heißt, daß sich vor uns das schon Bekannte in geringfügigen Varianten wieder und wieder ereignet. Das kann zur Verödung und zum geistigen Verwelken im Provinzialismus führen, wenn man nur die Heimat kennt und sonst nichts. Hat man aber keine Heimat, verfällt man der Ordnungslosigkeit, Verstörung, Zerfahrenheit.*

Wer seine Lebensführung ihrem Gefüge der Traditionen und Bräuche anvertraut, wird zum Bestandteil einer elementaren Struktur der Lebensermöglichung. Insofern bildet Heimat mit ihrem kollektiven Gedächtnis, das als unbewußt nutzbarer Speicher der elementaren Fertigkeiten des Überlebens fungiert, das Grundgerüst der Kultur.

Diese Gewährleistung hat ihren Preis. In ihren Genuß kommt nur, wer sich dem obersten Gebot unterwirft, aus dem alle Regeln heimatlicher Lebensform sich ableiten: *Sei wie alle* ! Vor allem aber: Bleibe dort, woher du stammst !

Ich bin sehr für Leute, welche reisen, um ihr Vaterland schätzenzulernen. Vielleicht stirbt man leichter in der Fremde, weil der Tod einem verlassenen Herzen lieb ist. Leben aber muß man, wo man geboren wurde, schrieb 1774 Theodor Gottlieb von Hippel, Bürgermeister Königsbergs, Schüler und Freund Kants, in einem Traktat ›Über die Ehe‹ (Hippel, Ehe, 100), und noch für Gottfried Benn bedeutet Heimat hundertfünfzig Jahre später ganz selbstverständlich Herkunft: *da ich auf dem Land und bei den Herden großwurde, weiß ich auch noch, was Heimat ist* (Benn, Antwort, 1702).

Dahinter steht das bis heute vorherrschend gebliebene mitteleuropäischkleinbürgerliche Modell der *Lebens-* als *Familien*geschichte. Nach ihm ist in strengster Genealogie Heimat dort, und nur dort, wo man geboren wurde und seine Kindheit verbrachte; dort, wo die Vorfahren begraben sind, und die Nachkommen einen begraben werden; dort, wo man in die Kette der Fortzeugungen unmittelbar eingereiht ist.

Gegen den Anspruch auf ein unverwechselbar eigenes Dasein ist dieses kollektiv geprägte Lebensgefühl der Heimat jedoch tief mißtrauisch, und jene *Lust nach der Fremde*, von der Novalis seinen Heinrich von Ofterdingen schwärmen ließ (Novalis, Ofterdingen, 18), ist ihr vollkommen fremd. Ein untrüglicher Instinkt sagt ihr: Wer nicht sein will, wie alle, gefährdet durch Vernachlässigung des Gemeinsamen die Grundlagen eines Lebens *durch* Gemeinschaft.

Daraus bezieht die Lebensform der Heimat ihren Standardlebenslauf möglichst identischer Wiederholung. Ihr Urgebot lautet: sei noch einmal, was deine Vorfahren waren. Die von Gottfried Benn schaudernd so genannten ›Ahnenverhängnisse‹, die daraus unablässig entstehen und wieder entstehen, hat Geno Hartlaub in bedrückender Anschaulichkeit beschrieben. *Was gehen sie mich an, diese Ahnen aus dem Pfarrhaus, aus der Anwaltskanzlei, dem Kaufmannskontor, dem verfallenden Schloß der Provinzstadt? Was soll ich tun mit den Bildern und Miniaturen von puppenhaft starren Damen und Herren mit milchweißer Haut, Porzellanaugen und Einheitslächeln? Sie könnten ebenso gut einen anderen Namen tragen, die guten Bürger mit ihren heimlichen Lastern, dem heuchlerischen Lebenswandel zwischen Haushalt, Kindbett, Kirche und Kontor, Kurbad und Bildungsreise in den Süden. Hundertmal der gleiche Lebenslauf, zwischendrin ein paar, die nicht mitmachen: Außenseiter, Krüppel, Junggesellen, Stiftsdamen, unverheiratete Tanten, Kuckuckseier, die falsche Namen tragen.* Die öde Eintönigkeit des Immergleichen dieser Naturgeschichte des Gesellschaftslebens muss den Wunsch eingeben, die *Kette der Generationen* abzubrechen. *Wann endlich reißt sie für immer ab? Wann sterben die Zweige des Stammbaums? Seine Wurzeln sind noch immer nicht tot, sie schicken Saft und Kraft bis in die schüttere Krone des Baumes mit den verdorrten Ästen* (Hartlaub, Woher, 15).

Wer Neigung zum Individualismus zeigt, und es darauf anlegt, der Besondere auch zu werden, der er nach Begabung und Neigung sein kann, der hat sich beinahe schon als untauglich zu heimatlicher Gemeinschaft erwiesen. Er wird sich eines Tages entscheiden müssen: für die Sicherheit stiftende Regel der Wiederholung eines Lebens, das sich in ihm fortsetzen soll, oder die von Unsicherheit begleitete Regel des Neubeginnens eines freien Selbstseins. Die Entscheidung fällt auf der Trennlinie zwischen *Heimat* und *Welt*.

Insofern bezeichnet das Problem der Heimat die Rückseite des Problems der modernen Gesellschaft, die eine Gemeinschaft aus Individuen sein soll. Wenn Gesellschaft die Gemeinschaft von Einzelnen ist, in der alle sich von allen unterscheiden, muss sie den Rückhalt dessen einbüßen, was für alle gilt, weil sie Angehörige einer Gemeinschaft sind.

Gerade, wer für sich selbst und sein eigenes Leben den Anspruch eines ausgeprägten Eigenseins erhebt, sollte nicht verkennen, dass der Widerstand, dem er sich damit aussetzt, nichts anderes ist als die andere Seite der Gewährleistung, überhaupt sein zu können.

Deshalb ist es von zwingender Folgerichtigkeit, dass die Romantik, die das Individuum als Verwirklichungsgestalt des Menschen proklamiert, gleichzeitig die Heimat entdeckt.

In der Wanderschaft denkt sie beide zusammen. Mit ihrem Bild beginnt einer der ersten Künstler-Romane unserer Literatur, Ludwig Tiecks ›Franz Sternbalds Wanderungen‹ (1798).

Meine Wanderung bringt oft sonderbare Stimmungen in mir hervor. Jetzt bin ich in einem Dorfe und sehe den Nebel auf den fernen Bergen liegen, matte Schimmer bewegen sich im Dunste, und Wald und Berg tritt aus dem Schleier oft plötzlich hervor. Ich sehe Wanderer zu Fuß und zu Pferde ihre Straße forteilen, und ferne Türme und Städte sind das Ziel, wonach sie in mannigfaltiger Richtung streben. Ich befinde mich mit unter diesem Haufen, und die übrigen wissen nichts von mir, sie gehen mir vorüber, und ich kenne sie nicht, jeder unsichtbare Geist wird von einem andern Interesse beherrscht, und jeder beneidet und bemitleidet auf Geratewohl den andern. Ich denke mir alle die mannigfaltigen Wege, durch Wälder, über Berge, an Strömen vorüber: wie jeder Reisende sich umsieht und in des andern Heimat sich in der Fremde fühlt, wie jeder umherschaut und nach dem Bruder seiner Seele sucht, und so wenige ihn finden, und immer wieder durch Wälder und Städte, bergüber an Strömen vorbei, weiter reisen, und ihn immer nicht finden. Viele suchen schon gar nicht mehr, und diese sind die Unglücklichsten, denn sie haben die Kunst zu leben verlernt, da das Leben nur darin besteht, immer wieder zu hoffen, immer zu suchen; der Augenblick, wenn wir dies aufgeben, sollte der Augenblick unsers Todes sein. So ist es auch vielleicht, und jene wahrhaft Elenden müssen dann an der Zeit hinsterben, und wissen und empfinden nicht, woran sie das Leben verlieren (Tieck, Sternbald, 95).

Eine präzisere Beschreibung des schlimmsten Elends, dem die Emigration aussetzen kann, als diese poetische, ist kaum denkbar.

Es gibt keinen Ort der Welt – sofern er bewohnt oder von Menschen bewohnbar ist –, der nicht für irgendjemanden Heimat sein kann. Umgekehrt: Heimat ist zwar überall *möglich*, aber nicht überall *wirklich*: wirklich ist Heimat immer an einem Ort, der für denjenigen, für den er Heimat ausmacht, dieser *eine*, bestimmte Ort ist, der sich vor allen anderen Orten der Welt gerade durch diese Besonderheit auszeichnet, Heimat zu sein: kein beliebiger Ort, sondern *der* Ort für *dieses* Dasein.

Deshalb wird die stärkste Erfahrung von Heimat in ihrem *Verlust* gemacht. Für sie gilt nicht weniger, sondern am eindrücklichsten, was für alle Werte, Bedeutungen und Besitzungen gilt, dass erst ihre Entbehrung mit ihnen genau bekannt macht. Solange man sie hat, kennt man sie nicht; hat man sie nicht mehr, lernt man sie kennen, und oft auch erst schätzen. Denn alles, worüber sich uneingeschränkt und mühelos verfügen lässt, unterliegt einer fatalen unwillkürlichen Tendenz, gering geachtet zu werden.

›Heimat‹ ist also ein Unbestimmtes, solange sie besessen wird, ausgezeichnet durch eine eigentümliche Abwesenheit, deren Hervortreten in tatsächlicher Abwesenheit erst ihr Wesen hervorkehrt.

»Erst die Fremde lehrt uns, was wir an der Heimat besitzen«.

Mit diesem Satz beginnt das bedeutendste Werk deutscher Heimatliteratur, Theodor Fontanes ›Wanderungen durch die Mark Brandenburg‹, deren erster Band 1862 erschien. *Das habe ich an mir selber erfahren und die ersten Anregungen zu diesen »Wanderungen durch die Mark« sind mir auf Streifereien in der Fremde gekommen* (Fontane, Wanderungen, I, 5).

Ausschlaggebend waren dabei die Eindrücke einer der wenigen Fernreisen gewesen, die Fontane machte. *Es war in der schottischen Grafschaft Konroß, deren schönster Punkt der Levensee ist. Mitten im See liegt eine Insel und mitten auf der Insel, hinter Eschen und Schwarztannen halb versteckt, erhebt sich ein altes Douglasschloß, das in Lied und Sage vielgenannte Lochleven-Castle.* Doch nicht die schottische Gegenwart wird dem Reisenden eindrücklich, sondern das, woran der Besuch des historischen Ortes ihn erinnert. *So war das Bild des Rheinsberger Schlosses, das, wie eine Fata Morgana, über den Levensee hinzog, und ehe noch unser Boot auf den Sand des Ufers lief, trat die Frage an mich heran: so schön das Bild war, das der Levensee mit seiner Insel und seinem Douglasschloß vor mir entrollte, war jener Tag minder schön, als du im Flachboot über den Rheinsberger See fuhrst, die Schöpfungen und die Erinnerungen einer großen Zeit um dich her? Und ich antwortete: nein.* Was diesen Tag für ihn zu einem *unvergessenen Tag* machte, weiß Fontane genau zu bezeichnen: *Erinnerungen aus der Heimat.*

Ihre Kenntnis eröffnet sich erst fern der Heimat. Nur dort, wo wir nicht zu Hause sind, nur, wenn wir nicht dort sind, woher wir kommen, erleben wir, was dieses abwesende ›Dort‹, woher wir an einen fremden Ort gerieten, für uns bedeutet. Was das ›Hier‹ der Heimat ausmacht, geht erst im ›Dort‹ der Fremde auf: als Erinnerung an das, was in der Selbstverständlichkeit seiner Gegenwart unbemerkt bleiben muss.

Fast noch wichtiger als dieses unerlässliche Moment der *Ferne* aber ist das andere, das Fontane hervorkehrt: die *Erinnerung* – Heimat ist nicht, worin wir leben, sondern, woran wir uns erinnern. Mehr noch: woran wir uns erinnern *müssen*, ohne dass wir doch wüssten, dass es sich dabei um Erinnerung handelt, weil Heimat das kollektive Gedächtnis ist, der gesellschaftliche Speicher aller Urfertigkeiten, derer wir als Menschen bedürfen, um unsere Lebensfähigkeit aufrechterhalten zu können. In seiner Heimat kann niemand aus Unkenntnis des Lebens zugrundegehen: sie weiß immer schon für ihn und alle Menschen, die sie hervorbringt, woran jeder sich halten muss, und hält es für jeden jederzeit bereit. So sehr, dass es in angestammter Heimat möglich ist, zu leben, ohne ein eigenes Leben zu führen: in ihr lebt es sich für einen.

Von uns auf allen unseren Wegen vollkommen unwillkürlich und unbeachtet mitgeführt, verdichtet Heimaterfahrung sich in den geweckten Erinnerungen, indem diese in einen Zustand einverständiger *Weltverbundenheit* versetzen. Denn der wesentliche Gehalt der Erinnerung ist eben dieses vorbereitete Welteinverständnis, das jedes Heimatgefühl trägt: wir erinnern uns nicht so sehr an Vergangenes, als an die damit verbundenen Empfindungen eines momentan glückenden Lebens. Deshalb neigt Erinnerung zu Verklärung.

Heimat enthalten diese Empfindungen tatsächlich aber nur dann, wenn sie so geartet sind, dass wir in Übereinstimmung mit uns selbst und dem Leben in unserem Weltausschnitt an der Tatsache des Geborenwordenseins nichts zu rechtfertigen finden: wenn *Gleichklang* herrscht zwischen der *Tatsache* und der *Erfahrung* unseres Daseins. Heimat ist das Empfinden einer elementaren Zustimmung zu dem einzigen Faktum unserer Existenz, das vollkommen unbeeinflußbar ist: dass es uns überhaupt gibt. Denn wir sind ihre Produkte. Als unser Ursprungsort ist Heimat die Summe alles dessen, was zusammenkam, um uns hervorzubringen.

Eine Heimat also *hat* jeder; sie *erfahren* aber kann nur, wer Bekanntschaft mit der Fremde machte. Denn die *Fremde* ist die Erfahrungsstimmung, in der die *Welt* in ihrem Urverhältnis zum Menschen erlebt wird.

Wie sehr es eines Anteils von Fremde in der Erfahrung des Eigenen immer bedarf, um in ihm die Identität der Heimat finden zu können, hat Günter de Bruyn anhand der Bedeutung bezeichnet, die ›die Linden‹ für die Berliner seit der Vereinigung von 1990 gewonnen haben. *Heute hat kein Berliner mehr am Pariser Platz seine Wohnung, und die Straße Unter den Linden schmückt zwar Berlin und bildet sein Zentrum, hebt sich aber von allem Städtischen ab. Nie ist jemand auf den Gedanken gekommen, das Rathaus oder die Parlamente zwischen die Paläste zu setzen. Die Bürger der Stadt fühlen sich in ihr dem Alltag enthoben. Sie sind stolz darauf, eine so weltberühmte Straße zu haben, aber heimisch sind sie in ihr so wenig, wie man es in Kirchen oder Museen ist. Keinem ihrer Besucher können sie eine Besichtigung ihrer Prachtstraße erlassen, fühlen sich aber im Strom der Touristen selbst ein wenig als Gäste, weil sie doch eigentlich in Pankow, am Wedding oder in Dahlem zu Hause sind. Hier sind sie zwar nicht in der Fremde, aber doch außerhalb des Gewohnten. In ihrem Empfinden liegt die Straße nicht im Verwaltungsbezirk Mitte, sondern außerhalb aller Wohnquartiere und behördlichen Einteilung. In ihr wird der wie ein Kleinstädter an seinen Ortsteil gebundene Großstädter zum Hauptstädter. Sie beschert den Bewohnern der weiträumigen, aus konturlos ineinanderlaufenden Ortschaften bestehenden, von Parks, Seen und Wäldern durchsetzten Gegend, die sich als Berlin bezeichnet, eine gemeinsame Identität* (Bruyn, Linden, 12).

Das führt auf das eigentliche Verhältnis von *Heimat* und *Welt*, das sich als umgekehrt zu der Gewißheit erweist, in der es gewöhnlich in den Vertrautheiten unangefochtener Heimatlichkeit erlebt wird.

Denn der Bezug zur *Herkunft*, der am engsten mit Heimat verbunden scheint, ist mit deren Gegenpol, der *Fremde*, enger verknüpft, als man annimmt. Am gefährdetsten ist immer derjenige, für den ein durch Herkunft angestammter *Ort* zugleich die *Welt* ist. Genau dieser Kurzschluß zwischen Lebensort und Welt aber ist die Suggestion des Heimatgefühls. Von den Bedingungen eines möglichen eigenen Lebens her gedacht aber gilt umgekehrt: Je weniger heimatgebunden einer ist, desto weltfähiger; je weltgebundener einer ist, desto heimatfähiger wird er sein. Weltfähigkeit dagegen macht ortsunabhängig. Wer Heimat unabhängig vom Ort seiner Herkunft haben will, der muss sich in der Welt verankern.

Das ist ihr Paradox: man muss die vorgegebene Heimat aufgeben, um die des eigenen Lebens zu gewinnen; sie hinter sich lassen, um in ihr anzukommen.

Sich in der Welt verankern heißt, dem eigenen Leben mit Bewußtsein jene Gemeinschaft mit anderen zu verleihen, ohne die ein Menschenleben nicht möglich ist, wie Albert Camus es – in seiner Rede über den ›Künstler und seine Zeit‹ in Uppsala im Dezember 1957 anlässlich der Verleihung des Nobelpreises – beschrieb. *Meer, Regen, Bedürfnis, Verlangen, Kampf gegen den Tod, das sind die Dinge, die uns alle verbinden. Wir gleichen uns in dem, was wir zusammen sehen, in dem, was wir zusammen leiden. Die Träume ändern sich mit den Menschen, aber die Wirklichkeit der Welt ist unsere gemeinsame Heimat* (Camus, Künstler, 278). Heimat gibt es, wenn es gemeinsame Welt gibt; erfahrbar wird sie, wenn das anthropologisch Gemeinsame des Menschseins lebenskonkret wird: indem ein ›Wir‹ entsteht, dessen Eigenart in Rückblicken geteilter Nostalgien hervortritt, wenn ihre Wirklichkeit selbst sich längst wieder aufgelöst haben wird: Heimat hat, wer die Gemeinsamkeiten an Traditionen und Bräuchen in den Assoziationsketten und Anekdoten des ›*Wißt ihr noch*‹ in vertrauter Runde vergegenwärtigend heraufbeschwören kann. Wo immer Emigranten welcher Nationalität zuerst einander treffen, werden sie sehr schnell das Ritual vollziehen, diese Gemeinsamkeiten zu beschwören.

Man kommt nicht durch Heimat zur Welt, sondern umgekehrt durch Welt zur Heimat. Nur deshalb ist es möglich, den Verlust von Heimat als Realkomplex individueller Daseinsbedingungen zu überleben. Wer Welt hat, kann Heimat entbehren, weil er anderswo eine andere finden kann.

Davor aber steht eine der schwierigsten Erfahrungen, denen wir ausgesetzt sein können, die Erfahrung der *Fremde.* Sie ist darum so einschneidend und verstörend, wenn sie nicht auf der Freiwilligkeit etwa einer touristischen Reise beruht, weil sie für den, der sie macht, die Ursituation des Menschen wiederherstellt: die *Weltfremde* – jene *tiefe, schrankenlose, mythenalte Fremdheit* (...) *zwischen dem Menschen und der Welt* (Benn, Epilog, 1875).

Die Fremde macht Heimat nicht nur erlebbar und verständlich; sie macht sie vor allem notwendig, indem sie zugleich die Gattungserinnerung an diese Urfremdheit aktiviert. Die Fremde selbst nämlich *ist* jene Ursprünglichkeit, als welche die Heimattümelei Heimat nur ausgibt. Heimat ist als Lebensphänomen anthropologisch das Sekundäre: für ein Menschenleben zwar notwendig, ist sie dennoch ein Phänomen der *Reaktion*: mit ihrer Einrichtung reagiert das Menschsein auf die Urbedingung seines Daseins in der Welt. Diese aber macht sich in der Erfahrung der Fremde bemerkbar: die Welt ist nur da, aber nicht für uns gemacht. Sie lässt uns zu, aber sieht uns nicht vor. Für keinen, der je in sie kam und kommen wird, hat sie vorgesorgt. Was immer es an Erwartung für in die Welt Kommende gibt, es ist Ergebnis menschlicher Leistungen. Um den Menschen sorgen sich nur Menschen.

Das mag noch so trivial klingen; es ist und bleibt die wesentlichste Einsicht jeder anthropologischen Nachdenklichkeit. Was immer Nachdenken über das Menschsein herausfinden mag, es wird diese Einsicht zuletzt belegen; was immer sie über Menschen zu erfahren bemüht sein wird, diese Einsicht wird ihre Grundlage bilden.

Die Zeugnisse dieser Urerfahrung, die den basso continuo des europäischen Kulturbewußtseins seit mehr als zweitausend Jahren bilden, belegen, wie tief sie in das kollektive Unbewußte als Spur einer unbehoben-unbehebbaren Urbedürftigkeit des Menschen eingeprägt ist. Die Überzeugung, dass die Welt *nicht zugunsten des Menschen und um ihn als den Mittelpunkt herum geschaffen worden* sei, welcher Gedanke die Epochenschwelle des Übergangs vom Mittelalter zur Neuzeit markiert (Blumenberg, Neuzeit, 483), wurde zum Kerngehalt aller Bemühungen des Menschen der Neuzeit, sich selbst und seine Welt zu verstehen. Seitdem ist alle Erkenntnis von dem Urimpuls getragen und getrieben, die entrückte Welt zu vermenschlichen und sie mit allem Notwendigen auszustatten, was sie dem Menschsein von sich aus nicht bietet.

In dieser Perspektive wird das Problem möglicher *Heimat* zu einer Facette des tieferen Problems möglicher *Welt.*

Es stellt sich für das Gattungswesen des Menschen mit jedem Exemplar aufs neue, weil Menschen die einzigen Lebewesen sind, die auf ihr Dasein in der Welt mangelhaft vorbereitet sind: die Welt hat uns nicht vorgesehen; als das ›Mängelwesen‹ schlechthin lässt sie uns nur als eine ihrer Seinsmöglichkeiten zu. Ob, und wie wir sind, ist auf Dauer ausschließlich Sache unseres Gattungsinteresses.

Als Einrichtung der menschenneutralen und ursprünglich -feindlichen Welt zu ihrer Bewohnbarkeit, zum Medium unseres Daseins, ist *Kultur* deshalb stets gefährdet. Es gibt sie nicht ein für allemal. Sie kann immer wieder verloren gehen. Weniges hat das so unbezweifelbar gemacht wie die Massenerfahrung des Heimatverlustes in der Epoche der Weltkriege als unmittelbare Folge der Gewaltpolitik.

Die Heimatlosigkeit wird ein Weltschicksal, hatte der um große und größte Perspektiven nie verlegene Martin Heidegger 1946 in seinem berüchtigten

›Brief über den Humanismus‹ der beginnenden Nach-Weltkriegsepoche die vorauseilende Diagnose gestellt (27; NA 30).

Die *Heimatlosigkeit* aber wird nur dann unbehebbar, zu unlenkbarem ›Schicksal‹, wenn sie eine Erscheinungsform der *Weltlosigkeit* ist. Als ein Problem des Weltbezuges ist das Problem der Heimat ein Problem der eigenen *Weltverträglichkeit.* Nur wer in die Welt, in die er geboren wurde, auch passt, sich in sie fügt, *kann* Heimat haben.

Darin ist als das tiefste Unglück jeder Emigration, jeder Vertreibung die Gefahr angelegt, mit dem Ort, den man verlassen muss, auch die Welt zu verlieren, wenn man sie dort, wohin man verschlagen wird, nicht wiederfindet. Das muss besonders dem Vertriebenen widerfahren, der *nur* seine Heimat kannte, und diese mit der Welt verwechselte.

Nach den Schrecken absichtsvoller Vernichtung ungezählter Millionen von Menschenleben, deren Daseinsrecht in der Welt um nichts geringer war als das derjenigen, die das Völkerschlachten betrieben, und derer, die es überlebten, ist der Weltbesitz selbst als elementare Bedingung des Daseins in seiner Möglichkeit erschüttert. Nun garantiert die Heimat nicht mehr die Welt, da niemand mehr sicher sein kann, seine eigene Heimat nicht zu verlieren. So wenig ist die zugeborene Heimat mehr Weltgarantie, dass die Welt nun umgekehrt zur Zuflucht notwendiger Heimat wird.

Man muß Heimat haben, um sie nicht nötig zu haben, hatte Jean Améry die unsere Epoche bestimmende Erfahrung des aus der Gemeinschaft der Menschen Verstoßenen gekennzeichnet (Améry, 81); in ihr ist zu äußerster Konsequenz verdichtet, was sich anthropologisch immer wieder als elementare Bedingung des Menschseins erweist: sich der Fremde aussetzen zu müssen, um sich gegen die ursprüngliche Weltfremde behaupten zu können.

Diese aber stellt sich immer dann wieder her, wenn menschliche Handlungen Fremdheit zwischen Menschen setzen. Dann entsteht jene *Verlassenheit*, die Hannah Arendt als den anthropologischen Grund jedes politischen Systems der Unfreiheit beschrieb: *wenn aus gleich welchen personalen Gründen ein Mensch aus dieser Welt hinausgestoßen wird oder wenn aus gleich welchen geschichtlich-politischen Gründen diese gemeinsam bewohnte Welt auseinan-*

derbricht und die miteinander verbundenen Menschen plötzlich auf sich selbst zurückwirft. (...). In dieser Verlassenheit gehen Selbst und Welt, und das heißt echte Denkfähigkeit und echte Erfahrungsfähigkeit, zugleich zugrunde. An der Wirklichkeit, die keiner mehr verläßlich bestätigt, beginnt der Verlassene mit Recht zu zweifeln; denn diese Welt bietet Sicherheit nur, insofern sie uns von anderen mit garantiert ist (Arendt, Ursprung, 697 f.). Dieser Verlassene ist wieder der Mensch im Urzustand jener Gleichgültigkeit der Welt, gegen die die ganze Menschheitsgeschichte aufgeboten werden musste, um sie aus den Unmittelbarkeiten des zivilisierten Lebens zu verbannen, wie es uns noch einmal zur Selbstverständlichkeit geworden ist.

So wird der Begriff der Heimat anthropologisch fassbar als Inbegriff für eine Erfahrung, in der sich in einem *einzelnen* Menschen die Fähigkeit *des* Menschen als bewährt erweist, das elementare Defizit des Menschseins in der Welt wenigstens zu überbrücken, wenn nicht zu beheben. Da die Weltbedingungen unseres Daseins aber diejenigen sind, auf die es den geringsten Einfluß hat, verharrt die Erfüllung dieser Aufgabe, deren Inbegriff Kultur ist, in einem Zustand dauerhafter Vorläufigkeit. Die weder für, noch auf uns vorbereitete Welt ist nicht Heimat; aber sie allein bietet das ›Material‹, aus dem gebildet werden muss, was Heimat werden kann. Sie hat zu leisten, was die Gleichgültigkeit der Welt vorenthält: Geborgenheit, Sicherheit, Lebenssinn.

Versteht man Heimat als Begriff dieser unablässig vorläufigen Leistung, so bezeichnet sie etwas, das es zwar immer schon gibt, weil es ohne dieses Menschenleben nicht gäbe, das aber dennoch immer bevorsteht, weil das Urproblem nicht bewältigt werden kann.

Es war diese Einsicht, die Ernst Bloch dazu bewog, ›Heimat‹ zum – buchstäblich – letzten Wort seines monumentalen, in der amerikanischen Emigration in New York zwischen 1938 und 1947 geschriebenen Hauptwerks ›Das Prinzip Hoffnung‹ zu machen, und diese andauernde Vorläufigkeit aller Menschenleistungen diesem Geschichtsentwurf ihrer möglichen Verbesserung zugrundezulegen.

Mit diesem Blick also gilt: Der Mensch lebt noch überall in der Vorgeschichte, ja alles und jedes steht noch vor Erschaffung der Welt, als einer rechten. Die wirkliche Genesis ist nicht am Anfang, sondern am Ende, und sie beginnt erst anzufangen, wenn Gesellschaft und Dasein radikal werden, das heißt sich an der Wurzel fassen. Die Wurzel der Geschichte aber ist der arbeitende, schaffende, die Gegebenheiten umbildende und überholende Mensch. Hat er sich erfaßt und das Seine ohne Entäußerung und Entfremdung in realer Demokratie begründet, so entsteht in der Welt etwas, das allen in die Kindheit scheint und worin noch niemand war: Heimat (Bloch, Hoffnung, Bd. 3, 1628).

Sie wäre die wirkliche Erfüllung der Hoffnung. Wo Heimat wäre, bliebe zu hoffen nichts übrig. Eine Menschheit jedoch, die sich auf unabsehbare Dauer die Hoffnung zum *Prinzip* ihres Weiterlebens wählen *muss*, ist noch heimatlos.

Heimat, wie wir sie erst kennen, gibt wenig zu hoffen; aber sie bewahrt vor vielem, das Hoffnung immer wieder notwendig macht. Mit ihr lässt sich oft nur schlecht leben; ohne sie aber fast gar nicht.

Als Selbsterfüllung des Menschseins gegen die Gleichgültigkeit der Welt wäre es das Kennzeichen verwirklichter Heimat, weder *den* Fremden, noch *die* Fremde mehr zu kennen, in denen die Verlassenheit unablässig lauert – : so bleibt sie der utopische Horizont der Kultur als der unablässigen Verwandlung der Welt zur Stätte der Menschenmöglichkeit.

VII
Die Welt im Menschen

Geschichte, die nicht endet

..., ich habe dieses Elend mit mir zur Welt gebracht.

Heinrich Heine
›Das Buch Le Grand‹

Da aber niemand *sich* zur Welt bringt, sondern jeder gebracht *wird*, ist es eine mitgegebene Gabe.

Es lag schon mit mir in der Wiege, und wenn meine Mutter mich wiegte, so wiegte sie es mit, und wenn sie mich in den Schlaf sang, so schlief es mit mir ein, und es erwachte, sobald ich wieder die Augen aufschlug (Heine, Le Grand, Kapitel XX).

Die Welt ist, was schon da war, als ›ich‹ in sie kam: *Ungerührt von allem besteht/die Vollkommenheit der Welt* (Eich, Gehöfte, 28).

In der Erfahrung, dass es etwas gibt, das vor mir und außer mir ist, etwas, das meiner nicht bedarf, um zu sein, lerne ich, dass ich Ich bin.

Die Grunderfahrung, die mich mit mir bekannt macht, muss deshalb die Fremde sein: zu bemerken, dass es etwas gibt, was nicht ich bin, prägt in uns ein, ein Ich zu sein.

Als ›Elend‹ ist die ›Welt‹, in dessen Erfahrung ›ich‹ ›mich‹ kennenlerne.

Das *Entsetzliche* ist das Dauerhafteste, und bestimmt die Seinsstimmung der Welt als Summe alles dessen, was war, damit das Sein werden konnte, das sich in der Konfrontation mit ihm als Selbst erfährt.

Du atmest es ein mit Durchsichtigem; in dir aber schlägt es sich nieder, wird hart, nimmt spitze, geometrische Formen an zwischen den Organen; denn alles, was sich an Qual und Grauen begeben hat auf den Richtplätzen, in den Folterstuben, den Tollhäusern, den Operationssälen, unter den Brückenbögen im Nachherbst: alles das ist von einer zähen Unvergänglichkeit, alles das besteht auf sich und hängt, eifersüchtig auf alles Seiende, an seiner schrecklichen Wirklichkeit (Rilke, Malte, l.c., 73).

In seinen Schrecken wird das Dasein sich seiner Urbedingung der Welt als Summe seiner unverfügbaren Bedingungen bewußt. Die Welt ist das, was macht, dass wir so sein müssen, wie wir uns im Leben (be)finden.

Das zu entdecken, ist ein Moment *metaphysischer Bestürzung, einer jener Momente, in denen wir uns und einer fremden Welt gegenüberstehen, ohne alle Verhüllung durch alltägliche Gewohnheiten, die durch entsprechende Beziehungen verbunden und in die Gewöhnlichkeit alltäglicher Zusammenhänge mit Dingen und Erscheinungen hineingedrängt sind* (Witkiewicz, Unersättlichkeit, 202).

Seit der Akademisierung des Nachdenkens zur Geisteswissenschaft im 19. Jahrhundert ist das Unvergängliche als das einer Existenz Vorausgehende Sache der Geschichtsschreibung.

Nur wenige Historiker haben über ihr Metier nachgedacht, und noch weniger über dessen Gegenstand: dass es Geschichte gebe, und ihre Erkenntnis bedeutend genug sei, um ihr ein Wissenschaftlerleben zu widmen, ist eine weithin unbedachte Voraussetzung eines durch kulturelle Tradition selbstverständlich gewordenen akademischen Metiers. Es blieb Philosophen vorbehalten, den Begriff und die Sache der Geschichte zu bedenken, die Historiker schrieben.

Die Theorie der Geschichtsschreibung brachte es nur vorübergehend zum Status einer vom Fach anerkannten gleichberechtigten historiografischen Disziplin; ihre Vertreter blieben zwar renommierte, doch Außenseiter. Die kurze Blüte der Geschichtstheorie, die das für unbefriedigbar gehaltene Bedürfnis nach Geschichtsphilosophie vorübergehend kompensieren konnte, kann darüber nicht täuschen.

1925 veröffentlichte Erich Rothacker als ersten Band der von ihm herausgegebenen Sammlung ›Philosophie und Geisteswissenschaften‹ den Grundriß jener ›Historik‹, den Johann Gustav Droysen 1868 als Zusammenfassung seiner über ein Vierteljahrhundert hin in zahlreichen Wiederholungen angereicherten Vorlesung gleichen Titels herausgegeben hatte.

Im § 6 wird das Argument benannt, das eine Wissenschaft der Geschichte möglich und notwendig erscheinen lässt. *Nicht die Vergangenheiten werden hell – sie sind nicht mehr – , sondern was in dem Jetzt und Hier von ihnen noch unvergangen ist. Diese erweckten Scheine sind uns statt der Vergangenheiten, sind die geistige Gegenwart der Vergangenheiten* (Droysen, Grundriß, 327).

Nach einem halben Jahrhundert der Erfahrung mit ›Verdrängung‹ ebenso wie mit ›Aufarbeitung‹ deutscher Vergangenheiten, ist unübergehbar geworden, dass die unvergangene Gegenwart einer Vergangenheit keine ›geistige‹ allein, ja nicht einmal überwiegend, ist. Eine mehr als vierzig Jahre währende ›Bewältigung‹ hat nicht vermocht, die(se) Geschichte für ihre Erben zu neutralisieren. Diese Erbschaft ist unausschlagbar. Am härtesten lastet sie auf denen, die sie am wenigsten annehmen.

Darin liegt die ihn ›überwindende‹ Präzisierung des Historismus, Geschichte nicht allein darin zu erblicken, dass etwas nicht vergeht, sondern vor allem darin, dass etwas wirkt, das unbezweifelbar und uneinholbar vergangen *ist*.

Geschichte gibt es nur unter dieser Bedingung, dass Vergangenes in einer Gegenwart an deren Bestimmungen und Verbindlichkeiten mitwirkt.

Die Frage aller Fragen hat Johan Huizinga als erster Historiker in einer für den 3. Dezember 1940 vorbereiteten, dann jedoch nicht gehaltenen Rede an der Universität Leiden gestellt: *Wie bestimmt die Geschichte die Gegenwart*? (in: Huizinga, Mein Weg, 73-95). Sie analysierend, lässt er sie schwebend unbeantwortet. Es bedurfte der Erfahrungen mit einer Geschichte, von der sich ein Fortwirken schlechthin nicht wünschen lässt, um sie über ihre damalige Konturierung hinaus zu einem Befund zu verdeutlichen.

Die Geschichte, die uns einholt, ist von uns nicht ›gemacht‹. Zu ›unserer‹ Geschichte wird sie dadurch, dass wir uns dem, was bewirkt wurde, ohne dass wir daran beteiligt gewesen wären, nicht entziehen können. Geschichte wird wirklich im Erleiden unverschuldeter Folgen unbegangener Taten.

Erst den Nachkommen derer, denen sie gestellt wurden, werden die Rechnungen zugestellt. Als müsse durch das, was wir »Geschichte« nennen, eine Vergeßlichkeit der »Ereignisse« selbst, aus denen wir sie gefügt finden, überbrückt und wieder gut gemacht werden. Denn jedes Geschehen, das sich begibt, ist selbstlos. Kein Handelnder weiß, was er tut, gleichgültig, wie überlegt er sich dabei verhält. Erst in den Wirkungen, die ein Geschehen zeitigt, sobald es sich ereignet, entsteht Geschichte. Wahrnehmbar wird sie an deren Folgen.

Das aber widerfährt nicht denen, die jenes Geschehen als seine Akteure hervorbrachten; es vollzieht sich an denen, mit deren Leben dasjenige jener Akteure am unmittelbarsten verbunden ist: an Kindern und Kindeskindern. Geschichte gibt es, weil die unbeteiligten Nachkommen an sich selbst die Bedeutung jener Geschehnisse als Verbindlichkeit für ihr eigenes Leben und Handeln erfahren, zu denen die Lebensäußerungen ihrer Vorfahren sich miteinander verwoben. Im Leben der Kinder und Enkel »ereignet« sich, was die Taten, Untaten und Nichttaten der Väter und Großväter »bedeuten«.

Geschichte ist das Erbe, das nicht ausgeschlagen werden kann. Ihre Verbindlichkeit fragt nicht nach Einverständnis. Sie ist ungerecht.

Die Lose, die ausgeworfen wurden, waren ungleich verteilt. Was den einen nur streifte, vielleicht im letzten sogar förderte, vernichtete den anderen. Das deutet auf eine Zuordnung von Schuld und Sühne, die sich der menschlichen Berechnung, dem Streben nach irdischer Gerechtigkeit entzieht. Was in den Individuen wirkt, ist nicht zu isolieren; sie handeln und leiden für viele andere mit (Jünger, Okkupation, 6 f.).

Die erfahrene Schuld aber ist in den seltensten Fällen eine eigene.

Das aushalten zu können, bedarf es einer *Gewißheit, daß die Geschichte eine andere, uns unbekannte Seite hat* (Jünger, Okkupation, 58). Sie wird von der Überzeugung gestiftet, der *Gedanke, dass Millionen deshalb die Welt verlassen, weil ein Herr Himmler am Hebel der Vernichtungsmaschine zieht*, gehöre *zu den optischen Täuschungen. Wenn einen langen Winter hindurch der Schnee fiel, genügt die Pfote eines Hasen, und die Lawine geht zu Tal* (Jünger, Okkupation, 68).

Herkunftslasten

... ich sage nur: so hat es angefangen, und so läuft der Hase noch.

Theodor Fontane, ›Der Stechlin‹

... ; es ist überhaupt töricht zu fragen, wie ein Ding begonnen hat. Entscheidend ist, was es geworden ist.

Reinhold Schneider, Tagebuch, Madrid, 25. Mai 1930

Erben sind wir alle. Auch die, denen nichts vererbt wird, müssen *als* Erben leben: der Welt und ihrer Geschichte, die unsere Existenz hervorbrachten. *Die Kultur hat zur Folge und zur Bedingung, daß jeder das gesamte Gewicht und die gesamte Wohltat der gesamten menschlichen Erfahrung tragen muß* (Valéry, Cahiers/Hefte, Bd. 6, 606).

Was nach moralischem Gebot klingt, ist eine Verpflichtung, die mißachten mag, wem sie unheimlich ist, und unheimlich muss sie sein, sobald man ihrer inne wird; die sich aber nicht vermeiden lässt. Denn sie betrifft nicht die äußeren, sondern die inneren Bedingungen unseres Seins. *Man ist nicht allein in seiner Haut* (Michaux, Wer ich war, 92). Unübertreffbar erfaßt diese Metapher aus einem später verleugneten Frühwerk von Henri Michaux die erste und dauerhafteste Obligation jedes Menschenlebens: mit denen fortzuleben, die einmal waren, weil ein jeder sie in sich trägt. *Ich bin bewohnt; ich spreche zu Wer-ich-war, und Wer-ich-war sprechen zu mir. Zuweilen fühle ich mich befangen, als ob ich ein Fremder wäre. Sie bilden nun eine ganze Gesellschaft, und es kommt vor, daß ich mich selbst nicht mehr höre. »Ich habe mein Leben eingerichtet«, sage ich zu ihnen, »ich kann euren Reden kein Ohr mehr leihen. Jedem sein Stück Zeit: ihr wart, ich bin. (...). Versteht doch. Macht euch fort* (Michaux, a.a.O., 85).

Aber keiner, der war, und zu unserer Hervorbringung beitrug, hat sich je ganz davongemacht. Sie alle begleiten jeden, der auf sie folgt. Nachfolger sein heißt, von Vorgängern verfolgt zu werden so sehr, *daß wir in Wahrheit nicht den Jagdhund oder das Pferd kaufen, das wir wollen, sondern eins, das ein fremder Wille vor tausend Jahren bereits gewählt hat; daß wir Sklaven sind* (Giraudoux, Eglantine, 6).

Diese Seinsurbedingung neutralisiert die Zufälligkeit eines Daseins nicht, sie macht sie bestimmbar. Unser Sein *ist* zwar kontingent; in den Erlebnisunmittelbarkeiten seiner Herkunft aber *erfahren* wir es als vorbestimmt. Die Kontingenz des Daseins ist ein Gedanke, keine erfahrbare oder wahrnehmbare Qualität des erlebten Lebens. Aus dem historischen Weltgefüge zwar mit der Notwendigkeit des Einmaligen als Wirkung allen bisherigen Weltgeschehens hervorgegangen, lässt die Unüberschaubarkeit ihrer Bedingungen und Herkünfte unsere Existenz dennoch als kontingent erscheinen.

Das begründet das ontologische Paradox unserer Selbstwahrnehmung, unter den unmittelbaren Ursachen und Bestimmungen unseres Daseins zu leiden, während die wirkliche Last dieses Weltgeschehens, das sein musste, damit wir werden konnten, unbemerkt bleibt.

In der Unmittelbarkeit des Hervorgebrachtwordenseins erfährt jedes Leben, was Geschichte ist. Das Kind, das seinen Weg in sein Leben sucht, ist ihre Inkarnation. Menschen *haben* Geschichte, indem sie sie *sind*, weil die Kette der Fortzeugungen nichts anderes ist als die unendliche Wiederherstellung von Herkunft. Jede Zukunft unterliegt dem Geschick, Vergangenheit zu ermöglichen. Es muss neues Leben geben, damit vergangenes gewesen sein kann.

Dass es so sei, und bleiben solle, war die Voraussetzung des ›historischen Bewußtseins‹. *Umsonst werfen andere die ganze Vergangenheit hinter sich, um gleichsam neu anzufangen vorurteilslos mit dem Leben. Sie vermögen nicht abzuschütteln, was gewesen, und die Götter der Vergangenheit werden ihnen zu Gespenstern. Die Melodie unseres Lebens ist bedingt durch die begleitenden Stimmen der Vergangenheit. Von der Qual des Augenblicks und von der Flüchtigkeit jeder Freude befreit sich der Mensch nur durch die Hingabe an die großen objektiven Gewalten, welche die Geschichte erzeugt hat. Hingabe an sie, nicht die Subjektivität der Willkür und des Genusses ist die Versöhnung der souveränen Persönlichkeit mit dem Weltlauf* (Dilthey, Traum, Schriften VIII, 218-224; 224).

Als *dies Lebensgefühl, das aus dem geschichtlichen Bewußtsein entspringt* (Dilthey, Traum, a.a.O., 219), ist der Historismus der Mythos vom unendlichen Regime der Ahnen. Zur letzten Verbindlichkeit einer ersten Einsicht erhoben, vollzieht er die Resignation des Bewußtseins vor der unüberschaubaren Schwere der Einsicht in die Grundbedingung des Lebens.

Solange diese Resignation anhält, gilt: *Wir kommen von zuviel her. Wir bewegen uns auf zuwenig zu* (Canetti, Aufzeichnungen 1942-1948, 89). Die Übermacht der Herkunft behauptet sich trotz aller Lasten, die sie mit sich führt, gegen eine Zukunft, deren Unbekanntheit sie in der Offenheit dessen, was sie bringen mag, als so bedrohlich erscheinen lassen muss, wie die Seinsfülle des Vergangenen als armselig. Von Zukunft lässt sich nichts wissen, von Vergangenheit wenigstens annehmen, sie zu kennen. So macht das Bewußtsein sich zum Komplizen der Belastungen des Lebens, dessen Ermöglichung sein eigener Sinn ist.

Der Tod des gleichgeschlechtlichen Elternteils – des Vaters für den Sohn, der Mutter für die Tochter – ist die letzte Versehrung, die das vorhergehende dem nachfolgenden Glied in der genealogischen Kette zufügt, indem er die sich von der Gewalt seines unmittelbaren Eindrucks Erholenden darüber belehrt, dass ihre verschämt heimliche Erwartung, er werde sie endlich in Freiheit setzen, bis an ihr eigenes Ende unerfüllt bleiben wird. Wer zu seiner Freiheit anderer bedarf, wird sie nicht erlangen – : Kinder bleiben unfrei. Deshalb heißt erwachsen werden, die Eltern in sich abschaffen zu müssen. Diese notwendige Bedingung des Selbstseins wird durch ihre Unerfüllbarkeit, die sich in den meisten Fällen erweist, nicht aufgehoben, sondern von den lebensbehindernden Folgen, die sie nach sich zieht, nur bekräftigt. Der Tod verewigt die Ungelöstheit der Lebensproblematiken der von ihnen Betroffenen, sofern sie ihre Ursache in der Existenz derer haben, die er ereilte, und eine Lösung ohne deren Mitwirkung unerreichbar ist.

Dann findet die Schwere ihrer Erfahrung, die die Zeit zu einer der größten Belastungen des bewußten Lebens macht, sich verstärkt. Darin erweist die Zeit sich als Tochter der Geschlechterkette. Ohne die Erfahrung, dass Menschen geboren werden, heranwachsen, älter, Eltern und alt werden, schließlich sterben, worauf sich an ihren Nachkommen dasselbe vollzieht, wäre kein Zeitbewußtsein entstanden. Die Beobachtung der Werdens- und Vergehenszyklen in der Natur hätte dazu nicht ausgereicht. Erst die Entdeckung, ihnen selbst unterworfen zu sein, bescherte dem Menschen die Zeit, die er an anderen früher bemerkt als an sich selbst.

Das Christentum formte sein Jenseitsversprechen der Erlösung des Menschen zu sich selbst nach dem Urbild alles Künftigen, dem Kind. Das Kind ist das – jeden Generationenkonflikt schon bergende – Versprechen ihrer Wiederholung, das seine Eltern sich mittels seiner Existenz geben. Im menschgeborenen Christkind geschieht die absolute metaphysische Zuspitzung jener Last, die der menschlichen Kindschaft als Unerfüllbarkeit auferlegt ist. Christus, der Sohn, kann seines Gott-Vaters Willen nur durch sein Selbstopfer erfüllen. Oder, in theologisch korrekter Umkehrung, das Opfer um einer anderen und anderer Zukunft willen auf sich zu nehmen, macht den ›Menschensohn‹ zu Gottes Sohn.

Jede Geburt ist die Erneuerung des Erlösungsversprechens, das nichts anderes ist als Zukunftserwartung. Jedes Kind ist das lebendige Bild einer Erwartung, die sich in seiner Zukunft erfüllen soll.

Damit ist jedes neue Leben mit einer Aufgabe belastet, die es ebenso wenig erfüllen, wie ablehnen kann: mit seiner eigenen für eine Zukunft anderer einzustehen. In der Kette der Genealogie wird das künftige Leben jedes Neugeborenen zum Ziel seines eigenen Ursprungs. Nachkommen sind die Zukunft für Vorfahren, die ihr eigenes Zukunftskontingent lebendiger Weltteilhabe erschöpft haben.

Deshalb werden aus Kindern Eltern: zur Weitergabe der ungelösten Aufgabe, die zwar aus einer Hoffnung erwächst, die dennoch Schuld begründet, weil sie von denen, an die sie sich richtet, nicht erfüllt werden kann. Kein Enkel wird ›es‹ jemals ›besser ausfechten‹. Er hat seinen eigenen ›Kampf‹, und weiß nichts von dem derer, von denen er stammt, mag ein Großvater ihm noch so viel davon erzählt haben. Das Leben, in dem dessen

Erzählungen spielen, ist ein anderes als das, zu dessen Ertüchtigung sie ausgesponnen werden.

Die Lebenssinnverpflichtung, die der amerikanische Präsident Bill Clinton daraus für sich bezog, dass sein Vater, keine dreißig Jahre alt, noch vor seiner Geburt starb, ist im Rigorismus ihrer Zuspitzung ein exemplarisches Zeugnis für das Elend der genealogischen Grundstruktur unserer primären Daseinsbedingungen: *Ich mußte für zwei leben* (Fernsehgespräch im ZDF, Juli 2004). Das eigene Leben, dem die Reibung an der Vaterimago als Medium der Selbstbildung fehlte, stand unter der projektiven Erwartung, in ihm müsse der um sein Leben betrogene Vater es wenigstens anteilig nachholen können. Ein zweites Leben im eigenen zu führen aber muss es bis zur Gefahr seiner Ersetzung von sich fernhalten.

Im Sohn fortzuleben, ist die älteste und größte aller Vätererwartungen schon an Ungeborene, und die Ursache ungezählter Mädchentode. Was die Söhne schließlich gegen die Väter aufbringen muss, ist nicht deren Autorität, ohne die es keine erfolgreiche Lebenseinübung geben könnte, sondern die in ihr lauernde Anmaßung, über deren Abschluß hinaus als Vorprägung des Sohnes zum Nachleben des Vaters anzudauern.

Über das Familienereignis wirst Du unterdessen des Näheren unterrichtet worden sein, durch Mama oder Lula. Es ist also ein Mädchen: eine Enttäuschung für mich, wie ich unter uns zugeben will, denn ich hatte mir sehr einen Sohn gewünscht und höre nicht auf, es zu thun. Warum? Ist schwer zu sagen. Ich empfinde einen Sohn als poesievoller, mehr als Fortsetzung und Wiederbeginn meinerselbst unter neuen Bedingungen. Oder so. Nun, er braucht ja nicht auszubleiben. Und vielleicht bringt mich die Tochter innerlich in ein näheres Verhältnis zum »anderen« Geschlecht, von dem ich eigentlich, obgleich nun Ehemann, noch immer nichts weiß (Thomas an Heinrich Mann, 2o. XI. 1905, Briefwechsel, 62).

Doch das lebendig gewordene Medium zur Einlösung dieser Erwartung muss zu deren Anfechtung werden. Im Sohn tritt dem Vater die Unwahrscheinlichkeit seines eigenen Daseins verdoppelt entgegen: als Ungewißheit der Vaterschaft, und als Ungewißheit, ob er, sollte er Sohn wirklich sein, es auch in Gestalt der Vater-Nachfolge beglaubigen wird. Am ehesten vor Enttäuschung bewahrt wird der ›natürliche‹ Mensch in seiner Unbelastetheit, der sich paart, seine Jungen aufzieht und aus dem Hause drängt, wenn sie das Alter erreichten, in dem er selbst ins ›feindliche Leben hinaus‹ musste.

Gegen diese Zumutung richtet das humane Selbstbewußtsein den Anspruch auf eine selbstbereitete Notwendigkeit des zufälligen Daseins: es ist sein Ehrgeiz, an seinem Ende mehr zu sein als an seinem Beginn.

Für das bürgerliche Bewußtsein fand dieser Ehrgeiz seine Befriedigung im Vermögen, das vererbt wird – und im Bild vom *Geschichtsstrom dankbarer Erben* seine letzte Verherrlichung (Borchardt, Eranos-Brief (1924), 79).

Zunächst, und auf lange Selbsterfahrungslebenszeit, muss von sich absehen, wer wissen will, wer er ist. Denn wer nicht in Erfahrung brachte, *woher* er stammt, wird es nie erfahren.

Das heißt vor allem sonst, diejenigen kennen und ergründen zu müssen, von denen man abstammt. Die unabweisbare Verbindlichkeit der Geschichte als Modus des Sich-Ereignens der Welt im Menschen bekommt jeder am einprägsamsten in dem Einfluß zu spüren, den seine Ahnen in seinem Leben üben.

Genealogie ist weder nur historiographisches Verfahren, noch Zeitvertreib snobistischer Adelsseligkeit; sie ist der Rückweg, der gegangen werden muss, um an den Daseinsort zu gelangen, von dem aus eine *eigene* Zukunft denk- und erreichbar werden kann.

Für ein Leben in freier Selbstverfügung besteht die elementare Aufgabe darin, sich von den Bedingungen der eigenen *Existenz* so weit zu distanzieren, dass sie zu Voraussetzungen der *eigenen* Existenz werden können. Sie steht am Ende eines Prozesses der Selbstverwandlung, wenn es gelingt, das eigene Leben als Verwirklichung der Möglichkeiten zu führen, die in seinen gegebenen Bedingungen geborgen liegen. Nichts entfernt davon weiter, als die Erwartung, die die Heimattümelei zu metaphysischem Kitsch verbrämt, ihre Unmittelbarkeiten könnten *heimisch in einer langen Herkunft* machen (Heidegger, Feldweg, 15).

Am Beginn dieser Selbstverwandlung steht die Umwertung der eigenen Herkunft. Da die Weltgeschichte Grund unseres Daseins ist, in jedem Sinn des Wortes, leben wir nur dann nicht falsch, wenn wir mit und aus der Geschichte mit Bewußtsein leben. Deshalb ist eine selbstverantwortliche Wahl von Ahnen, die die reine Zufallsidiotie der natürlichen Genealogie aufhebt, entscheidend für die Souveränitätsgewinnung eines eigenen Lebens. Dann können es auch die eigenen sein – unter der Voraussetzung, dass es einem gelang, ihnen ihre Verschuldung am eigenen Leben durch Einschränkung seiner Möglichkeiten zu ›vergeben‹. Das gelingt um so leichter, je geringfügiger die Beeinträchtigungen an möglicher Lebenseigenheit sind. Erst die ›Verzeihung‹ macht die eigenen als Ahnen des Eigenen wähl-, weil zumutbar.

Dazu aber bedarf es der Annahme der Kontingenz.

»Und nun, lieber Pastor, noch einmal das eine. Morgen früh zieht das junge Paar in das alte Herrenhaus ein, meine Schwester und mein Schwager. Erinnern Sie sich bei der Gelegenheit unsres in den Weihnachtstagen geschlossenen Paktes: Es ist nicht nötig, daß die Stechlins weiterleben, aber es lebe der Stechlin.«

Kein größeres Wort als Fontanes letztes bezeugt jene Seinsgelassenheit so uneingeschränkt einverständig, nach der jedes Dasein sich sehnt, und zu dem doch kaum eines jemals findet: es ist nicht nötig, dass irgendwer weiterlebt, und doch wünscht es – fast – jeder. Alle Bemühungen um Hinterlassenschaften, zuerst, sie zusammentragen, dann, kamen sie zustande, über sie verfügen zu können, belegen die Endlichkeitsschwäche des Menschen.

Der Schluß des ›Stechlin‹ lässt ein anderes als das auf die Kette der Fortzeugungen gegründete Selbstverständnis erahnbar werden.

Vor allem sonst müsste es Ernst machen mit der Kontingenz als Nichtnotwendigkeit eines Lebens. Mit noch größerem Ernst aber müsste es sich der Konsequenz stellen, die darin liegt, dass Nichtsein das Bessere für ein Wesen sein könnte, dessen Zufälligsein es daran hindert, zu sein, was es sein wollte und könnte.

Für den, der sie zieht, kann es zuletzt nur eines geben: die Kette der Fortzeugungen abzubrechen.

Sich ›An meinen Vater‹ richtend, formulierte Reinhold Schneider diese äußertse Folgerichtigkeit in seinem ersten, 1926 geschriebenen Sonett. Es ist nicht nur eines der bewegendsten, es ist auch eines die tiefstgründigen

Zeugnisse einer Lebenserfahrung, von deren Erschließung jede mögliche Erkenntnis des Menschseins abhängt.

Der Schwermut Erbe ward mir übermacht,
Es ist mein Untergang und ist mein Lohn;
Wohl fühlte ich's in frühen Tagen schon,
Doch kommt's aus frühern, aus des Anfangs Nacht.

Du hast als letzter mir die schwere Fracht
Der Väter auferlegt zu Not und Fron.
Ich will sie tragen, bis zuletzt dein Sohn,
Doch sei in mir das Leid zur Ruh‹ gebracht.

Denn ich will es verzehren und befrei'n.
Das Erbe, das in fernste Zeiten zielt,
Sei mein als Letztem einer großen Schar.

Es wird so leicht wie deine Asche sein,
Die eines morgens ich in Händen hielt,
Und niemand wird empfinden, was ich war.
(Schneider, Vater, in: Die Sonette, 23).

Die Schwermut verdichtet die Urbedingung *des* Daseins, aus der Last alles Gewesenen hervorgehen zu müssen, ohne sie doch tragen zu können, zur Grunderfahrung *eines* Lebens.

Mit Unabänderlichem umgehen zu können, ist eine der elementaren Bedingungen nicht nur ›geistiger‹ Gesundheit. Sie erweist sich als um so schwerer erfüllbar, als *die* Unabänderlichkeit schlechthin eben *die* Quelle von Versehrung ist: die Umstände der eigenen ›Natalität‹ bestimmen den Kreis möglicher Bedingungen, unter denen wir unser Leben werden führen müssen. Das Drama der Existenz liegt in der Unverfügbarkeit dessen begründet, worauf wir uns beziehen müssen, um unsere Versehrungen beheben zu können.

Es muss anthropologische Intuition gewesen sein, was den Naturwissenschaftler Freud – als den er sich Zeit seines Lebens verstand – , auf die Spur seines Schlüssels zum Verständnis seelischer Störungen setzte. Im Spätwerk feinster wissenschaftlicher Spekulation ist die Urbedingung alles Lebendigseins als Grund seiner Revolution der Seelenheilkunde noch zum Thema geworden. Auf radikalste Art: in der ethnospekulativen Wendung des individualpathologischen Modells der Genealogie frühester Prägungen vom ›Vatermord‹. Letzte Etappe in der Theoriebildung, mündet der Selbstaufklärungsprozeß des lebendigen Bewußtseins in den Ursprung dessen, was es aufzuklären hat: der letzte Gedanke findet zur ersten Bedingung *des* Lebens, deren Wirkung in jedem *einzelnen* zur schwersten seiner Lasten gerät.

Reinhold Schneiders Konsequenz – die den ›Vatermord‹ in hilfloser Leidenssolidarität des Kindes mit dem hilflos an den Bedingungen seines Lebens scheiternden Vater in den symbolischen Selbstmord des Verzichts auf eigene Vaterschaft verwandelt – ist so radikal, wie die Lebensproblematik sich als genealogische Grundstruktur unserer Daseinsbedingungen stellt; ein Modell zu deren möglicher Lösung kann sie nicht sein. Sie liegt jenseits des Wunsches nach ihrer Lösung. Zu ihr kann nur greifen, wer keine Lösung für möglich hält.

Die genealogische Identifikation des Daseinsproblems ist kein geschlechtsspezifisch ›männlicher‹ Gedanke allein. Sie gehört ebenso zur ›weiblichen‹ Lebenswahrnehmung. Die Geschlechtsdifferenzierung ›des‹ Menschen übergreifend, wird sie zum Zeugnis eines Menschseins aus derselben Urbedingung. *Einmal muß ein Ende sein, sagte ich mir. Ist denn keiner stark genug, diesen monströsen Baum, der sich seit Jahrhunderten immer weiter verzweigt, mit seinen Wurzeln aus dem Erdreich zu reißen? (...). Ich wollte die Letzte sein, in Dauerstreik treten, am Stammbaum rütteln, das Laub, das sich herbstlich verfärbte, abschütteln* (Hartlaub, Woher, 15 – 20).

Es dagegen für möglich zu halten, dass es für das Urproblem des Daseins eine Lösung geben könnte, wird immer wieder zu jener Umwertung führen, die Hannah Arendts Prägung der ›Natalität‹ zu einem anthropologischen Begriff ermöglichte: in der Geburt weniger das Gesetz zur Fortsetzung des Gewesenen, als die Potenz zum Beginn von Neuem zu sehen.

Ein Selbstsein gibt es für das erzeugte Wesen nur in einem Jenseits zur genealogischen Zwangsverkettung. Es öffnet sich, wann immer die Geburt statt als Vorgang, in dem eine Zeugung im Bann der Fortbestandsabsicht des Menschseins an ihr Ziel gelangt, als Ereignis verstanden wird, das etwas Neues in die Welt bringt, das es noch nicht gegeben hat, und, einmal da gewesen, kein zweites Mal geben wird.

Der Neubeginn, der mit jeder Geburt in die Welt kommt, kann sich in der Welt nur darum zur Geltung bringen, weil dem Neuankömmling die Fähigkeit zukommt, selbst einen neuen Anfang zu machen, d.h. zu handeln. Im Sinne von Initiative – ein initium setzen – steckt ein Element von Handeln in allen menschlichen Tätigkeiten, was nichts anderes besagt, als daß diese Tätigkeiten eben von Wesen geübt werden, die durch Geburt zur Welt gekommen sind und unter der Bedingung der Natalität stehen (Arendt, Vita activa, 15).

Die Verschiebung in der Wahrnehmung der Geburt von der Kontinuität des Gattungslebens hin auf den ersten Augenblick einer unverwechselbaren und unwiederholbaren Einmaligkeit verwandelt die Elternschaft aus dem biologischen Ritual der Fortzeugung in den menschheitsgründenden Akt der Stiftung einer neuen Daseinsmöglichkeit.

Initium ut esset, creatus est homo – »damit ein Anfang sei, wurde der Mensch geschaffen«, sagt Augustin. Dieser Anfang ist immer und überall da und bereit. Seine Kontinuität kann nicht unterbrochen werden, denn sie ist garantiert durch die Geburt eines jeden Menschen (Arendt, Elemente, 699). Unter der zusätzlichen Voraussetzung allerdings, dass jedes Leben, das geboren wird, seine Aufgabe darin sehen wird, das in ihm angelegte Neue auch zu verwirklichen, statt fortzusetzen, woraus es entstand, das es in sich trägt, ob es will oder nicht. Das freie Menschsein liegt in einer Zukunft, die die Vergangenheit seiner Herkunft nicht noch einmal ist.

Daß man in der Welt Vertrauen haben und daß man für die Welt hoffen darf, ist vielleicht nirgends knapper und schöner ausgedrückt als in den Worten, mit denen die Weihnachtsoratorien ›die frohe Botschaft‹ verkünden: »Uns ist ein Kind geboren.« (Arendt, Vita, 243).

Das Kind, dessen werdendes Dasein sich nicht als Wiederholung vollzieht, wird zu einem Garanten des Weltvertrauens, das sich gegen die Lebenserfahrung nur so schwer behaupten will.

Nur ein utopisches Wesen könnte von sich sagen: *Für unsereinen ist die Herkunft nicht wichtig.* In sein eigenes Leben gekommen, für das die Herkunft nichts, die Hinkunft alles bedeutet, kann es sich zu einem Menschen machen, von dem sich sagen ließe: *Dieser Mann blickte auch nicht nach rückwärts. Er lächelte nach dort, wohin wir weiterziehen wollten* (Nossack, Das Mal, 256).

Die Sehnsucht nach Bändigung der lebensverstellenden Herkünfte hat ihren Fluchtpunkt in der Utopie ihrer Bedeutungslosigkeit. Ein Leben wird dann ein selbsterfülltes, wenn es von sich wird sagen können, in seinen Anstrengungen seine Geburt aus einem Verhängnis in ein Versprechen verwandelt zu haben. Das ist die Aufgabe jedes neuen Lebens: seinen Beginn aus der Fortwälzung aller jemals entstandenen Ahnenlasten in ein Versprechen an die Welt zu verwandeln, dessen Einlösung deren Fortbestand wünschbar erscheinen lässt.

Krankheit

»Krank werden ist eine Schuld«, sagte er, »und Sterben eine Willensschwäche. Wir müssen uns von all den falschen Gewohnheiten befreien, um wieder gottähnlich zu werden und unsterblich«.

Franz Hessel
›Der Kramladen des Glücks‹ (1913)

Die Welt wird nicht erkannt; sie gibt sich zu erkennen.

Das muss nicht angenehm sein. Schon jeder Schnupfen, so harmlos wie lästig, ist eine Überwältigung. Die Selbstoffenbarung der Welt ist ein unprovozierbares Ereignis. Wenn es geschieht, vollzieht sich keine Erfüllung der umfassendsten Erkenntnissehnsucht -: es tritt ein äußerster Schrecken ein – Apokalypse.

Die vernünftigste Reaktion darauf, krank zu sein, zu versuchen, *bei jeder Widerwärtigkeit aus dem Leibe zu verstehen, was damit gemeint sein kann* (Weizsäcker, Pathosophie, 9), der Krankheit also eine Vernunft zuzutrauen, die der von ihr Betroffene selbst noch nicht hat, erfordert keinen geringen Mut. Denn der Kranke, der sich von seiner Krankheit hat belehren lassen, wird ein anderer geworden sein. *Nicht nur die optischen und akustischen Eindrücke, der Geruch und Geschmack wirken durch ihre Bedeutungen, auch der Schmerz hat einen Sinn, und zwar nicht nur in der Selbstauffassung des Menschen, für das Verständnis des Sinnes seines Daseins, seines Schicksals, seiner Bestimmung. Der Schmerz bedeutet etwas für das gestörte Organ, für die vegetative Organisation, das ›adjustment‹, die Antwort des Leibes. Der Mensch, der Schmerz leidet, hat einen anderen Körper und er ist ein anderer Mensch* (Buytendijk, Schmerz, 157).

Um die damit eröffnete Erkenntnis gewinnen zu können, ist es erforderlich, *sich so weit wie möglich von metaphorischem Denken zu lösen*, denn das ist nicht nur *die gesündeste Weise, krank zu sein* (Sontag, Krankheit, 5), sondern auch die gesündeste, über Krankheit nachzudenken. Damit aber kann nur ein Ziel, kein Weg bezeichnet sein. Denn es ist einer der großen Widersprüche unserer Kultur des Nachdenkens, gerade dann nicht auf Metaphern verzichten zu können, wenn man genau wissen will, was an ›Eigentlichkeit‹ hinter dem ›uneigentlichen‹ Sprechen steht: zu den Wirklichkeiten gibt es keinen anderen Weg als den über ihre Beschreibungen. Daran sollte jeder, der etwas zu erkennen beabsichtigt, sich von Zeit zu Zeit erinnern.

In der Krankheit gibt die Selbstoffenbarung der Welt sich in der Unvollkommenheit ihres Für-den-Menschen-Seins zu erkennen, als ihre Schuldigkeit gegen den Menschen. Unsere Krankheiten belehren uns über uns, indem sie uns offenbaren, *wie* die Welt ist, in der wir leben. Nur wer diese Einsicht nicht ausschlägt, kann gesunden.

Sie sind Zeugen des Vorbehalts, den die Welt gegenüber unserem Sein hegt, indem sie die Tendenz haben, es zu beenden, oder so einschneidend zu verstören, dass es seiner Beendigung gleichkommt. Jede Krankheit nötigt uns dazu, zu erkennen, dass wir sind, wie wir sind, weil die Welt ist, wie sie ist: unsere Nichtselbstmächtigkeit einzusehen.

Vor allem aber machen sie uns bekannt mit der Beschränktheit einer Lebenszuversicht, die in unserer Kultur der Wissenschaften auf den Dünkel des Wissens gegründet ist, das sie mit Kenntnis und Verständnis, sie verkennend, gleichsetzt.

Ich denke also bin ich ist ein Satz eines Intellektuellen, der Zahnschmerzen unterschätzt. (...). Im Leiden kann nicht einmal eine Katze an der Unverwechselbarkeit ihres Ich zweifeln. Im Leiden verschwindet die Welt, und jeder von uns bleibt sich selbst überlassen. Das Leiden ist die hohe Schule der Egozentrik (Kundera, Unsterblichkeit, 249). Und die härteste Probe auf die Selbstverständlichkeit, mit der in der Welt ist, wer von keinen übergroßen Lasten geplagt wird, die seine Kräfte überfordern. Daran, wie einer seine Leiden erträgt, wird deutlich, wie er in die Welt paßt, und ob er gerne lebt.

Die Versehrungen, denen das Menschenwesen in seinen Krankheiten zeit seines Daseins ausgesetzt ist, sind die ständige Wiederherstellung der ursprünglichen Weltunterlassung, es hervorzubringen und sodann sich selbst zu überlassen.

Als solche sind die Versehrungen einer beeinträchtigten Gesundheit die Welt *im* Menschen. Und sie sind es um so mehr, als auf sie mit einer Kultur der Krankheit reagiert wird, die sie einzugemeinden, statt sie auszutreiben sucht. Sie setzt die Reproduktion der Urszene in der leib-seelischen Verfassung des Menschseins auf Dauer. Unter ihren Bedingungen reproduziert die Krankheit den Weltzustand selbst im Menschen.

Die Krankheiten führen das hermetische Welttheater auf der Seelenbühne des Individuums auf.

Eine in ihrer vorlaufenden Einsicht Staunen wie Bewunderung weckende Beschreibung dieser Kultur der Krankheit, wie sie mit der Herausbildung der wissenschaftlichen Zivilisation bis in unsere Tage stetig fortgeschritten ist, hat Marcel Proust gegeben. *Ich hörte an jenem Tage von einem Todesfall, der mir großen Kummer bereitete, es war der Tod Bergottes. Bekanntlich hatte seine Krankheit schon ziemlich lange gewährt. Nicht mehr diejenige offenbar, die er zuerst gehabt hatte und die auf natürliche Weise entstanden war. Die Natur scheint kaum befähigt zu sein, etwas anderes als verhältnismäßig kurze Krankheiten hervorzubringen. Aber die Medizin hat die Kunst erworben, sie in die Länge zu ziehen. Die Heilmittel, die Linderung, die sie verschaffen, das Unbehagen, welches sich einstellt, wenn man in ihrem Gebrauch nachlässig wird, bringen eine Kopie der Krankheit zustande, welcher die Gewöhnung des Patienten eine gewisse Festigkeit und Form verleiht, ebenso wie Kinder regelmäßig noch lange an periodischen Hustenanfällen leiden, nachdem sie vom Keuchhusten geheilt sind. Dann wirken die Mittel weniger, man steigert die Dosis, man erreicht nichts Gutes mehr damit, sondern in Gestalt jener nun Dauer gewordenen Indisposition vielmehr etwas Schlechtes. Die Natur hätte diesen Zuständen eine so lange Dauer nicht zugestanden. Es ist ein großes Wunder, daß die Medizin, die hierin der Natur gleichkommt, uns zwingen kann, das Bett zu hüten und bei Todesstrafe den Gebrauch eines Medikamentes unbedingt fortzusetzen. Von da an schlägt die künstlich aufgepfropfte Krankheit Wurzel und ist zu einer sekundären, doch wirklichen Krankheit geworden mit dem einzigen Unterschied, daß die natürlichen Krankheiten heilen, niemals aber die, welche die Medizin hervorbringt, denn das Geheimnis der Heilung ist ihr nicht bekannt* (Proust, Suche, Bd. 8, 2992 f.).

Dieses ›Geheimnis der Heilung‹ besteht darin, die Gleichgültigkeit der Welt als ›meine‹ Gleichgültigkeit für sie aufzukündigen. Ist diese Aufkündigung erst vollzogen, hat die Krankheit als deren extreme Manifestation keinen Ansatzpunkt mehr.

Unverkennbar bleibt diese Vermutung Teil des gnostischen Syndroms, das sich als Untergrund der neuzeitlichen Existenz immer wieder erweist. Sie zieht die Folge aus dem, was die Gnosis als Durchdringung der metaphysischen Schuldverhältnisse als Bedingung des Menschseins auszeichnet: *Die Aufkündigung des Opferverhältnisses* als ihr *Hauptmerkmal* (Heinz, Der fremde Gott, 120).

Der Angriff der Welt auf den Menschen in Gestalt der Krankheit ist kurz, erst die Kultur in Gestalt der Medizin macht aus ihm ein langes Leiden. Das ›Unbehagen an der Kultur‹ rührt auch daher, dass sie die Feindlichkeit der Welt, die genau genommen ihre Gleichgültigkeit gegen eine ihrer Hervorbringungen ist, reproduziert und verstetigt, und damit gegen ihren anthropologischen Auftrag verstößt, verläßliche Vorkehrungen gegen die stets lauernde Überwältigung der Einzelexistenz durch die Übermacht der gleichgültigen Welt zu treffen.

Krankheiten *haben* nicht nur, sie *sind* vor allem Symptome. In ihnen zeigt sich die Beschaffenheit der Welt, in der die von ihnen befallenen Menschen leben. Krankheiten zeigen ihren Trägern, welche Menschen sie sind; sie konfrontieren sie mit der Unausweichlichkeit einer Selbstbefragung: wollen sie diese Menschen sein, die zu sein ihnen ihre Versehrungen vorhalten?

So werden Diagnostik und Therapeutik zu einer anthropologischen Angelegenheit. Welche Menschen wollen wir sein, welche zu sein müssten wir anstreben, um bestimmte Krankheiten vermeiden, um uns vom Zwang ihrer Reproduktion befreien zu können? Heilung ist der Grenzwert einer Kulturanamnese. Als ›gestörte‹ Formen des In-der-Welt-Seins spiegeln Krankheiten die Bedingungen, unter denen wir in der Welt sind, die aus den Entäußerungen des menschlichen Lebendigseins unablässig entsteht.

Eine Gleichung von Mensch und Welt ist nicht herstellbar (Kamper, Simulation und Negentropie, 142). Aber das heißt nicht, dass es sie nicht gäbe: sie ereignet sich. Als Kranke sind wir Medien einer Selbstmanifestation der

Welt. Die Geisteskrankheit ist gleichsam der im Gefängnis seiner Personifikation im subjektiven Geist eines Individuums gefangen gesetzte objektive Geist, der gegen seine Beengung rebelliert, indem er den subjektiven Geist zur Entgrenzung zwingt. Deshalb hilft keine erkenntniskritische, keine epistemologische Bescheidenheit, die auf Objektivität verzichtet, denn diese ereignet sich in vollkommener Unabhängigkeit. Jede Krankheitserfahrung des Überwältigtwerdens bekräftigt Wittgensteins Satz Nr. 6.373 im ›Tractatus‹: *Die Welt ist unabhängig von meinem Willen.*

Vor allem sonst ist es diese sich immer wieder erweisende Unbezweifelbarkeit, die eine nachmetaphysische Ontologie erfordert, die sich den Überwältigungen auf die Spur setzt. Ihre Perspektive hebt die abendländisch-pragmatische Wirkrichtung vom ›Subjekt‹ aufs ›Objekt‹ auf und kehrt sie um zur Unwillkürlichkeit, mit der ›Objekt‹ sich im ›Subjekt‹ ereignet.

In einer knappe drei Druckseiten umfassenden Studie, der Pionierrang in der Ermöglichung dieser Wendung zukommt, hat Hans Lipps sie als einer der ersten anhand des Phänomens der ›Platzangst‹ vollzogen.

Nur der Mensch, für den das: nicht von sich aus das sein können, was er doch gerade ›selbst‹ zu sein hat, eine spezifische Nichtmächtigkeit bedeutet, kann Angst haben (Lipps, Platzangst, 105-107). Sie ist die Welterfahrung des selbstlosen Menschen, deren Überwältigung ihn zu einem weltlosen Wesen macht.

Die Gefährdung liegt hier in seinem selbst. Der Platzangstkranke schreckt zurück vor der Weite des sich selbst ins Unendliche gleichsam fliehenden Raumes. Das wovon er beeindruckt wird ist nicht der in seiner Endlosigkeit doch ›gerichtete‹ Raum unseres Daseins, in dem man Orte bestimmen und sich irgendwo aufhalten kann. Beides – das Versuchende des Abgründigen und das Verlockende des Unbekannten ist von dem Eindruck, unter dem Platzangst steht, darin unterschieden, daß hier schlechthin im Menschen etwas dem Abgründigen entgegenkommt. In der Angst wird lebendig was einem in einem selbst zunächst verborgen ist. Man kann der Versuchung als einer Anfechtung nichts entgegensetzen. (...) Die Leere des Raumes wird transparent auf die Welt hin, der man ausgeliefert ist. Dasein ängstet sich um sich selbst als Dasein (Lipps, a.a.O.).

Das ist schon beinahe jene »Pathognostik«, die eine Generation später zur bedeutendsten Dissidenz der Psychoanalyse werden sollte[2] (Heinz, Logik und Inzest. – grundlegend: Dialogue Intérieur, in: Bd. III, 65 – 83).

Krankheit ist ontische Erkenntnis. Unwillkürlich, und unwiderlegbar. Das Vakuum, das die menschliche Selbst-Losigkeit in der Konfrontation mit der ungewissen Welt öffnet, wird von den Dingen und Situationen, die die Welt bilden, zur Überwältigung des Selbst schlagartig gefüllt. Krankheit

2 In ironischer Brechung beruht der eigene Kunstmythos der ›Pathognostik‹ auf der metapsychologischen ›Umbesetzung‹ der Zentralelemente des psychoanalytischen Schlüsselmythos: *der Gehalt des Ödipuskomplexes besteht im Urverbrechen sozusagen, die Ausbildung des Selbst auf das Opfer des eigenen Ursprungs, zumal im Hinblick auf das Andere des Geschlechts, des Mutterkörpers also, gründen zu müssen. Der Scheinausweg aus dieser letalen – um es paradox zu sagen, den Tod allererst begründenden – Verschuldung besteht darin – und hier unterscheidet sich die Pathognostik von der Psychoanalyse einschneidend, unter dem Schein des Untergangs des Ödipuskomplexes denselben ins Naturverhältnis hinein zu verschieben und in die resultierenden Arbeitsprodukte, die toten Dinge, die schlechterdings als Unterpfand des wohlfundierten Selbst mitgelten, einzuschließen. Diese Dinge also fungieren, weil sie tot sind, nach dem Vorbild der Leiche sozusagen, als einzigartige Instanz der Schuldabsorption oder besser – dem Illusionismus des unanstößig Toten der Dinge gemäß – überhaupt als Exkulpation. Freilich kann diese Abendlandrechnung nimmer aufgehen, und entsprechend dringt dem unschuldig Ding die ödipale Schuld aus allen Poren; zumal es zum Untergang des untergegangenen Ödipuskomplexes, seiner Wiederkehr nicht minder in den Dingen selber letztlich, wenn sie als Waffen diesen ihren Begriff erfüllen. Demnach nähme die Brückenphobie die Brücke als Kriegsdingvollendung vorweg: die einstürzende Brücke; was freilich mit der Angst vor einem möglichen Brückeneinsturz nichts zu tun hat* (Rudolf Heinz, Logik und Inzest, a.a.O., III, 72 f.. – Vgl. ders., Oedipus complex. Zur Geneaologie von Gedächtnis, Wien 1991). Die Schuld eines jeden neuen Daseins gründet im Opfer seines eigenen Ursprungs, die es damit zu sühnen sucht, daß es sich an der Produktion der Zivilisation und ihrer Verdinglichung der Welt beteiligt, die sich in der Herstellung von Vernichtungsmöglichkeiten vollendet und die Spitze ihrer Fertigkeiten jeweils erreicht: alle technischen Fortschritte folgten aus der Fortentwicklung von Kriegsmaschinen. So kehrt die kulturelle Selbst-Entschuldung des Menschen sich in ihr Gegenteil um, indem sie die schuldbegründende Vernichtung ihres Ursprungs stetig als Möglichkeit präsent hält. Im Leben des Einzelnen kehrt die in die Objektivität der Dingwelt der Zivilisation abgeleitete Urschuld als Pathologie wieder, deren eigene Auslösungsfaktoren sie als unbewußte Erkenntnis des Seinsstatus der ›Schuld‹ ihrer Auslöser zu erkennen geben. Der Zirkel der Verschuldungen und Entschuldungen bleibt zivilisatorisch geschlossen. Wir entkommen der Schuld nicht, weil sie von den Dingen und Verhältnissen bewahrt wird, die wir schaffen, um sie los zu werden. Die Zivilisation ist die Erzeugung von Dingen und Verhältnissen, die den Schein schuldlosen Daseins erwecken. Der Kranke erlebt das Verschwinden des Scheins. Er spürt die Vorbeben des Aufstands der Dinge gegen ihren Mißbrauch als Ersatz und Stellvertreter einer nicht gelingenden Vermeidung von Daseinsschuld.

ist ein Ereignis nichtintentionaler Anthropologie: selbstlose Selbsterfahrung als Erlebnis der Weltverschränktheit. Indem der Mensch unter ihrer Gewalt von dem überwältigt wird, was er nicht ist, ist er daran gehindert, zu sein, was er ist, sein will, sein könnte.

Für den Kantianer Freud besteht die ursprüngliche Weltvorenthaltung darin, dass die Konstitution unserer Erkenntnisvermögen jede Wissenschaft darauf beschränkt, *zu zeigen, wie uns die Welt infolge der Eigenart unserer Organisation erscheinen muß*. Für die Begründung der Psychoanalyse ließ sich dieser grundlegende Umstand dahin akzentuieren, *daß das Problem einer Weltbeschaffenheit ohne Rücksicht auf unseren wahrnehmenden Apparat eine leere Abstraktion ist, ohne praktisches Interesse* (Freud, Zukunft einer Illusion, 91. – vgl. Heinz, Kantianismus). Die Welt, die sich den Menschen vorenthält, ist nur daran erkennbar, *wie* sie von ihnen erfahren wird. Statt sich unseren Vermögen darzubieten, offenbart die Welt sich in unseren Versehrungen: die Krankheit ist die Apokalypse der Welt, eine plötzliche Offenbarung dessen, wie sie ist, zu der unsere Erkenntnisvermögen keinen direkten Zugang haben.

Als Kantianer hätte Freud den entscheidenden Wink erhalten können. Aber Kantianer war er, wie die meisten seiner Zeitgenossen, wohl nur als gebildeter Mann, nicht als ein Leser Kants, zu dem er, an dem Ludwig Binswanger ein irritierend *geringes philosophisches Bedürfnis* auffiel (Binswanger, Erinnerungen, 18. – zu den Beziehungen zwischen Psychoanalyse und Philosophie: Heinz, Artikel Psychoanalyse II, 1576-1590), wohl nie wurde. Wäre er einer geworden, hätte er über einen kantischen doppelten Genitiv stolpern können, der ins Zentrum des Problems hineinversetzt.

In seiner ›Anthropologie in pragmatischer Absicht‹ von 1798 handelt Kant im vorletzten Kapitel des ersten Buches, das dem Erkenntnisvermögen gewidmet ist, *von den Schwächen und Krankheiten der Seele in Ansehung ihres Erkenntnisvermögens*. Dort gibt er in den Paragraphen 42 bis 50 eine Klassifikation der Geisteskrankheiten.

Die Krankheiten der Seele bezogen auf ihr Erkenntnisvermögen zu studieren, hat nicht nur den einen, hier nur gelesenen, Sinn, Störungen der Seele als Krankheiten zu begreifen, sondern dazu den überlesenen, die Krankheiten in Ansehung ihres – nämlich ihres eigenen – Erkenntnisvermögens zu verstehen: im doppelten Genitiv ist der Wink versteckt, die kranke Seele verfüge über Erkenntnismöglichkeiten, die die gesunde nicht hat. Es ist die Erkenntnis der Welt in ihrem eigenen Sein, dem von der eigenen Seinserfahrung derer, die sie in ihren Handlungen und Unterlassungen miteinander bilden, unabhängigen Sein. In den Krankheiten manifestiert sich die vollzogene Autonomisierung der Welt als Integration der menschlichen Werke.

Die Erkenntnis dieser Welt-Erkennung, die selbst unmittelbar keine Erkenntnis, sondern ein Erleiden, dem subjektiven Willen entzogen ist, bleibt demjenigen, dem sie geschieht – in den meisten Fällen –, versagt, der sie als zufälliges Geschick erlebt, das ihm angetan wird, ihn aber als den, der er ist, als der zu sein er sich erlebt, nicht angeht. Das derart Zugefallene wird als Fremdes schlechthin erlebt, nicht als Entäußerung des Eigenen auf dem Umweg einer Selbstdarstellung des Fremden, eben der Welt, in deren Bezüglichkeiten das beanspruchte Eigene nur Realität haben kann.

Aus diesem Komplex einer unbewußten Erkenntnis, die sich einem Menschen als Offenbarung der Welt mitteilt, ergibt sich als wichtigste Umkehrfolgerung, dass es so etwas geben muss wie einen Wirklichkeitsfilter, ein Weltsieb gleichsam; eine dämpfende Schicht zwischen Reizaufnahme und Reizwirkung, zwischen Wahrnehmung und Bewußtsein, die sicherstellt, dass man sich in der Wirklichkeit angemessen, zuverlässig und zuversichtlich orientieren kann, ohne sie dazu erkannt haben zu müssen. Ihre uneingeschränkte, nackte Erkenntnis ist der Augenblick, in dem diese Schutzschicht versagt, die Selbstoffenbarung der Welt sie durchdringt und den überwältigten Einzelnen an die Wirklichkeit der Welt, wie sie an sich ist, unmittelbar ausliefert. Dieses unprovozierbare – und deshalb wissenschaftlich kaum greifbare – Ereignis ist eine absolute Überforderung aller Befähigungen dessen, der sich ihm ausgesetzt findet. Als Notwehr reagiert das überwältigte innerste Menschenwesen mit dem, was sich seiner Umwelt als Geistesstörung, als Wahnsinn, als Abweichung und Weltunverträglichkeit mitteilt.

So bedarf es neben der Anstrengung, die Leiden der Krankheiten als Momente möglicher Selbsterkenntnis des Einzelnen zu begreifen (vgl. Schmid, Schmerzen, in: ders., Lebenskunst, 340 – 349) vor allem einer Disziplin der unwillkürlichen Erkenntnis, die die Offenbarung der Welt im kranken Individuum diesem über seine eigene Verfassung als Spiegel seiner Welt zuteil werden lässt.

Sie erschließt sich aus dem *Zusammenhang von Wahrheit und Krankheit*, den Victor von Weizsäcker als *ein ontologisches Verhältnis* offenlegte, als er den Entwurf seiner medizinischen Anthropologie 1927 der Kölner Kantgesellschaft vortrug. Mit der im Entstehen begriffenen Idee des *Gestaltkreises*, der *Organismusinnenwelt und -umwelt in einer Ganzheit* umfaßt, sucht er der Ureinsicht von der Untrennbarkeit von Körper und Seele eine wissenschaftlich unanfechtbare neue Basis zu geben. *Jede Somatotherapie hat auch eine psychische Bilanz und umgekehrt* (Weizsäcker, Medizinische Anthropologie, 40; 46). Krankheit und Gesundheit sind keine Gegensätze; sie sind das jeweils Andere Desselben. Sie bezeichnen Zustände der menschlichen Verfassung, die sich nach der Beziehung, die ein Mensch zu der Welt hat, in der er lebt, unterscheiden. An der Erfahrung des Schmerzes erschließt sich der Zusammenhang. *Dem Sitz des Schmerzes in der Lebensordnung müssen wir also nachspüren oder: am Ariadnefaden der Schmerzen ist ein Gefüge der Lebensordnungen aufzuspüren, derer nämlich, welche eine fleischgewordene Wahrheit, die Fleischwerdung einer Wahrheit anzeigen, nämlich einer Lebenswirklichkeit; denn ein Schmerz kann nur dort auftauchen, wo eine echte Zugehörigkeit bedroht, ein echtes Zeugungsopfer gespendet wird. So wird die Wahrnehmung des Schmerzes verwandelt in eine Kritik der Wirklichkeit, in ein Instrument der Scheidung von echt und unecht in der Erscheinung des Lebendigen.* Mit der Erkenntnis der Erkenntnis, die der Leib macht, indem er leidet, *öffnet sich ein Blick ins Weltgefüge: wo Seiendes schmerzfähig ist, da ist es wirklich gefügt, nicht nur ein mechanisches und räumliches Nebeneinander, sondern ein wirkliches, das heißt lebendiges Miteinander. Und so kommt es zur neuen Stufe unserer Schmerzerkenntnis: es ist ein Gefüge da, eine Ordnung, die nicht schmerzlos gestört werden kann* (Weizsäcker, Stücke einer medizinischen Anthropologie, 1927, II: Die Schmerzen, in: a.a.O., 62-148; 89-105; 101 f.).

Aber wer oder was stört? Der Mensch die Ordnung, die Ordnung den Menschen? Nach der Idee des Gestaltkreises vom zirkulären Ineinandergreifen der Elemente des Lebens- und Weltprozesses kann es kein Entweder-Oder geben, nur ein Sowohl-als-Auch. Das wird eine popularisierte ›ganzheitliche‹ Medizin zwei Generationen später wieder vergessen haben, die die Krankheiten des Menschen aus seiner schuldhaften Störung der Weltordnungen herrühren sieht, die sie bevorzugt als Natur versteht.

Dagegen bleibt darauf zu bestehen, dass das Wechselverhältnis, nach dem keine Regung in der Welt, von welchem ihrer Elemente auch immer, ohne Folgen für andere bleibt, jede eine Schuld nach sich zieht, eine objektive Weltschuld beinhaltet, die sich in der subjektiven Versehrung des einzelnen Menschen durch eine Krankheit gerade dann zu erkennen gibt, wenn sie die Folge seines eigenen Verstoßes gegen die Wechselbeziehungen ist, in denen er mit seinem Leben steht. Die Unvermeidlichkeit, immer auch etwas Falsches zu tun, das die unüberschaubaren schlimmsten Folgen gerade für einen selbst verschulden kann, macht die Schuld zum Inbegriff und Urphänomen eines Weltgefüges aus psychophysischen Wechselwirkungen.

Victor von Weizsäcker trug dem Rechnung, als er 1950 ins Zentrum der sein Lebenswerk zusammenfassenden ›Pathosophie‹ den Begriff der *unbewußten Schuld* stellte (Göttingen 1956, 54, passim). Im zehnten Jahr der schuldverseuchten Nachkriegszeit, mitten in der Wiederherstellung erwerbsstolzer Gemütlichkeit und selbstzufriedener Normalität veröffentlicht, musste das Folgenlosigkeit für dieses grundlegende Werk bedeuten, abgesehen von dem Grundimpuls, den es zur Ausbildung der psychoanalytischen Psychosomatik gab (Mitscherlich, Krankheit als Konflikt. – zu Weizsäckers eigener ›Gestalt‹ vgl. Sternberger, Erinnerung an Viktor von Weizsäcker).

Die doppelte Grausamkeit der Schuld der Welt liegt darin, dass sie dem Menschenwesen nicht nur die *Spaltung* von dem auferlegt, worin es seine Wirklichkeit suchen muss, sondern dass sie sich selbst nur unter der Bedingung einer Beschädigung der Erkennenden erkennen lässt.

Soll daraus kein endgültig ›tragisches Lebensgefühl‹ entstehen, Melancholie nicht zur anthropologischen Grundverfassung schlechthin werden, wie sie es in der antiken Kultur einer Schicksalhaftigkeit göttlicher Spielerei gewesen sein muss, die nur durch ein noch über den Göttern angesiedeltes Schicksal, freilich ebenso unzugänglich, abgemildert wurde, so bedarf es einer ›Umwertung‹ von Krankheit. Sie ist als individuell verstörender Einbruch einer Erkenntnis der ansonsten entrückten Welt ein Stück kulturelles Erkenntnisvermögen. In ihren Krankheiten besitzt eine Kultur Spiegel dessen, welche Formen des Menschseins sie zulässt, und welche davon sie verbindlich macht. Die Erkenntnis des jeweils individuellen Erlebnisses äußerster Beeinträchtigung des Menschseins kann zur Klärung seiner Möglichkeiten werden.

Diese Umwertung im Erlebnis unwillkürlicher Erkenntnis kann als ein Akt individueller Selbstbefreiung wahrgenommen werden. Ende Januar 1890 schreibt Vincent van Gogh in einem Brief an John Russel: *Wenn es auch keine fröhliche Sache ist, krank zu sein, habe ich trotzdem kein Recht, mich darüber zu beklagen, denn es scheint mir, daß dank der Natur die Krankheit eher ein Mittel ist, uns wiederaufzurichten, zu heilen, als ein absolutes Übel* (Gogh, Briefe, 135 f.). Die Kraft, diese Möglichkeit einer Umprägung der Krankheit zu einem Mittel der Gesundung von der weltverschließenden ›Normalität‹ zu denken, hatte van Gogh noch; die, diese Umprägung zu leben, nicht mehr.

Als die wichtigste Bedingung dafür, dass solche Umprägung gelinge, muss zunächst eine Lösung von der Welt erscheinen, eine gelingende Anstrengung, die Welt loszuwerden, wenn die das Menschsein versehrende Krankheit deren Erkenntniseinbruch ins Subjekt ist. Aber genau diese Lösung von der Welt geschieht in der Krankheit als Ereignis unwillkürlicher Ontologie. Die Welt wird vom kranken Subjekt nur deshalb durch dessen Überwältigung erkannt, weil es die Schuld, zu sein, auf sich genommen hat. So gilt es, als Bedingung von Gesundung, nicht die Welt, sondern die falsche Zurechnung der Schuld loszuwerden.

Ontologisch lassen sich zwei einander entgegengesetzte Grundformen von Existenzentwürfen unterscheiden: die, welche die *Weltunschuld* anerkennt, und die, die *Weltschuld* voraussetzt.

Extreme Krankheitsformen wie die Schizophrenie erscheinen dann als Manifestationen einer Unfähigkeit, eines Gehindertseins, einer dieser

Grundformen ausschließlich zu folgen. Der Schizophrene springt unkontrollierbar in seiner Person zwischen Verhaltensformen der Weltunschuldsanerkennung und solchen der Weltschuldvoraussetzung hin und her. Das zerreißt ihn. In ihm besteht die Welt auf ihrer Unschuld, die er nicht anerkennen kann, will er selbst sein können. Will er seine eigene Realität bewahren, muss er sich der Realität der Welt entziehen.

So erweist sich der von Freud als für Psychosen charakteristisch vorausgesetzte Realitätsverlust (Freud, Realitätsverlust) als eine Strategie zur Umgehung der objektiven Realität im Dienst der Sicherung einer subjektiven, im Sinne der von Laplanche und Pontalis beschriebenen sekundären Restauration des Objektbezuges (Vokabular, Bd. 2, 413-417).

Die erfahrene Weltlosigkeit des ungeliebten Kindes - die in der Genese von Psychosen am häufigsten auslösend sein wird – , unterwirft einem unabweisbaren Zwang, ein Leiden zu wählen, dessen Passion die eigene Lebensunmöglichkeit, mit der die Geburt das ungewollte Leben im ersten Moment seines Daseins belastet, rechtfertigt. Die organische Ausprägung der Psychose kehrt die eigene Elendsverfassung, in der Welt, aber nicht für sie sein zu dürfen, in unübersehbarer Offensichtlichkeit hervor. Das unvermeidlich provozierte und ausgehaltene Leiden verklagt die Welt ihrer größten Schuld, ins Leben gebracht, ihm aber das unentbehrliche Minimum an Weltzugehörigkeit vorenthalten zu haben.

Das Leiden ist als absolute Erfahrung der Entbehrung die absolute Erkenntnis der Welt.

Es ist diese Erkenntnis, die sich als Versehrung in einer Seele ereignet, die ihr schutzlos ausgeliefert ist, was sie in jenen Zustand der Selbstfremdheit versetzt, der sie gegen sich selbst rebellieren und das Selbstopfer an sich vollziehen lässt, indem sie ihrerseits den Körper, in dem sie lebt, überwältigt und ihm Dysfunktionalitäten auferlegt, die der überwältigte Mensch als Krankheit zu durchleben hat. Dann *beeinflußt auch der Geist ganz nachhaltig den Körper, indem er durch seine Leidenschaften erstaunliche Verwandlungen wie Melancholie, Verzweiflung, grausame Erkrankungen und bisweilen selbst den Tod zu bewirken vermag. Deshalb sagt Platon die Wahrheit, wenn er im*

›Charmides‹ formuliert: Alle körperlichen Gebrechen haben seelische Ursachen (Burton, Melancholie, 196).

Es gibt deshalb keine harmlose Krankheit. Als Rücknahme der Welteinfügung im Vorgang der Geburt ist jede Krankheit eine zum Tode. *Krankheiten der Seele können den Tod nach sich ziehen und das kann Selbstmord werden* (Lichtenberg, Sudelbücher, Heft F, 1776-1779, Nr. 352). Die überwältigte Seele, die in die Erfahrung ihrer Weltunzugehörigkeit einwilligt, die Weltschuld als eigene Schuld anerkennt, muss ihre weltliche Verfassung auflösen, was sie nur kann, indem sie die Funktionen des Körpers, als der sie in der Welt existiert, lahmlegt. Wer nicht leben kann, weil er überzeugt ist, in diese Welt nicht – mehr – eingepaßt zu sein, wird die Krankheit ›bekommen‹, die sein Leben als Irrtum der Welt beendet.

In jeder Krankheit regt sich die Erwägung einer Seele, ob dies nicht geboten sei. Denn die Drohung der Weltlosigkeit lässt sich nicht ein für alle Mal in einem Leben abwenden, wenn ihre Abwehr nicht bereits im Moment seines Beginns in der Welt geschah. Dieses Versäumnis, auf das niemand irgendeinen Einfluß üben kann, ist das größte Risiko jeder Geburt. Das Leben, das von ihm gezeichnet ist, wird die Schwermut kennenlernen und mit ihr die Versuchung zur Selbstauflösung (vgl. Guardini, Schwermut).

Was Klugheit und Beobachtung immer schon wissen ließen, was Platon in der Ursprungszeit Europas seine Sprachrohrfigur Sokrates in einem Dialog entwickeln ließ, was Robert Burton zu Beginn der Neuzeit als Anatomie der Melancholie entfaltete und Lichtenberg zu Beginn der Aufklärung in einem Satz zu sagen wußte, musste vergessen – gemacht – werden, damit es die Wissenschaften der Medizin unberücksichtigt lassen konnten, die ihre Ansprüche und ihre Erfolge darauf gründeten, sich ausschließlich um die Körperlichkeit des kranken Menschen zu kümmern, indem sie ihr neues Wissen aus der Obduktion von Leichen bezogen.

Da die Epoche der umfassendsten wissenschaftlichen Mobilisierung, die mit dem Ersten Weltkrieg begann, nichts als Wissen gelten lässt, das keine Wissenschaft als Befund anerkannt, ist die Geschichte der Wiederentdeckung der medizinischen Ureinsicht bis heute nicht abgeschlossen (vgl. Starobinski, Krankheit als Mißgeschick). Die Psychosomatik gehört nicht zum Kanon der ärztlichen Ausbildung. Es bleibt der Intelligenzlaune des Hausarztes überlassen, in seinen Behandlungen das gesundheitsbedingende Zusammenspiel von Körper und Seele, von Seele und Geist zu berücksichtigen, oder es bleiben zu lassen. Keiner, der in diesem Zentralpunkt am Ende seiner Ausbildung ignorant ist, gefährdet damit seinen Zugang zur ärztlichen Praxis im geringsten; den seiner künftigen Patienten zu ihrer Gesundheit dramatisch.

VIII
Weltversagen am Menschen: Die Fremde

Es heißt freilich, ›im engen Kreis verengert sich der Sinn‹,
und in den meisten Fällen mag es zutreffen. Aber doch nicht
immer, und jedenfalls hat das Weltfremde
bestimmte große Vorzüge.

Theodor Fontane
›Der Stechlin‹

Nur in der fremden Schönheit
ist Trost, in der fremden
Musik und in fremden Gedichten.
Nur bei den anderen ist Erlösung,
auch wenn die Einsamkeit so wie Opium
schmeckt. Die anderen sind nicht die Hölle,
sieht man sie morgens, wenn
ihre Stirnen rein sind, vom Traum gewaschen.
So denke ich lange darüber nach, welches
Wort ich gebrauchen sollte, er oder du. Jedes er
ist Verrat am du, doch dafür
wartet treu im fremden Gedicht
das kühle Gespräch.

Adam Zagajewski
›In der fremden Schönheit‹

Erlebt wird die Fremdheit als ein Mangel in der Beziehung von Menschen; in ihrem Ursprung aber ist sie die Grundeigenschaft des Verhältnisses der Menschen zur Welt. In ihr manifestiert sich eine ursprüngliche Mangelhaftigkeit ihrer Daseinsbedingungen, die sich in ihren Existenzerfahrungen reproduziert.

Um sie überwinden zu können, kommt alles darauf an, die erlebte *Fremdheit* als *Fremde* zu verstehen. Was sich zwischen Menschen so belastend und zerstörend als Fremdheit auftut, ist die dauerhafte Resonanz dessen, was vom Urgrund der menschlichen Daseinsbedingungen her in jedes neue Einzelleben wirkt: Erbe der Herkunft eines Wesens, das in der Welt entstanden ist, ohne dass diese darauf schon vorbereitet war. Die Welt hat ihr Versäumnis nicht nachgeholt. In der Fremdheitserfahrung aktualisiert sich die ›anthropologische Differenz‹, die jedes Menschenleben in der Unterschiedenheit seiner Seinsverfassung von seiner Existenzerwartung prägt (vgl. Steffens, Wiederkehr, 78-86).

Wenn derjenige ein Fremdling in der Welt zu nennen ist, der nicht weiß, was in ihr vorhanden ist, so ist der nicht weniger ein Fremdling, der nicht weiß, was in ihr geschieht (Marc Aurel, Selbstbetrachtungen, 4. Buch, Kap. 29).

Der Rationalismus des römischen Philosophen auf dem Kaiserthron bezeichnet jenen Optimismus des Wissens, der mit der Erfindung der Wissenschaften der Neuzeit zur verbindlichen Lebenshaltung geworden ist, die Beseitigung aller Lebensbeeinträchtigungen von der Verbesserung des Wissens zu erwarten. Diesem Selbstvertrauen des Denkens steht die Erfahrung gegenüber, dass es Beeinträchtigungen gibt, gegen die es gar nichts hilft, sie noch so gut zu ›wissen‹. Sie bleiben dem handelnden Willen, der sich von seinem Wissen leiten lässt, entzogen. An ihre Ursachen reicht kein Handeln heran.

Die Befremdung durch die Welt ist das elementarste dieser autarken Phänomene der Beeinträchtigung. Sie verschwindet nicht mit der Übersetzung ihrer Erfahrung in den Zustand mangelnden Wissens von der Welt: sie reicht tiefer als jede Weltfremdheit.

Als Schwäche dem Menschen zugeschrieben, wird ihr Fremdsein von der dauerhaftesten europäischen Tradition menschlicher Selbstwahrnehmung in Kunst und Philosophie als Bestimmung der Welt bezeugt.

Es sind die Erlebnisse, in denen wir *einer fremden Welt gegenüberstehen* (Witkiewicz, op.cit., l.c. 201 f.), die die Welt als Fremde zu erkennen geben. Alles kommt darauf an, zu begreifen, dass die Erfahrung des Fremdseins-in-der-Welt keine Offenbarung einer Grundeigenschaft des Menschseins in ihr, sondern eine der Welt ist. Es liegt nicht am Menschen, ob er die Welt als Fremde wahrnimmt, oder nicht; er muss es nicht, und die meisten Menschen bleiben in ihrem Leben überwiegend von dieser Erfahrung verschont; aber wenn sie sich einstellt, so rührt sie nicht aus der Konstitution des Menschen, dem sie sich aufzwingt, sondern aus der Verfassung der Welt, in der er sein Leben zubringt.

Die ›Fremde‹ der Welt ist mehr als nur ihre Unkenntnis. Diese ist nur das geringste der Symptome, in denen sie sich als unhintergehbare Grundbedingung ihrer menschlichen Erfahrbarkeit erweist. Als ›Stimmung‹ möglicher Welterfahrung ist die Weltfremde durch kein Weltwissen überschreitbar. Wie die mittelalterliche »Weltaskese« Voraussetzung für die neuzeitliche »Weltmächtigkeit« war (Blumenberg, Licht), so ist die Anerkennung der Weltfremde Voraussetzung eines bewußten Weltlebens.

So sehr der ›Weltschmerz‹ als romantische Attitüde Karriere gemacht hat, so wenig ist er Sache persönlicher Unzulänglichkeit. Der Melancholiker erlebt die Welt nicht falsch, wie das Unverständnis aller Tüchtigen es ihm allzeit vorhält, sondern unbeschönigt: ihm teilt sie sich mit. Das christliche Verständnis der Melancholie als Trauer über den Sündenfall, der die Ordnung der Welt begründete (Klibansky, Saturn, 141-144), kannte sie noch als die unverstellte Erfahrung der Verfassung, die die Welt für den Menschen hat. Dem Zeitalter, zu dessen Grundüberzeugung der Weltbesitz wurde, ist diese Einsicht verlorengegangen.

Als wesentlichste Propädeutik hat eine sich erneuernde Anthropologie deshalb die kurzatmig psychologisierende ›Weltfremdheit‹ durch die Kategorie der ›Weltfremde‹ zu ersetzen. Deren Erfahrung ist die objektivste, die es gibt: in ihr wird die Grundeigenschaft der Welt für den Menschen zur Grundtönung seiner Selbsterfahrung in ihr. Die Fremde ist die Welt im Menschen.

Die Tragfähigkeit jeder anthropologischen Aussage hängt davon ab, wieviel sie dazu beizutragen hat, diese Umwertung der Fremde von einer subjektiven Schwäche des Menschen angesichts der Welt zum objektivsten Mangel der Welt duchzuführen.

Eine Philosophie der Subjektivität hat sie zwar zu berücksichtigen, lässt sich auf sie aber nicht gründen; wohl aber eine Philosophie der Objektivität. Die Fremde repräsentiert im Menschen das Sein, in dem er als dessen – für sich selbst uneinsichtiges – Teil existiert. Aus der Erfahrung der Nichtselbstmächtigkeit eines Subjektes, das sich seiner selbst bewußt ist, erwächst die Kenntnis, dass es eine Welt gibt, in der wir leben, gerade *sofern* wir uns als eines ›Ich‹ bewußt sind (vgl. Henrich, Bewußtes Leben, 69 f.).

Als Symptom einer subjektiven Beeinträchtigung der Weltfähigkeit erlebt, erweist die bedachte Fremde sich als das objektivste Symptom der Daseinsverfassung.

Es ist das Versagen der anthroponeutralen Welt, dem Wesen, das unter ihrem Gewicht kaum zu leben weiß, dennoch unentbehrlich geblieben zu sein. Will es leben, muss es die Last der Welt tragen. Das Medium des Menschenlebens ist so geartet, dass es neben seinen Ermöglichungen auch seine Be- und Verhinderungen untrennbar enthält.

Als eine Erfahrung des Miteinanderlebens ist die Fremdheit zwar ein gesellschaftliches Phänomen. Ihre Ursache aber ist nicht gesellschaftlich. Im Gegenteil: was sie bewirkt, gehört zum Ursprung jeder Gesellschaft. Sie liegt in der Fremdheit auf Gegenseitigkeit zwischen Mensch und Welt, deren Unverfügbarkeit das ontoanthropologische Grundverhältnis des Menschseins bestimmt. Alle menschlichen Sozialverhältnisse spielen sich diesseits dieser Elementarbedingung unseres Seins ab, indem sie damit beschäftigt sind, seinen Folgen erträgliche Formen zu geben. Alle sozialen Unzulänglichkeiten sind – jenseits aller unmittelbaren menschlichen Motivationen, die jeder Verantwortlichkeit uneingeschränkt unterliegen – Reproduktionen der ursprünglichen Gleichgültigkeit der Welt um das Menschsein. In der Wiederherstellung dieser Gleichgültigkeit lauert der Umschlag menschlicher Verhältnisse in Unmenschlichkeit. Indem die Menschen sich vor ihr in Schutz und Sicherheit zu bringen streben, bereiten sie einander Verhältnisse, die die Fremdheit zu einem Maß steigern, das die Gleichgültigkeit der Welt nicht kennt. In Akten einer anthropologischen Notwehr der um ihre Möglichkeit fürchtenden Menschlichkeit führt sie jene Gleichgültigkeit immer wieder zu der äußersten Konsequenz, zu der es die Welt selbst im Verhältnis zum Menschen nicht kommen lässt: der Vernichtung (vgl. Steffens, Wiederkehr, 161-185).

Zwar liegen die unmittelbaren Ursachen jener Belastungen, als die wir das Fremdsein erleben, in den Weisen, wie Menschen miteinander umgehen; aber diese zwischenmenschlichen Verhaltensweisen, die das Erleben des Fremdseins verschulden, sind selbst Reaktionen auf die ursprüngliche Befremdung, deren Wirken als Verfassung der Welt jeder möglichen Menschenhandlung absolut entzogen ist.

Das Erleben der Fremdheit, das Menschen einander bereiten, ist eine ihrer Manifestationsformen, in denen das menschliche Einzelleben sich als Schauplatz offenbart, auf dem das Sein der Welt sich abspielt. Wir sind Weltfunktionen. Was und wie wir sind, sind wir, weil sich mit und in uns die Existenz dessen ereignet, woraus wir sind.

Die Erfahrung der Weltfremde ist eine Erfahrung *in* der Welt: in ihr gibt sie sich uns am unwiderleglichsten als das zu erkennen, dessen Bestandteil wir sind. Alles kommt darauf an, zu verstehen, dass die Gegensätzlichkeit zwischen Welt und Mensch die *innerweltliche* Grundbedingung des Menschseins ist. Ihre Fremdheit trennt uns zwar von der Welt; aber sie bezeugt, dass wir uns nicht außerhalb ihrer befinden, wenn wir sie erfahren. Wer die Welt als fremd erfährt, erfährt eben darin die Welt. Wirklich ›weltlos‹ könnte nur sein, wer von ihr nie das geringste erfahren hätte. Wer in ihr lebt, kann nicht weltlos *sein*, sich nur als weltlos erleben. Die Erfahrung der Unzugehörigkeit zur Welt ist die eindrücklichste Erfahrung, die sich von ihr machen lässt: sie ist ihre *Erkenntnis.*

Eine umfassendere und bestimmtere kann es nicht geben. Was jeder, der sie macht, als Erfahrung tiefster persönlicher Unzulänglichkeit erlebt, ist tatsächlich die objektivste aller möglichen Erfahrungen: die Erfahrung der

Welt als das, was sie wesentlich ist: menschenneutral. Fremd können wir uns in ihr finden, weil sie an uns nicht interessiert ist. Diese ursprünglichste aller Daseinsbedingungen lässt sich nur ›anthropomorph‹ aussprechen.

›Ursprünglich‹ meint hier keine zeitliche, keine gattungsgeschichtliche Vorgängigkeit. Ursprünglich ist, was als ontische Gegebenheit Teil jener Weltordnung ist, die das menschliche Dasein bedingt, ohne von diesem bestimmt werden zu können.

Der Grundsatz einer Ontoanthropologie, die den Spielraum menschlicher Daseinsmöglichkeiten gerade aus den unverfügbar-hinzunehmenden Bedingungen des Menschseins als eines Seins in der Welt zu verstehen sucht, folgt aus der Umkehrung jener seit dem Ende des 19. bis in die Mitte des 20. Jahrhunderts vorherrschenden Überzeugung des Positivismus, die den gewaltigen Zivilisationsschub der Moderne trug: *Es gibt keine Welt an sich, sondern nur eine Welt für uns* (Petzold, Weltproblem, Vw., V). Dagegen beruht die ontoanthropologische Perspektive auf der Voraussetzung, dass alles, was Welt ›für uns‹ überhaupt sein kann, *gegen* die Welt ›an sich‹ durch Menschenwerk hervorgebracht werden muss.

Die elementare Leistung jeder Kultur besteht darin, Instrumente zur Ausbildung von Eigen-Welten hervorzubringen und für jeden ihrer Angehörigen zur Nutzung bereitzuhalten. ›Welt‹ ist der Begriff für die Absolutheit alles dessen, was sich an objektiven Gegebenheiten dies- und jenseits der menschlichen Seinsform zum Geflecht ihrer Bedingungen verdichtet.

Die Welt? Ach das kennt man. Der Hahn des Nachbars und die Henne der Nachbarin. Sagt man bei uns (Eich, Maulwürfe, 138). Die Welt, die man kennt, ist nicht mehr ›die‹ Welt. Dass es etwas gibt, das man kennen kann, wie Nachbars Hahn oder Hund, ist das Ergebnis der elementaren Kulturleistung. Eine vertraute Welt ist eine Welt menschlicher Leistungen.

Genau darum aber ist eine unerträgliche Welt immer eine aufgrund menschlichen Verhaltens unerträgliche. Die alte Idee des ›Schicksals‹ ist deshalb nicht nur eine Form, die Sinn-Erwartung des individuellen Lebens den sinnlosen Zufallsverquickungen zu entziehen und noch dem Unzumutbaren einen, wenn auch unergründlichen, Sinn zu unterlegen; sie ist auch ein Selbst-Betrug über die menschliche Verursachung alles dessen, was zwischen Menschen und in ihren Verhältnissen unzumutbar ist.

Die Welt handelt nicht, sie kommt uns nicht entgegen. Sie zeitigt nur die Ereignisse und Gegebenheiten, die es in ihr gibt, sie lässt uns nur entstehen. Es gibt sie nicht. Sie *ist* nicht. Die Welt ist die Erfindung des Wesens, das sie entbehrt. Wir sind Teil des Wirklichen, ohne dazuzugehören. Die Welt gibt es erst, seit in ihr ein Wesen zu existieren begann, das nach ihr als dem Ort seines Daseins sucht.

Da die Welt, von der wir wissen können, überall und jederzeit eine Welt ›für uns‹, eine Menschenwelt ist, ist eine eigene Welt auch jederzeit und überall *möglich*. Darin hat die Hoffnung des Vertriebenen, des Emigranten ihren objektiven Grund. So wie der Ort, der durch Geburt zur Heimat wurde, der Kontingenz unterliegt, so gibt es die Kontingenz des Weltortes, der Heimat sein kann. Diese lässt sich nicht topographisch erfassen, sondern nur als metaphysisch-ontologisches Verhältnis. Jeder Ort auf dieser Welt ist für die durch Zufall an ihm heimisch Gewordenen Objekt möglichen Heimwehs.

Es ist das ›Heimweh‹ nach der Heimat der Geburt, das als Sehnsucht nach dem eigenen Ort darüber täuscht, ihn auch anderswo als dort, wo das eigene Leben in der Welt zufällig begann, finden zu können. Ontoanthropologisch ist das Heimweh eine Täuschung, eine Überwältigung des Gemüts durch die Übermacht der Weltfremde, die doch selbst an keinen Ort gebunden, sondern die Grundstruktur unserer Lebensbedingungen ist. Weil die Weltfremde, die sich in ihr manifestiert, überall gilt, ist das Heimweh als Empfinden, den eigenen Teil an der Welt verloren zu haben, nirgendwo wirklich berechtigt, lässt einer sich doch überall finden: dort, wohin man als in die nun verlorene Heimat geraten wäre, wäre man in einem anderen Moment der Weltgeschichte anderswo geboren worden. Jeder Ort *kann* Heimat sein, weil jeder Heimat für irgendwen ist.

Und doch bleibt das Heimweh in unserem Leben eine der mächtigsten seiner beeinträchtigenden Emotionen. Denn der anthropologisch prinzipiell möglichen Wahl jedes beliebigen Ortes auf der Welt zur Heimat in ihr steht gerade die Grunderfahrung der Weltfremde entgegen, die die Unterscheidung von ›zugehörig‹ und ›fremd‹ zu einer Grundbedingung des Lebens in Gemeinschaft machte. Der ›Fremde‹ ist durch die Auffälligkeit seiner Unzugehörigkeit bestimmt. Wer nicht zu einer durch Verwandtschaft tradierten Lebensgemeinschaft gehört, die an einen Ort gebunden ist, der ist fremd. Gegen die Menschenneutralität ›der‹ Welt kulturell entstanden, ist die Gemeinschaft das größte Hindernis für die in dieser Menschenneutralität der Welt doch ebenso angelegte prinzipielle Wählbarkeit des Ortes, an dem einer sein Leben in ›seiner‹ Welt führen will. Das, und nur das, macht den Verlust der Heimat für den Exilierten zum Unglück.

Ihm entgeht am glücklichsten der Nomade. Indem er sich an keinen Ort bindet, neutralisiert er die Fremde des ›anderen‹ Ortes. Der Nomade gewinnt als Heimat anstelle eines bestimmten Ortes die Bewegung zwischen Orten in der Fremde. Sie gewährt ihm die Zuflucht, die kein Ort verläßlich bietet. Die Ortlosigkeit des Nomaden hebt den Verlust oder die Nichtexistenz des *einen* Heimatortes auf, indem sie sein Dasein an *keinen* Ort mehr bindet. So wird der Nomade unvertreibbar. Vertrieben werden kann nur der Zugehörige; nur, wer sich eine andere Zugehörigkeit woanders, oder keine nirgendwo, nicht vorstellen kann. Indem er sich zum Fremden macht, kann er nicht zum Fremden gemacht werden. Seine Wanderschaft lässt jeden Impuls zur Vertreibung in die Leere der Zwischenräume laufen, in denen der Nomade sich bewegt.

Voraussetzung seiner Wanderschaft ist die Struktur *der* Welt als *Gefüge von Welten*: in der *einen*, die den Menschen hervorbrachte, gibt es *viele*, in denen er sein Dasein führen kann. Freiheit und Lebenssouveränität des Einzelnen bemessen sich danach, ob und wie es ihm gelingt, sich zwischen Welten zu bewegen. In dieser Notwendigkeit lauert jederzeit und überall die Fremdheit, deren Neutralisierung der kulturelle Sinn jeder Teilwelt ist. *Ich stehe zwischen zwei Welten, bin in keiner daheim, und habe es infolge dessen ein wenig schwer* (Mann, Kröger, 120). So enthält die wichtigste kulturelle Verheißung der Neuzeit, die Pluralität der Welt, nicht nur die Freiheit von Optionen. Ein Leben im Dazwischen, wandelnd von Welt zu Welt, sei sie die freiwillige des Abenteurers oder die erzwungene des Emigranten, steht unter der Drohung, die ursprüngliche Fremdheit wiederherzustellen, die als Weltausschluß erlebt wird.

Man bricht aus einer Welt auf, um eine andere zu finden, weil die, die man hinter sich zu bringen sucht, einen die Fremdheit zu sehr erleben ließ. Das Ziel des Aufbruchs aus einer Welt in eine andere ist deshalb in unauflöslicher anthropologischer Paradoxie der Wunsch nach Rückkehr: zu gewinnen, wohin man zurückkehren *kann*, als in jenes endlich *Eigene*, das die Welt, die man verließ, nicht bot. Man verlässt *eine* Welt, um in einer anderen *die* Welt als *eigene* (wieder) zu finden.

Die zunächst touristische, dann ökonomische Herstellung der ›einen‹ Welt hält in der Erfahrung des Fremden, die denjenigen erwartet, der sich nun beschränkungslos in ihr bewegt, die Überraschung einer tatsächlich unendlichen Zersplitterung dieser Welt in unübersehbar viele Welten bereit. Je ›einiger‹ die Welt wird, desto vielfältiger erweist sie sich. Die Grenzenlosigkeit erleichtert die Übergänge von einer Welt in eine andere, vereinheitlicht die verschiedenen aber nicht zu der *einen* als der *einzigen*. Nur deshalb bewirkt die Grenzenlosigkeit eine steigende Mobilität. Nur weil es mehrere als nur die eigene Welt gibt, gibt es den Impuls, diese vorübergehend zu verlassen. Nur deshalb *kann* eine *eigene* verlassen werden.

Für den Emigranten liegt darin seine Hoffnung begründet, woanders eine andere Welt finden zu können. Solange es aber Flüchtlinge und Vertriebene gibt, gibt es die eine Welt nicht, in der alle Menschen auf diesem Planeten als in ihrer eigenen leben könnten. ›Globalisierung‹ wäre erst dann erreicht, wenn keiner mehr woanders hin gehen müsste, weil er überall zu Hause sein könnte. Solange es den Wechsel von einer Welt in eine andere noch als Nötigung, statt als freie Wahl gibt, bleibt *die* Welt Idee.

IX
Durch die Welten

Von Welt zu Welt

Von Ort zu Ort
Jeder
Eine andere Fremde
Ein anderes Zuhause

Manchmal
Wörtliches Einverständnis
Mit Unbekannten

Ein Wort
Nimmt den Anderen
Beim Wort

Rose Ausländer, Orte

Wer glücklich ist, bleibt am Platze.

Thomas Mann
›Buddenbrooks‹

Aber es muss nicht glücklich machen, zu bleiben, wo man ist. Besonders dann nicht, wenn es sich um den Ort der Herkunft handelt.

Wer die Welt kennenlernen will, muss seinen angestammten Ort verlassen. Man geht ›hinaus‹ in die Welt; als wäre man dort, von wo man aufbricht, noch nicht in ihr gewesen. Die Sprache ist hier, wie so oft, klüger. In ihr ist die immer wieder aufs neue, und immer wieder schwer zu machende Erfahrung aufgehoben, dass die der Herkunft nicht schon die eigene Welt sein muss. Das zu verstehen, kann schmerzlichste Erfahrung sein, wenn der Zugang zu den anderen, die es geben könnte, verstellt ist, weil man zu spät verstand, dass die erste Welt der Herkunft nicht die einzige und jedenfalls nicht die einem angemessenste ist.

Um es herauszubekommen, muss man sich bewegen. Am Ende mag man den Platz finden, an dem man bleibt, weil er einem das Glück bietet, das man nur kennenlernen kann, indem man nach ihm sucht. Findet man es, wird es ein anderes sein als das gesuchte.

Das gehört zu den ältesten Einsichten und ist leicht einzusehen, wenn man sich die wichtigste Bedingung jeder Theoriebildung vergegenwärtigt, die Anschaulichkeit eines jeden Gegenstandes der Erkenntnis, ohne die es diese nicht geben könnte, wie sie sich bis hinein in Husserls Phänomenologie durchgehalten hat. Die Chance, etwas über die Weltlichkeit unserer Existenz zu erfahren, erhält nur, wer seine eigene geläufige Welt wenigstens einmal verlassen und sich einer anderen ausgesetzt hat.

So beginnt die *Entdeckung der Welt* mit einem Abschied: *Ein schwerer Abschied war es nicht, den ich, an einem der ersten Apriltage des Jahres 1933, von Lübeck nahm. Ich mußte weg, wenn ich nicht Leib und Seele riskieren wollte, und den Blick nach draußen wenden* (Brandt, Erinnerungen, II. Die Entdeckung der Welt, 85-151; 85).

In der Erfahrung des jugendlichen Emigranten, der die Welt seiner Herkunft verlassen muss, um nicht Opfer der politischen Verfolgung zu werden, konzentriert sich die Bedingung der Weltkenntnis als eines Mittels zum Leben, sich zunächst von ihr entfernen zu müssen, um in ihr ankommen zu können. Aber nicht jede Entfernung mündet in ein Ankommen; das Ankommen kann gerade dem zur Entfernung werden, der seinen angestammten Ort hatte verlassen müssen, um zu dem kommen zu können, wovon er empfand, dass es Bestimmung seines Lebens sei.

In der Lebensgeschichte des Peter Wust besitzt die neuere Philosophiegeschichte einen raren Fall dieser Art, der umso aufschlußreicher ist, als er die Grundform nicht nur rein, sondern in eigener Reflexivität darbietet.

Seitdem beschäftigte mich auch die Erscheinung der Naivität, der ich 1925 in dem Buche »Naivität und Pietät« meine besondere Aufmerksamkeit zugewendet habe.

In dieser Schrift konzentrierte sich mir das ganze tiefgreifende Kontrasterlebnis, das ich seit etwa dreißig Jahren in dem Übergang von der Ruhe der Dorfidylle zur unseligen Unruhe des städtischen Lebens immer tiefer erfahren hatte. Und dahinter steckte ja auch das ganze quälende Menschenrätsel, das in späteren Jahren die Philosophie immer mehr in ihren Bann lockte. Der Mensch ist kein Wesen einer dauernden biologischen Ruhelage wie das Tier, denn er ist durch den Geistfaktor (die Reflexion) aus dem biologischen Gleichgewicht des Tieres herausgeworfen. Er ist aber auch kein Wesen der höheren geistigen Ruhelage, bei der alle unruhige Reflexion aufgehört hat, weil die reine Schau an ihre Stelle getreten ist. Der Mensch ist ein Mittelwesen zwischen Bios und Logos, ein Sucherwesen, das immer »unterwegs« ist »in via«, ein »viator«, auf ewiger Wanderschaft begriffen, immer nur notdürftig unter Zelten wohnend (Wust, Gestalten, 219). Eine Welt verlassen zu müssen, um in eine andere zu gelangen, kann das notwendige Opfer sein, wenn nur in dieser anderen das eigene Leben die erforderlichen Bedingungen seiner Verwirklichung *als* eigenes finden kann.

Kants berüchtigte Königsberger Unbeweglichkeit ist aufschlußreicher, als es zunächst scheinen muss. Denn sie zeigt, dass der anthropologische Substantialismus, demzufolge Menschen, wenn sie Menschen sind, es überall und jederzeit als die gleichen sind, wenn auch nicht immer in den gleichen Formen, auf einen Mangel in der Bereitschaft zurückgeht, sich zu bewegen. Denn jede Bewegung birgt die Drohung, oder die Verheißung, der Veränderung. Und so geht mit jedem, noch dem geringfügigsten Verlassen einer Welt die Furcht einher, ›die‹ Welt dabei verlieren zu können.

Dabei könnte man der Unbegründetheit dieser Furcht getrost sein. *Ja, aus der Welt werden wir nicht fallen. Wir sind einmal darin*, lässt Christian Dietrich Grabbe seinen *Hannibal* (1835) von der Bühne herab den Unsinn des tragischen Urverdachts verkünden. Die Welt wird spätestens in dem Moment zugänglich und zum Medium der Existenz, in dem diese sich von dem Ehrgeiz befreit, sie haben zu wollen. Haben wäre Identität, also Auslöschung der Existenz. Von dieser Auslöschung hat Heidegger unter dem Titel des ›Seins‹ geträumt, und ist damit zum Philosophen des Jahrhunderts der Eliminationen geworden (vgl. Steffens, Die Schuld unergründeten Seins: Das Symptom Martin Heidegger, in: ders., Wiederkehr, 223-253).

Grabbes Gewißheit ist die Gewißheit einer Ontologie, die die anthropologische Tragödie auf sich beruhen lässt. Aber kein Trost über sie. Dass man aus der Welt nicht fallen könne, heißt nicht, indem man sich in ihr befinde, sei man schon mit dem versorgt, dessen man als Mensch an Welt bedarf. In der Welt zu sein, besagt noch nichts über das Menschsein in ihr. Deshalb kann der solcherart un-getröstete Held sich sogleich nach diesem Ausspruch das Leben nehmen.

Das In-der-Welt-sein kann als Gratis-Mitgift des einmal verwirklichten unwahrscheinlichen Seins eines einzelnen Menschenlebens gerade die härteste Ursache seiner Weltlosigkeits-Erfahrung sein. Eine Welt, die man sicher hat, ohne dass man in ihr bei sich wäre, ist bloß *eine*, nicht *die* Welt, und als diese eine nicht die eigene. In dieser Hinsicht ist Georg Simmels metaphysisches Schlußwort über das menschliche Leben als unendlicher Anspruch auf *Mehr-Leben* unerledigt (Simmel, Lebensanschauung).

Als Welt kann für uns nur gelten – und nur das die Existenz beruhigende Gefühl der Sicherheit verleihen –, wohin es jederzeitige Rückkehr geben kann, wenn man einen Schritt, wie groß oder klein er sein mag, hinaus gewagt hat.

Das erklärt den erstaunlichen Umstand, dass dem zunächst so enthusiastisch als Menschheitserfolg gefeierten Mondflug so schnell Ernüchterung und Desinteresse folgen konnten: mehr als diese gelungene Demonstration der Rückkehrfähigkeit konnte es als Beruhigung nicht geben. Für weitergehende Interessen einer kontinuierlichen Nutzung des damit möglich Gewordenen fehlten bisher sowohl Phantasie als Notwendigkeit. Das Wichtigste, was an der Menschheitsherausforderung reizen musste, war erwiesen, *die* Welt verlassen und zu ihr zurückkehren zu können.

Genau dies hatte ihr Präsident John F. Kennedy bezeichnet, als er der amerikanischen Nation die Aufgabe stellte, binnen eines Jahrzehnts einen Menschen zum Mond und sicher zur Erde zurück zu bringen -: nicht die Ankunft auf dem Mond war das Ziel, sondern die Rückkehr zu Erde.

Die damit verbundene Erleichterung kann gar nicht hoch genug eingeschätzt werden, auch wenn sie sich bisher nicht besonders geäußert hat. Sie macht den Mondflug zu einem der exklusiven Ereignisse von anthropologischer Tragweite. Es ist die gewonnene Vergewisserung, dass die extremen Erfahrungen an Weltverlusten, mit denen das 20. Jahrhundert seine Angehörigen konfrontierte, nicht endgültig und vor allem nicht unbehebbar sein müssen. Eine verlassene Welt kann wiedererlangt werden. Vorausgesetzt, sie ist während der Abwesenheit nicht zerstört worden, wie es im Jahrhundert der Vertreibungen und Umsiedlungen mit so vielen Lebenswelten zunächst in Europa, dann weltweit geschah.

Auf diese Vergewisserung kommt es in jeder Welterfahrung am allermeisten an. Dass sie immer weniger zu erfüllen ist, je weiter ein astronautischer Ausgriff ins All vorgetragen würde, die Astronauten bei ihrer Rückkehr die Welt, die sie verlassen hatten, nicht mehr vorfinden könnten, dämpft bisher jeden Ehrgeiz zu weiteren extraterrestrischen Expeditionen. In den Sphären, in denen es interessant würde, gibt es für die Welt, in der es interessant zu wissen wäre, nichts zu holen, weil sie längst verschwunden wäre, wenn man es endlich in Erfahrung gebracht hätte. Auch im Zeitalter der Raumfahrt bleibt es bei der Gewißheit pascalscher Leere. *Dann der Raum, der endlose, von Steinmassen, den Gestirnen, von toten und glühenden Massen durchsegelte Raum, das von Kometen durchjagte Weltall. Bis in fernste Fernen durcheilt man es mit den Gedanken, ohne seine Gestalt zu fassen, ohne anderes zu finden als Gleichgültigkeit und Schweigen* (Rosei, Entwurf, 33).

Wenn Kants berüchtigte Seßhaftigkeit der Anthropologie noch einmal die fragwürdigste ihrer Voraussetzungen von der zeit- und ortsungebundenen Einheit der menschlichen Natur bescherte, so hat Heideggers Zögern, wenigstens die Überreste jener Welt aufzusuchen, aus der einmal hervorgegangen war, worin er schließlich das einzige Modell menschlicher Existenz erblicken wollte, seine eigene Zerstörung jeglicher Anthropologie in Frage gestellt. Sein ebenso berüchtigter Provinzialismus wie sein Zögern, Griechenland, von dem er ein Leben lang träumte, wirklich zu sehen – wer mag sich schon ohne Zögern der Prüfung seiner Wachträume aussetzen –, haben die Unbedingtheit seines späten Weltdenkens relativiert. Von der dann schließlich doch unternommenen Reise zurückgekehrt, weiß er Erhart Kästner, der ihn beharrlich gedrängt hatte und zu gerne sein Cicerone vor Ort gewesen wäre, nur zu berichten, dass er *nur wenig sagen* kann. *Dieses Meer, diese Berge, diese Inseln, dieser Himmel – daß hier und nur hier die A-letheia aufgehen und in ihr bergendes Licht die Götter einkehren konnten, mußten, daß hier Sein als Awesen waltete und menschliches Wohnen stiftete, ist mir heute staunenswürdiger und unausdenklicher denn je zuvor. Ein gemäßes Wort darüber gibt es kaum, nur eine Antwort, die aber auch nicht hinreicht. Wir müssen viel Nachdenkliches, Vordichtendes nach Griechenland mitbringen, um dann das unvergleichliche Mehr zu empfangen: das Überraschende des reinen Anwesens* (Heidegger, Kästner, Briefwechsel, Nr. 17, 23.8.1962, 51). So spricht einer, der alles daran setzt, sich maßlose Enttäuschung nicht anmerken zu lassen.

Aber so hatte er es schon immer gesagt. Er hatte zuviel Freiburg mitgebracht, als dass er *in* Griechenland mehr von ihm hätte wahrnehmen können, als er *von* ihm schon zu wissen glaubte. Das Griechenland, auf dessen gedachtes Inbild er alles gebaut hatte, konnte das wirkliche bereisbare Griechenland nicht sein.

Seit Homers ›Odyssee‹ kann Europa wissen, dass der Heimkehr als der einzig möglichen Weise, in seine Welt zu gelangen, das Abenteuer vorausgehen muss, sie zu verlassen. In seiner Schilderung von Odysseus‹ Höllen-Aufenthalt lässt Dante ihn seine Gefährten auf dieses Abenteuer noch einmal einschwören.

»O Brüder«, sprach ich, »die durch hunderttausend
Gefahren hier im Westen angekommen,
An diesem eurem kurzen Lebensabend,
Der unsern wachen Sinnen noch verblieben,
Sollt ihr euch der Erforschung nicht verschließen
Der Sonne folgend, unbewohnter Länder.
Bedenkt, aus welchem Samen ihr gekommen.
Ihr seid nicht da, zu leben wie die Tiere,
Ihr sollt nach Tugend und nach Wissen streben«.
Ich machte die Gefährten so begierig
Durch diese kurze Rede auf die Reise,
Daß ich sie kaum noch hätte halten können.
(Dante, Komödie, I. Teil: Die Hölle, Bd. 1, 313).

Die unbeachtet gebliebene, und von ihm selbst nicht weiter erprobte, Unterscheidung eines *abenteuernden* von einem *heimkehrenden Denken*, die Peter Wust traf, ist eine späte Resonanz (Wust, Mensch und Philosophie, 84 ff.).

Man muss Abenteuer in der Fremde bestanden haben, um zu sich selbst und in die eigene Welt heimkehren zu können. Eine Philosophie, die das bedenkt, kann nur ein abenteuerndes Denken sein, weil sie immer nur weiß, worauf sie sich einlässt, aber nicht, was es ist. So wird sie zu einem Mittel der ›Heimkehr‹ des sich bedenkenden Lebens.

Aber es gibt keine Garantie, in einer anderen Welt als der verlassenen auch anzukommen; stattdessen die Unvermeidlichkeit, dass die Begegnung mit dem Anderen als dem Fremden das bisher Eigene entwirklicht. *So trennt sich die gewohnte Welt von dem Neuen ab, das zunächst als etwas bloß ›Gegenüberliegendes‹ erscheint, so daß wir, an unsere Erinnerungen geklammert, in einer inneren Ferne versinken, die weit unerträglicher als die äußere ist, die wir auf der Reise durchschreiten. Man hat das Gefühl, als falle man rückwärts und erblicke die uns vertraute Welt aus einer schwindelnden Perspektive. Man saust dann förmlich durch neue Wirklichkeiten, ganz in sich selbst gekauert, voller Staunen. (...). Das Neue spielt sich vor uns ab. Das Neue aber, das vor uns steht, ist ja das Leben selbst; und so verbleiben wir, indem wir vor ihm stehen, außerhalb der Wirklichkeit, unfähig, in sie einzutreten. Wir geraten in den Zustand der Weltlosigkeit* (Grassi, Reisen, 111). Als *Grunderlebnis* greift diese Erfahrung der Befremdung auf die Ausgangswelt über (a.a.O., 107).

In *einer* Fremde wird die Frage unabweisbar, ob nicht *die* Fremde das Weltverhältnis immer und überall bestimmt. Die Wechsel des Reisenden von einer in die andere konfrontieren ihn mit der Grundbeschaffenheit menschlichen Weltbesitzes.

In der zweiten Reisemeditation des Grafen Keyserling, der in jüngsten Jahren mit seinem ›Reisetagebuch eines Philosophen‹ zu Ruhm gekommen war, findet diese Lektion sich in neognostischer Zuspitzung. *Ich war in der Fremde. Nichts Unliebes hatte mir ehedem dieses Wort bedeutet, denn niemals hatte ich mich fremd gefühlt im Gegensatz zu dem, was zu mir gehört. Wesentlich fühlte ich mich als Gast auf Erden und als Wanderer von*

Fremde zu Fremde in meinem Element. Nun, da der Kontinent des dritten Schöpfungstages mir mein Irdisches ins Bewußtsein gehoben hatte, wurde das anders. Und die Veränderung war mir ein desto befremdenderes und damit deutlicheres Erlebnis, als mein Geist nirgends je glücklicher war als drüben; die Art von Sympathie, die mir einzig wertvoll ist, strömte mir dort wunderbar reichlich zu. Nun empfand ich als entscheidend bedeutsam, daß nichts mir in dieser Welt verwandt war. Unter diesen Sternen war ich nicht geboren. Dieser Himmel war mir unübersichtlich. Nichts an und von dieser transäquatorialen Erde gehörte ursprünglich zu mir. Und mit den Untergründen dieser Menschen gab es für mich keine mögliche sympathetische Berührung. Da verstand ich die tiefe Gegenständlichkeit des Bildes vom Stammbaum. Im Erd-Verstande gehört zu einem nur, was die gleichen Wurzeln hat. Ein unüberbrückbarer leerer Zwischenraum trennt Baum von Baum (Keyserling, Meditationen, 81 f.).

Fremdheit aber weckt Angst.

Aus der Ur-Angst folgt das Böse. Ursprünglich, von der Erde her beurteilt, gibt es weder Böses noch Gutes, sondern einfach das Ur-Leben, so wie es ist; und kein Wesen wünscht dieses aufrichtig anders, denn damit müßte es sein Ur-Leben fortwünschen, wo dieses Voraussetzung seines Wünschen-Könnens ist. Doch die erste Welle der Angst, welche noch so dunkles Bewußtsein belichtet, verwandelt das Dasein in ein Böses (Keyserling, Südamerika, 40).

Die Erläuterung des Gedankens enthält eine Anthropologie des Nationalsozialismus in nuce – zu dem der Autor sich nie geäußert hat, was in einer Hinsicht bedauerlich ist, wie diese Überlegung zeigt (vgl. Steffens, Schwätzer, in: ndl 4/2001, 153-157) – , dessen Wüten wie nichts sonst dazu beitrug, dass die Erfahrung der Fremde zum Emblem des vergangenen Jahrhunderts wurde. *Von der Folter her leuchtet der Sinn des Vorgangs am besten ein. Wie im Anfang der Mord war und nicht der natürliche Tod, so geht die Sucht des Quälens der zum Vernichten vor. Dies aber aus der Ahnung letzten Nicht-Vermögens. Alle Folter ist Ausdruck geahnter Ohnmacht: der Ohnmacht, den anderen die Angst auskosten zu lassen, welche der Folterer zuunterst spürt. Dem Unbewußten genügt die Vernichtung nicht – es bedarf der ewigen Pein des anderen zur eigenen Sicherung. Wie nun die Folter Pro-*

dukt der Angst ist, so ist das Böse nicht erste Ursache, sondern erste Folge (Keyserling, a.a.O., 40 f.).

Das Böse als Reaktion auf die Urerfahrung der Weltfremdheit ist der Kern des gnostischen Gegenhalts zum christlichen Mythos. Wie jeder Mythos ist auch der christliche eine Reaktion auf eine Erfahrung: indem er Geschichten erzählt mit dem Anspruch, es sei *die* verbindliche Geschichte überhaupt, beruhigt er über das, was sich nicht bewältigen lässt, weil es das Ursprünglichste ist. So macht der Mythos verständlich, ohne zu erklären. So kultiviert er, indem er den Schrecken des Ursprünglichen fernrückt.

Der christliche verstößt gegen diese anthropologische Funktion des Mythos, indem seine Geschichten gerade umgekehrt auf den Effekt einer Verstetigung der Angst angelegt sind. Keine Welt war so angstbesessen wie das christliche Europa. Eine Angst durch eine andere ersetzend, muss die christliche Theologie, die den Mythos hinter sich ließ, dem Bösen einen anderen Ursprung als den immer schon gegenwärtig gewesenen, die Erfahrung der Fremde, setzen. Sie erlegt dem Menschen auf, was seine Erfahrung ihn seit je der Welt hatte zuschreiben lassen. Das musste die Welt doppelt fremd machen.

Die Fluchtlinie der Weltübertritte ins Extremste, das es für menschliche Selbstverständigung geben kann, lässt größte Behutsamkeit geraten erscheinen, wann immer sie ins Zentrum dieser Verständigung rückt.

Der Übertritt von einer Welt in eine andere ist noch nie beschrieben worden; er erfolgt vielleicht so, daß er sich zunächst nur auf etwas Minimales, Merkwürdiges, das in einer Welt aufscheint, einläßt, dieses aber dann in ein hermetisches Wachstum freisetzt, das sich rasant erweitert und vergrößert, während sich die ursprüngliche Welt rasant verengert und verringert, bis sich der Über-Gänger ganz in der neuen Welt wiederfindet, in der die alte Welt jetzt nur noch als etwas Merkwürdiges erscheint. Es hat sich ein Flug vollzogen, kein Übertritt. Aus einer Widerfahrnis wurde eine Anmutung, aus dieser eine Ahnung und aus dieser, mit einem Schlag, eine Einsicht. Einsicht ist die Sichtweise für eine Welt (Rombach, Welt und Gegenwelt, 114).

Zwischen Hier und Dort: Übergangsnatur

Denn nur Geschöpfe der Fahrt sind wir
Und unsere Gestalt ist Fluktuation.

Botho Strauß
›Diese Erinnerung an einen,
der nur einen Tag zu Gast war‹

Im Frühjahr 1963 kehrt Witold Gombrowicz nach vierundzwanzig Jahren in einem durch Zufall zustande gekommenen Exil in Buenos Aires nach Europa zurück. In Berlin erwartet ihn ein Stipendiatenjahr. Er nimmt nicht den direkten Weg, sondern wählt eine etappenweise verzögerte Annäherung, die ihn über Paris führt. So geschieht seine Rückkehr in der umgekehrten Richtung des Weges, den die osteuropäische Intelligenz zweihundert Jahre lang nach Westen nahm. Über Berlin musste nach Paris gegangen sein, wer in der Kultur seines Landes etwas gelten können wollte. Und wenn schon nicht als Person, dann im Denken.

Sie wird beschwerlich, diese Rückkehr, ganz so, wie es sich für einen so ›schwierigen‹ Charakter gehört. In der Begegnung mit den Verlegern der ›Kultura‹, die die polnische Literatur über das doppelte Exil des 20. Jahrhunderts hinweg retteten, offenbart sich die vergangene Zeit in ihrer Verdichtung zur Fremdheit. *Ich amüsiere mich, aber – während mein Blick wie gebannt an einen Sonnenstrahl auf dem Fußboden haftet – amüsiere ich mich auch wieder ganz und gar nicht. Ich schäme mich. Todesstille (die bei mir mit Distanz verbunden ist). Es ist, als wäre ich immer noch dort und dennoch hier und betrachtete etwas, das zu betrachten ich nicht das Recht habe...Ich bemerke am Tischbein einen kleinen Riß. So bist du also über den*

Ozean geschwommen, um dies zu sehen...und starrst es schamhaft, verzweifelt an... (Gombrowicz, Berliner Notizen, 42). Der Übergang will nicht gelingen. *Im Laufe meines ganzen Aufenthaltes in Europa, wo auch immer, in Clermond-Ferrand, in Royaumont, in Paris, in Berlin, habe ich nicht eine einzige Tasse Kaffee getrunken, die nicht ›wirklich‹, ›gewöhnlich‹ gewesen wäre – nicht aber aus dem Abgrund aufgetaucht und in unendlicher Leere hängend* (a.a.O., 127).

Diese Erfahrung ist deshalb so schmerzlich, weil sie ein Versagen deutlich werden lässt, das eines der risikoträchtigsten in einem Menschenleben überhaupt ist. Übergänge nicht nur erleiden, sondern vollziehen und bewältigen zu können, ist eine der wesentlichen Fertigkeiten, ohne deren Beherrschung ein Leben bis an den Rand seiner Unmöglichkeit belastet sein muss.

Der Zeitgenosse deutscher Geschichte müsste damit genau vertraut sein, war doch die Nichtbewältigung des Übergangs Kern der deutschen Erfahrung am Ende des vergangenen Jahrhunderts, der Katastrophe nationaler Wunscherfüllung.

Es ist befremdend, wie wenig die für Millionen Menschen weltverändernde Erfahrung des Verschwindens ihrer Lebensordnung tatsächlich Eingang ins kulturelle Bewußtsein Deutschlands gefunden hat. Den Folgen der »unerhörten Begebenheit« (Lepenies, Folgen) begegnet man auch eine halbe Generation später von beiden Seiten, die es unverändert deutlich unterscheidbar gibt, mit Verdrängung und Abwehr. Es hat keinen Impuls zur Gestaltung der neuen als gemeinsamer Wirklichkeit gegeben. Der Fortfall der Grenze, der Fuge, die zwei Welten sie trennend miteinander verband, hat nicht deren Auflösung bewirkt, sondern das Überstülpen der einen über die andere. Indem diese verschwand, wuchs jene. Deutschland formte sich in seiner ›Vereinigung‹ nicht neu, die Bundesrepublik wurde nur größer. Damit bekräftigte sie ihren Status als Provisorium zu unabsehbarer Fortdauer.

Aber hätte ein Versuch, einen gescheiterten Übergang zu beenden, zu etwas anderem führen können, da der Impuls des Aufstandes nur der Wunsch nach diesem Ende war, aber keiner zum Aufbruch in einen neuen Übergang? Denn was man wollte, musste nicht erst geschaffen werden, es war da, zum Greifen nahe, nur einige Kilometer entfernt, in einer Fremde, deren Künstlichkeit den letzten Rest an Berechtigung in dem Moment verloren hatte, in dem die Führung der DDR ihr Versagen eingestand. *Die Leute bürokratisch in Schach zu halten war wichtiger, als sie idealistisch zu gewinnen. Nach dem Schock des 17. Juni 1953 hatte es auch der letzte Funktionär endlich begriffen, seither wurde das Mißtrauen systematisch in Stein und Beton gefaßt* (Grünbein, Verspätete Züge, 161).

Ein gescheiterter Übergang weckt die Sehnsucht nach einem anderen; aber dieser muss ausbleiben, wenn man von der einen Ordnung in die andere hinübergehen kann wie von einem Zimmer ins andere, von einem Stadtteil in den nächsten. Die erreichte Einheit Deutschlands ist daran gescheitert, dass die Alternative zu dem, das nicht mehr zu wollen sie ermöglichte, schon als eine Wirklichkeit vorhanden war, in die man ohne großen Aufwand übertreten konnte, als das einzige Hindernis, die geschlossene Grenze, nicht mehr existierte.

Die vermeintliche ethische Revolution beim Übergang zum Sozialismus erbrachte in Wirklichkeit eine Verhärtung aller Moral, eine größere Ausbeutung des einzelnen, dessen Arbeitskraft nach Aufzehrung des übernommenen Kapitals bald zur einzig verfügbaren Ware wurde. Auslöschung des einzelnen durch die Illusion der Gemeinschaft, Abgrenzung gegen die Welt, Repression zur Anpassung an den Plan usw. machen schließlich die Ethik selbst, eine antik bürgerliche Erfindung, absurd. Konsequenz der Moderne: Erst schafft das Kapital Gott ab, dann die Utopie der Kommune den Menschen. Das Zeitalter der administrierten Kommune ist nach dem Absterben der Naturgesellschaften die freundlichste und gerechteste Form allgemeiner Versklavung.

Mit dem letzten Atemzug Stalins beginnt im Osten der Katzenjammer. Das Tauwetter ist ein erster offener Tränenfluß, vermischt noch mit kaltem Schweiß. Schon zeigt sich die Selbstverachtung der Epigonen, ihr quälendes Dahinsiechen, das dann zwei weitere Generationen lang die Hemisphäre vergiftet. Von nun an bleibt das Gefühl aller Beteiligten: gründlich zu spät gekommen zu sein.

Mit dem Schlachtruf ›Keine Gewalt!‹ zogen die ersten Demonstranten im Oktober sich vor den anrückenden Polizisten zurück und marschierten doch gleichzeitig vorwärts. Denn der Zusammenstoß, gewollt oder nicht, war vorhersehbar: der Staat mußte provoziert werden, um ihn als Hauptfeind zu entblößen. Was wäre geschehen, überlegte ich später, wenn die Ordnung, die Sicherheit sich absichtlich verborgen gehalten hätten. Womit sonst als mit Gewalt hätte der enttäuschte Aufruhr gedroht? Spätestens wenn sie, als Gegengewalt etabliert, ihre eigenen Ziele durchzusetzen versucht, wird jede Opposition begreifen, daß Moral nicht auf Gewaltlosigkeit zu gründen ist. Nicht daß Moral und Gewalt zweierlei Weisen der Politik wären, im Gegenteil; nur eine moralische Gewalt läßt sich bürgerlich halten, eine gewaltlose Moral dagegen geistert höchstens als Religion und Utopie umher. Die Sechzehnjährige, die sich Friedenslieder singend vor den anrollenden Räumfahrzeugen auf die Straße kniet, kann nur durch Gott erlöst werden.

Ich verrate nun die gewaltsame Landschaft der Theologie und gebe mich dem materiellen Gewimmel einer Welt hin, die nur den Tausch, aber keinen anderen Ausweg als in den Tod kennt. Von einer geschlossenen Welt der Ideen laufe ich über in die Dingwelt, die scheinbar offen ist. Ich weiß nun, daß ich nichts zu sehen bekommen werde, als was vor meinen Augen liegt, selbst im Traum (Grünbein, a.a.O., 154).

Zur unvermeidlichen Folgenlosigkeit des Unerhörten gehört, dass es auch intellektuell, abgesehen von einigen Ausnahmen wie dieser, ungenutzt blieb. Welch ein empirisches Material, welch eine ›Laborsituation‹ für eine Erweiterung unserer Kenntnisse über den menschlich elementaren Vorgang des Übergangs zwischen Welten. Die miterlebte Geschichte blieb auch in diesem Ausnahmeereignis, das sich über ein Jahrzehnt erstreckte, unsichtbar. In fünfzig Jahren mag man die währenddessen entstandenen Tagebücher und Aufzeichnungen als Material entdecken und das Versäumte nachholen, das wohl gar nicht zu leisten war, ist man doch gegen nichts so blind wie gegen das, worin man sich befindet.

Dieses Versagen der zwei Gesellschaften in der einen Nation, die, kaum wieder handlungsfähig geworden, unwillig erfuhr, es gar nicht sein zu wollen, erscheint als Symptom eines Mangels an menschlichem Selbstverständnis. Schlimmer: des Desinteresses an einem solchen Verständnis. Die Kinder der Neuzeit verfügen mit Selbstverständlichkeit über deren Errungenschaften, ohne sich ihrer Bedeutung noch zu vergewissern. Um wieviel größer muss dieses Desinteresse bei denen sein, denen diese Errungenschaften so lange vorenthalten wurden. Auch das mag eine Unvermeidlichkeit sein. Was ihre Gefährlichkeit nicht mindert.

Mit der Entdeckung der Übergangsnatur des Menschen begann die moderne Anthropologie. Der Theologe Gottfried Herder tut einen der letzten wesentlichen Schritte in der Selbstkonturierung der Neuzeit, als er den christlichen Mythos des Urverlustes einer Urwelt positiv wendet, und aus dem ›Vertriebenen‹ den ›Freigelassenen‹ macht.

Der Mensch hat den Königsvorzug, mit hohem Haupt aufgerichtet weit umherzuschauen, freilich also auch Vieles dunkel und falsch zu sehen, oft sogar seine Schritte zu vergessen und erst durch Straucheln erinnert zu werden, auf welcher engen Basis das ganze Kopf- und Herzensgebäude seiner Begriffe und Urtheile ruhe; indessen ist und bleibt er, seiner hohen Verstandesbestimmung nach, was kein anderes Erdengeschöpf ist: ein Göttersohn, ein König der Erde.

Um die Hoheit dieser Bestimmung zu fühlen, lasset uns bedenken, was in den großen Gaben Vernunft und Freiheit liegt und wie viel die Natur gleichsam wagte, da sie dieselbe einer so schwachen vielfach gemischten Erdorganisation, als der Mensch ist, anvertraute. Das Thier ist nur ein gebückter Sklave; wenngleich einige edlere derselben ihr Haupt emporheben oder wenigstens mit vorgerecktem Halse sich nach Freiheit sehnen. Ihre noch nicht zur Vernunft gereifte Seele muß nothdürftigen Trieben dienen und in diesem Dienst sich erst zum eignen Gebrauch der Sinne und Neigungen von fern bereiten. Der Mensch ist der erste Freigelassene der Schöpfung; er steht aufrecht. Die Wage des Guten und Bösen, des Falschen und Wahren hängt in ihm; er kann forschen, er soll wählen.

Die Vernunft des Menschen ist nicht nur menschlich, sie ist das Menschlichste an ihm. Ermöglicht ebenso wie erzwungen, wird sie vom aufrechten Gang des Wesens, das sich von anderen Lebewesen zu unterscheiden sucht.

Wie die Natur ihm zwei freie Hände zu Werkzeugen gab und ein überblickendes Auge, seinen Gang zu leiten, so hat er auch in sich die Macht, nicht nur die Gewichte zu stellen, sondern auch, wenn ich so sagen darf, selbst

Gewicht zu sein auf der Wage. Er kann dem trüglichsten Irrthum Schein geben und ein freiwillig Betrogener werden, er kann die Ketten, die ihn, seiner Natur entgegen, fesseln, mit der Zeit lieben lernen und sie mit mancherlei Blumen bekränzen. Wie es also mit der getäuschten Vernunft ging, geht es auch mit der mißbrauchten oder gefesselten Freiheit; sie ist bei den Meisten das Verhältniß der Kräfte und Triebe, wie Bequemlichkeit oder Gewohnheit sie festgestellt haben. Selten blickt der Mensch über diese hinaus und kann oft, wenn niedrige Triebe ihn fesseln und abscheuliche Gewohnheiten ihn binden, ärger als ein Thier werden. Aber er kann wissen, dass es sich so verhält, und es ändern. Das Tier kann nur sein, was es ist. Der Mensch kann wissen, dass er etwas sein soll; weiß er es, so kann er sich dazu machen. Nur, wenn er dieses Wissen erwirbt und ihm folgt, kann er sein, was er ist: die Aufgabe seines Daseins.

Er ist und bleibt für sich ein freies Geschöpf, obwohl die allumfassendste Güte ihn auch in seinen Thorheiten umfaßt und diese zu seinem und dem allgemeinen Besten lenkt. Wie kein getriebenes Geschoß der Atmosphäre entfliehen kann; aber auch, wenn es zurückfällt, nach einen und denselben Naturgesetzen wirkt: so ist der Mensch im Irrthum und in der Wahrheit, im Fallen und Wiederaufstehen Mensch, zwar ein schwaches Kind, aber doch ein Freigeborener; wenn noch nicht vernünftig, so doch einer besseren Vernunft fähig; wenn noch nicht zur Humanität gebildet, so doch zu ihr bildbar. Der Menschenfresser in Neuseeland und Fenelon, der verworfene Pescheräh und Newton sind Geschöpfe einer und derselben Gattung (Herder, Ideen, 4. Buch, 4. Kapitel, 99 f.).

Mit dieser Grundlegung der *Selbstbestimmung* (a.a.O., 102) als Aufgabe des menschlichen Daseins wird aus dem schmerzlich abschließenden Dort-nicht-mehr-sein-dürfen ein befreiend verheißungsvolles Hier-endlich-sein-können.

Das ist die Neuzeit: das verlorene Paradies wird zweitrangig gegenüber der gewonnenen Welt.

Aber die in ihr Lebenden bleiben von ihr mit der Erfahrung der Fremdheit so dauerhaft und unausweichlich belastet, dass ihnen die Erinnerung an jenes nicht verlorengeht. Mag es auch ein Phantomschmerz sein, es bleibt ein Schmerz.

Der Theologe Herder muss auf den letzten Schritt noch verzichten und die Freiheit durch Vernunft eingebettet sehen in eine allumfassende ›Güte‹ der Schöpfung. Aber er sieht in ihr nicht mehr die Bekräftigung des Urungehorsams des Menschen gegen seinen Schöpfer, sondern dessen ausdrücklichen Auftrag an sein Geschöpf (Ideen, Fünfzehntes Buch, I).

Bleibt er damit hinter der ganzen Reichweite der einmal erreichten Freiheitsidee zurück, so greift er mit einem anderen Gedanken weit über das hinaus, was seine Zeit in ihr angelegt sehen konnte. Das durch Evolution der naturgegebenen Vernunft zu erreichende Ziel der Humanität ist nicht das Ende dieser Evolution. Indem sie sich vollzieht, beendet sie eine Epoche des Menschseins, und eröffnet eine weitere.

Wenn also der Mensch die Kette der Erdorganisationen als ihr höchstes und letztes Glied schloß, so fängt er eben dadurch die Kette einer höheren Gattung von Geschöpfen, als ihr niedrigstes Glied, an; und so ist er wahrscheinlich der Mittelring zwischen zwei in einander greifenden Systemen der Schöpfung (Herder, Ideen, Fünftes Buch, 6: Der jetzige Zustand der Menschen ist wahrscheinlich das verbindende Mittelglied zweier Welten, a.a.O., 132-137; 132 f.). Die menschliche Gattung lebt ein Dasein des Dazwischen. Als ein Emigrant der Evolution ist sie, nicht mehr dort, und noch nicht ganz hier, schon auf dem Sprung anderswohin.

Der Mensch allein ist im Widerspruch mit sich und mit der Erde: denn das ausgebildetste Geschöpf unter allen ihren Organisationen ist zugleich das unausgebildetste in seiner eignen neuen Anlage, auch wenn er lebenssatt aus der Welt wandert. Die Ursache ist offenbar die, daß sein Zustand, der letzte für diese Erde, zugleich der erste für ein andres Dasein ist, gegen den er wie ein Kind in den ersten Uebungen hier erscheint. Er stellt also zwei Welten auf einmal dar; und das macht die anscheinende Duplicität seines Wesens: Tier und Nicht-mehr-Tier zugleich zu sein (Ideen, a.a.O., 133).

Mit dieser Idee des Übergangswesens ist eine Fliehkraft der Geschichte freigesetzt, die sich im Rückblick als ihr Antrieb erweist, der nicht aufgehört hat, zu wirken, sondern in den avanciertesten Formen der Wissenschaft und der Technik zu Beginn des dritten Jahrtausends eine neue Beschleunigung erfährt. Die anthropoietische Mobilisierung in den gesteuerten Euphorien der Bio- und Gentechnologie steht in der Kontinuität der Neuzeit. Sie entdeckt mit fiebriger Begeisterung ohne Zutun der das Patent der Erstprägung haltenden Philosophie in den naturwissenschaftlichen ›Leitwissenschaften‹ ein zweites Mal den in der Idee der menschlichen Selbstbestimmung steckenden Überschuß an unverwirklichten und kaum schon gedachten Möglichkeiten. Der Anspruch der Neuzeit, dass der Mensch sich selbst mache, kann nur heißen, dass er, hat er diese Fähigkeit erst erlangt und es zu ihrem Bewußtsein gebracht, daran gehen wird, zu versuchen, aus sich etwas *anderes* zu machen, als das, was er immer gewesen ist. Die Ursehnsucht nach dem ›Neuen Menschen‹, die sich im Mythos von der Menschwerdung Gottes zum ersten Mal rührte, und seitdem nicht mehr vergessen werden konnte, weist über diesen Menschen hinaus (vgl. Andreas Steffens, Wiederkehr, a.a.O., Zweiter Teil, I).

Von seinen Migränen geplagt, war Nietzsche ein schlechter Leser. Sonst hätte er statt in Spinoza im Autor dieser Spekulation seinen großen Vorläufer entdecken können. Herders Idee des ›Mittelglieds zweier Welten‹, das ein Wesen bildet, das sich selbst zu dem macht, was es ist, beinhaltet bereits, was die Übermenschvision des ›Zarathustra‹ ausspricht. Denn irgendwann wird dieses Wesen entdecken, dass es aus sich noch viel mehr machen kann, als es schon war, und das ›schon‹ als ›erst‹ zu verachten beginnen. Im ›Übermenschen‹ wollte Nietzsche das Wesen erblicken, das den Mut zu dieser Entschlossenheit aufbringt, und sich an die Verwirklichung dieser Utopie macht. Wobei diesen Mut weniger das Handeln, als die zu ihm führende Vorstellung erfordert. So verlockend die Verheißung sein mag, so zaghaft sind bis heute jedoch die Bilder dessen geblieben, das zu schaffen man sich mutig entschließen könnte.

Aber wie gelangt ein Wesen aus einem Zustand in einen anderen? Der Übergang lässt sich nicht nach dem Modell denken, das das historische Denken für den Eintritt von Veränderungen entwickelte, er ist kein Ereignis. Von Leibniz in die Metaphysik des Barock eingeführt, und im 18. Jahrhundert von Linné in die Biologie übertragen, wurde der Grundsatz, dass die

Natur keine Sprünge mache, sondern ihre Veränderungen kontinuierlich betreibe, zur Verlegenheit der Evolutionstheorie.

Nichts geschieht auf einen Schlag; und es ist einer meiner größten und bewährtesten Grundsätze, daß die Natur niemals Sprünge macht. Das nannte ich das Gesetz der Kontinuität, als ich von ihm einmal in den ersten Heften der »Nouvelles de la République des Lettres« sprach. Der Nutzen dieses Gesetzes für die Physik ist sehr bedeutend: es enthält in sich, daß man stets durch einen mittleren Zustand hindurch vom Kleinen zum Großen und umgekehrt fortschreitet, sowohl dem Grade wie den Teilen nach; daß niemals eine Bewegung unmittelbar aus der Ruhe entsteht, noch in sie zurückgeht, außer durch eine kleinere Bewegung hindurch, wie man auch niemals eine Strecke oder Länge völlig durchlaufen kann, ohne zuvor eine kleinere Strecke zurückgelegt zu haben (Leibniz, Neue Abhandlungen, Schriften Bd. III, 1, Vorrede, XXIX).

Den Übergang zu beschreiben, in dem aus einer Lebensform eine nächste wird, blieb dem Evolutionismus versagt. Beschreibbar ist nur ein Zustand ›davor‹, und einer ›danach‹, das ›während‹ des Übergangs selbst bleibt im Dunkeln. Je länger nach ihm gesucht wurde, als desto wahrscheinlicher erwies sich, dass es in der Menschwerdung diesen Übergang gar nicht gegeben hat.

Das sich selbst für die Selbstauszeichnung der Natur haltende Wesen konfrontierte sich schließlich mit der ernüchternden Vermutung, dass es von Natur eben nicht auf seine Entstehung angelegt gewesen, sondern als ein Defekt durch Zufall entstanden sei, durch eine deformierende Mutation eines Organismus. Statt ihn aus der Kontinuität einer auf ihn zulaufenden Entwicklung entstehen zu sehen, macht die erste philosophisch fundierte genetische Theorie des Menschen, Monods ›Zufall und Notwendigkeit‹, ihn zum Entsprungenen der Natur.

Verdruß kann das nur eingeschworenen ›Evolutionisten‹ bereiten. ›Humanisten‹ kann es nicht wirklich überraschen, ist der Bruch mit einer ursprünglichen Ordnung doch die älteste Metapher im Nachdenken über die Herkunft des Menschen.

Mag das Gattungsleben nicht nur aus einem Übergang aus einer Lebensform in eine andere hervorgegangen, sondern selbst auf einen weiteren solchen Übergang angelegt sein, so gewiß vollzieht das Leben der Einzelwesen ›Mensch‹ sich als Abfolge und Verflechtung von Übergängen, deren erster die Geburt und deren letzter der Tod ist. Der Natur entsprungen, in seiner Genese aus der Weltordnung gefallen, sucht das Wesen der Verirrung nach Übergängen zu einem genesenen Dasein.

Von den beiden elementaren Übergängen, zwischen denen unser Leben ausgespannt ist, wissen wir nichts. Sie bleiben unlösbare Rätsel für das Bewußtsein. Ihre Lösung diesseits jeder Erfahrungsmöglichkeit ist der Selbstverzehr jedes Einzellebens, der in seinem Lebenslauf so kontinuierlich geschieht, wie es Leibniz‹ Metaphysik für jedes natürliche Geschehen vorsieht.

In ihm zeigt seine Übergangsnatur sich am komprimiertesten. *Lebensläufe, gelebte und geschriebene, bestehen aus Sequenzen von Übergängen, aus der Reihe jener Schritte, durch die man einen Status verlassen hat und in einen neuen eingetreten ist.* Der Übergang ist der Modus der Lebensführung, die sich in einer Lebenszeit erstreckt: *was wir sonst tun und lassen, dient dazu, den Vollzug zukünftiger Übergänge vorzubereiten, die Resultate vergangener Übergänge zu stabilisieren oder die Folgen mißlungener Übergänge zu bewältigen* (Sommer, Identität, 17).

Welche läge näher, als die ›Methode‹, das Dasein ›des‹ Menschen aus der Analogie zum Leben des Einzelnen verstehen zu wollen? Die Repräsentanz des ›Exemplars‹ für die ›Gattung‹ ist von so unwiderstehlicher Suggestion, dass die Übergangsprägung des Einzellebens trotz aller nun seit Jahrhunderten erörterten metaphysischen Fragwürdigkeiten dieser Denkfigur die Vermutung einer Übergangsnatur des Menschenlebens überhaupt wiederbelebt. Sie macht aus dem Übergang als Grundfigur der Geschichte eines Menschen die Struktur ›der‹ Geschichte.

Der Mensch ist jenes Nicht-bleiben-können und doch nicht von der Stelle Können. Entwerfend wirft das Da-sein in ihm ihn ständig in die Möglichkeiten und hält ihn so dem Wirklichen unterworfen. So geworfen im Wurf ist der Mensch ein Übergang, Übergang als Grundwesen des Geschehens. Der Mensch ist Geschichte, oder besser, die Geschichte ist der Mensch. Der Mensch ist im Übergang entrückt und daher wesenhaft ›abwesend‹. Abwesend im grund-

sätzlichen Sinne – nicht und nie vorhanden, aber in der Ab-wesenheit existent (Heidegger, Grundbegriffe der Metaphysik, § 76, 431).

Die erste nach diesem Muster entworfene Philosophie markiert den Übergang zwischen Idealismus und Romantik. Statt wie Schellings Mythologie in einen neuen Naturmythos einzumünden, erhebt sie die Geschichte selbst noch einmal zu einem pragmatisch verstandenen Mythos. Ein Jahrhundert nach Leibniz entwirft Johann Gottlieb Fichte 1804 in seinen Vorlesungen über ›Die Grundzüge des gegenwärtigen Zeitalters‹ eine anthropologische Philosophie der Geschichte als Abfolge ineinander übergehender Epochen. Fünf solcher großen Zeiten hat die Menschheit als ihre Entwicklung zur Vernunft zu absolvieren. In deren Verlauf bildet sie sich zur Verwirklichung des Zwecks ihres *Erdenlebens* fort, der darin besteht, *dass sie in demselben alle ihre Verhältnisse mit Freiheit nach der Vernunft einrichte* (Werke, Bd. VII, 7).

Darin ist der wichtigste aller Übergänge von der ›Natur‹ zur ›Kultur‹ bereits vorausgesetzt, dessen Notwendigkeit Kant aus dem Paradiesmythos erschlossen hatte. Ist er einmal eingetreten, unterliegt der neue Zustand seinerseits dem Gesetz der Übergänge.

Noch die letzte groß angelegte historische Anthropologie folgt dem Elementargedanken, dass die Geschichte eines Wesens, das aus einem Übergang entstanden ist, aus Übergängen bestehen muss. *Der Übergang zum Menschen im engeren Sinn vollzog sich vermutlich da, wo dessen Erbausstattung so flexibel wurde, daß sie jene breite Palette sozialer Verhaltensweisen zuließ, die wir durch Geschichte und Ethnologie belegt finden. (...). Als dieser Übergang sich vollzog, wurden Kultur und Sprache zu etwas im strengen Sinn Unverzichtbarem. (...). Die Einführung von Lebensmittelerzeugung und Vorratshaltung hat den Umfang und die Komplexität der Gesellschaften ungeheuer vergrößert und damit die Möglichkeit eröffnet oder den Anstoß gegeben zur Abspaltung einer besonderen Klasse von Herrschenden, von Spezialisten in Fragen der Gewaltausübung, und einer eigenen Gruppe von Markierern, Verwaltern der symbolischen Merkzeichen, kurz gesagt der Geistlichkeit. Arbeit, Herrschaft und geistige Tätigkeit bilden nunmehr getrennte Bereiche, zumal seit es möglich ist, Vorstellungen mit Hilfe der Schrift zu speichern* (Gellner, Pflug, 77 f.).

Den letzten der großen Übergänge, die die Menschheitsgeschichte strukturieren, der zur Industriegesellschaft, die auf die Agrargesellschaft folgte, die die Gesellschaft der Jäger und Sammler abgelöst hatte, sieht Gellner durch die Überzeugung gekennzeichnet, ihre eigene Wirklichkeit *für etwas ganz und gar Selbstverständliches zu halten.* Der moderne Mensch hat *Mühe, sich vorzustellen, daß die Menschen früher nicht in einer genauso gearteten Welt gelebt haben. Die Empfänglichkeit früherer Menschen für die Außenwelt war nicht als ein einziges, einheitliches Wahrnehmungssystem organisiert; die beträchtliche Einheitlichkeit, die sie durchaus besaßen, verdankten die früheren ›Welten‹ ihrer Verknüpfung mit sozialen Erfordernissen und nicht ihrer Beziehung auf äußere Daten* (Gellner, a.a.O., 78). Die durch nichts gerechtfertigte Fraglosigkeit der eigenen Kultur durch das Verständnis dessen zu ersetzen, was geschehen musste, damit sie aus einer anderen hervorgehen konnte, wird zur Grundfrage der Kulturanthropologie. *Wie konnte diese Welt sich in unsere Welt verwandeln? – Was hat diesen Menschen überhaupt möglich gemacht?* (Gellner, a.a.O., 321; 79).

Das Ineinanderübergehen der Kulturen ist ein langer Prozeß, in dem Menschen zu anderen Menschen werden, indem sie beginnen, ihre Wirklichkeit auf andere Weisen zu organisieren, womit sie ihre Welt neu erfinden. In dieser seiner unablässigen Geschichtsanstrengung geht das ungewisseste aller Wesen gegen die Fremdheit seiner Herkunft an, die es durch nichts anderes überwinden kann als dadurch, dass es *seine* Welten gegen *die* Welt erfindet.

Übergänge von einer Welt in eine andere zu meistern, ist die elementarste der menschlichen Fähigkeiten, die von der fortdauernden Erfahrung der Fremdheit erzwungen werden. Sie wird zur wichtigsten, wenn ein Dasein sein Genügen nicht mehr daran findet, in überhaupt einer Welt zu sein, sondern von der Sehnsucht getrieben zu werden beginnt, in der eigenen Welt zu existieren.

Das macht den Reisenden zum exemplarischen Menschen des Übergangs, wenn er statt zur Unterhaltung, aus Lebensnotwendigkeit reist. Wie Goethe, als er aus Weimar nach Italien flieht. Dort erst sollte er zu seiner Welt kommen. Wo er lange glaubte, sich in ihr schon eingerichtet zu haben, hatte er sie nicht gefunden. Den Irrtum zu begreifen, löst seine Flucht aus. In Rom wird er endlich, als für die Verhältnisse seiner Zeit schon zu altern beginnender Mann, die erotische Welterfüllung finden, die ihm die Erotophobie seiner Gefährtin in Weimar verschloß, deren ›unnatürlicher‹ Ausschluß des Körpers aus ihrer Verbindung ihm unerträglich geworden war. Schon am 7. September 1786, auf der Grenze des Brenner angekommen, notiert er in das für sie geführte Tagebuch: *Zu meiner Weltschöpfung hab ich manches erobert*, und schließt seinen Eintrag zwei Tage später: *Ich bin wohl, freyen Gemüths und aus diesen Blättern wirst du sehn wie ich der Welt genieße.*

›Die‹ Welt kann zum Genuß erst werden, wenn sie in einer ›anderen‹ erlebt wird. Zwei Wochen später, am 25., nun ganz eingetaucht in die Wirklichkeit seines Südens, heißt es: *Ich kann dir nicht sagen was ich schon die kurze Zeit an Menschlichkeit gewonnen habe* (Tagebuch der italiänischen Reise für Frau von Stein, Weimarer Ausgabe II,1, 160; 162; 230). Je weiter er sich von Weimar und der von seinem heimlichen Aufbruch tief verletzten Freundin entfernt, desto näher kommt er sich. Der Verrat an der lieblos Liebenden war ein Akt der Notwehr. Die Schuld ihrer Verletzung, die den Selbstgewinn ermöglicht, wird durch die Schuld der Verlassenen neutralisiert, die seine Verhinderung so lange betrieben hatte. Die Schuld des Übergangs als Weggang ist gerechtfertigt durch die Schuld, die ihn erzwingt.

Wie die Konfrontation mit fremden Wirklichkeiten den Reisenden mit seinen eigenen ungelebten Möglichkeiten bekannt machen kann, so kann ihm die Gleichzeitigkeit verschiedener Welten am selben Ort die Übergangsnatur des Menschseins in der Fülle seiner verschiedenen Formen unmittelbar zu erleben geben.

An keinem anderen Ort wohl so sehr wie in der Verdichtung New Yorks, beim Durchwandern von Manhattan. *Mehrere Stadtpläne griffbereit in der Tasche, war ich mit U-Bahn und Bus unterwegs durch Manhattan, sah vom Hubschrauber aus bis zum Horizont ein Riesengebirge aus Häusern, daß mir das Herz aufging, pendelte stündlich von Ost nach West, von der ersten zur zweiten zur dritten Welt, sämtliche Amerikamythen, Einwandererlegenden, all die Walt-Whitman-Sagas von Kunst, Ruhm, Kommerz und erhabenem Menschenwerk hinter idiotischem Staunen vergessend. Ein Sprung über die*

Straße, und ich war im vorrevolutionären Rußland, in den Judendörfern von Osteuropa, einer zurück, und ich landete in Rotchina, in einer Seitenstraße Hongkongs. Zwischen Italien und Mexiko lag ein Fußweg, zwischen Weltbörse im Süden und Schwarzafrika im Norden eine längere Busfahrt. Alles verwirrte sich hier, Weltbilder, Himmelsrichtungen, Größenverhältnisse, Entfernungen, Klimata. New York lag auf dem Breitengrad von Neapel, eine retortenartige Metropole, gewaltig aufgetürmt, ein atlantisches Fort, das kaum zu den Vereinigten Staaten gehörte. Es dauerte lange, bis ich mich einfing, selbstverloren, ein Getriebener unter vielen, genau so klein, daß ich in einen Kofferraum paßte, in einen der schwarzen Müllsäcke oder zwischen zwei Fahrgäste, jeder aus einem anderen Erdteil, einer anderen historischen Zeit, und keiner des anderen Sprache mächtig (Grünbein, Manhattan Monolog, 130 f.).

Als freigelassenes oder entsprungenes Wesen, das sein Leben führt, indem es Übergänge vollzieht, ist der Mensch eines der Selbsterprobung, der Beweglichkeit auf der Suche nach dem, was ihm am gemäßesten sein mag. Das aber lässt sich immer nur von einem für einen bestimmen. Genau darin liegt zwar keine Fragwürdigkeit, aber eine nicht zu verschweigende Begrenzung anthropologischen Nachdenkens. Selbst, wenn man in den Besitz einer Bestimmung der Gattung kommen könnte, wäre damit nichts für die Bestimmung ihrer Exemplare gewonnen. Zu wissen, was der Mensch ist, lässt nicht darüber entscheiden, was für diesen einen das Richtige oder Falsche ist, worüber jeder selbst, wenn auch nicht alleine, zu befinden hat. Deshalb ist der vertretbarere Weg der Analogiebildung der umgekehrte, dem Einzelnen Eigenschaften der Gattung abzulesen, wie Carl J. Burckhardt es unterlief, als er, bemüht, über einen Freund etwas Besonderes zu sagen, ihn so charakterisierte: *Hofmannsthal war in mehr Wesensarten zu Hause als irgendein anderer Zeitgenosse, dem ich begegnet bin. (...). Er war einer und viele zugleich (...). Hofmannsthal war in allem ein Mensch der großen, lösenden Übergänge* (Carl J. Burckhardt, Erinnerung an Hugo von Hofmannsthal, 98 f.). Nicht nur, weil es die Historie der Macht so fordert, wird man immer wieder Einzelne mit besonderer Bedeutung ausstatten und an sie erinnern; auch deshalb, weil die Besonderen Jedem zeigen können, was Alle sind.

Im Laufe des Lebens, das als Reihung von Übergängen abläuft, bleibt dasselbe nicht dasselbe, es wechselt seine Tönungen, mag seinen Sinn sogar verkehren. Auf dem Weg vom Säugling, über das Kind, den Jugendlichen, dann Erwachsenen, schließlich vom Alten zum Greis wird nicht unwahr, was wahr für ein Leben ist, wechselt aber seine Bedeutung und seine Wichtigkeit. In nervöser Unruhe dem nächsten Übergang entgegenfiebernd, kann der Jugendliche, dem es nicht schnell genug geht, erwachsen zu werden, sich nicht vorstellen, dass es für denselben Menschen zur Hoffnung werden wird, der nächste Wechsel möge möglichst lange aufgeschoben bleiben, weil jeder nächste irgendwann der letzte sein wird. Nur Jugendliche ›laufen zum Tode vor‹; erst Alternde können entdecken und verstehen, dass es so ist. Und davor erschrecken.

Welche Rolle im Leben einer auch gerade spielen, welche Stellung oder Funktion er einnehmen mag, er ist zu dem geworden, als der er sie ausfüllt, weil er eine Passage aus einem anderen Zustand durchlief, die in seine aktuelle Verfassung mündete. Immer ist damit der Wechsel von ›einer‹ Welt in eine andere verbunden, deren – im Denken nicht nachkonstruierbares – Gefüge erst ›die‹ Welt ausmacht. Als eigene kann sie nur aus der Erfahrung dieser Weltübergänge gewonnen werden.

Gelang es, kann auch das Verlassen der Welt, von der Menschen als einziger wissen können, ohne Schrecken geschehen. Die Vielzahl der Welten findet ihre ebenso unbestimmbare wie absolute Grenze an diesem letzten aller Übergänge. Seine Übergangsnatur beschränkt den Menschen auf die Zahl der Welten, in die seine Vermögen, Wirklichkeiten wahrzunehmen, sie zu bilden und zu verändern, sich in seiner Geschichte aufteilen.

Darin, und nur darin, kann *jeder* Mensch für *alle* einstehen. Der Übergangsmodus seines Lebens ist ein Stück Menschheit im Einzelnen.

Die Endgültigkeit kosmischer Einsamkeit oder Rückkehr in die einzige Welt

Warum fallen wir vom Mond – immer auf dieselbe Erde?
Stanislaw Jerzy Lec

...es bedarf aber des längsten Fernrohrs, um gerade das Immanenteste zu erblicken.
Ernst Bloch
›Experimentum Mundi‹

Die Anthropologie begann mit einer kosmologischen Ermahnung.

Vom Himmel muß unsere Philosophie der Geschichte des menschlichen Geschlechts anfangen, wenn sie einigermaßen diesen Namen verdienen soll. Denn da unser Wohnplatz, die Erde, nichts durch sich selbst ist, sondern von himmlischen, durch unser ganzes Weltall sich erstreckenden Kräften ihre Beschaffenheit und Gestalt, ihr Vermögen zur Organisation und Erhaltung der Geschöpfe empfängt: so muß man sie zuvörderst nicht allein und einsam, sondern im Chor der Welten betrachten, unter die sie gesetzt ist.

Herders erster Gedanke, mit dem er 1784 seine ›Ideen zur Philosophie der Geschichte der Menschheit‹ einleitet, ist späte Reprise der antiken Urgeschichte des Nachdenkens ebenso wie Versammlung der Motive ihrer neuzeitlichen Wendung. Das Interesse der Neuzeit an menschlicher Selbstkenntnis wird sich in einer doppelten Emanzipationsbewegung entfalten, die an die Stelle der Schöpfung die Verbindlichkeiten der Natur, und die eine Welt der Schöpfung unter eine unendliche Vielzahl von Welten setzen wird. Zur Bedingung der Anthropologie wird es werden, die eine Welt zu verlassen, um in sie als Welt des Menschen zurückkehren zu können. Am vorläufigen Ende der Moderne, der es gelang, den äußersten der dazu erforderlichen Schritte zu tun, die Erde als Menschenwelt *von außen* ansichtig zu machen, sieht sich die daran geknüpfte Hoffnung, mit der Hannah Arendt 1960 ihre Anthropologie des handelnden Wesens einleitete, *daß die Menschen, der Erde müde, sich auf die Suche nach neuen Wohnplätzen im Universum begeben*, weniger durch Skepsis als durch Desinteresse erledigt.

Nicht erledigt dagegen ist die anthropologische Konsequenz, zu deren Stimulierung die tatsächlichen Leistungen der Weltraumfahrt führten wie noch nichts in der bisherigen Geschichte, das menschliche Dasein aus eigener Kraft von seinen ontologischen Bedingungen zu befreien. *Dieser zukünftige Mensch, von dem die Naturwissenschaften meinen, er werde in nicht mehr als hundert Jahren die Erde bevölkern, dürfte, wenn er wirklich je entstehen sollte, seine Existenz der Rebellion des Menschen gegen sein eigenes Dasein verdanken, nämlich gegen das, was ihm bei der Geburt als freie Gabe geschenkt war, und was er nun gleichsam umzutauschen wünscht gegen Bedingungen, die er selbst schafft* (Arendt, Vita, 9).

Mag einer sie für die beste, ein anderer die schlechteste halten; jedenfalls ist *diese* Welt die *einzige*, die Menschen nicht nur als Bedingung ihres Seinkönnens kennen, sondern auch im Zustand einer *erfüllten* Bedingung halten, oder ihn herstellen müssen.

Nach der ältesten Überlieferung ihrer eigenen Geschichtsschreibung beginnt die Philosophie nicht mit dem Blick in die Welt, sondern in den Sternenhimmel. Das schließlich auf Selbsterkenntnis ausgelegte Nachdenken fängt an mit dem größten möglichen Umweg: über die Sterne sucht der Anfang des Philosophierens einen Weg zum Menschen.

Dabei regt sich von Anfang an die technische Intelligenz. Die kosmische Spekulation nutzt die Ingenieurkunst. Im kleinasiatischen Griechenland steigt Thales in Brunnenschächte hinab, um sie als Teleskope zu verwenden. Sie ermöglichen ihm, seine Beobachtungen am Himmel auch bei Tag anzustellen.

Bei einem dieser Abstiege ins Brunnenlaboratorium muss er ausgerutscht sein oder sich vertreten haben, und er stürzte. Eine vorbeikommende

Magd wurde Zeugin des Mißgeschicks. Das Gelächter, unter dem sie die Begebenheit sofort ihren Freundinnen im Waschhaus erzählt haben muss, hat Thales‹ Ruhm über die Zeiten einiger tausend Jahre hinübergerettet. Nichts ist so dauerhaft wie die kleine Häme, die Große stürzen sieht. Um den Preis, als Figur der Fragwürdigkeit in Erinnerung zu bleiben, fügte sie Thales der Überlieferung ein, seit Diogenes Laertius, der erste Historiker der Philosophie, die namenlos gebliebene Zeugin sich amüsieren ließ: *Du kannst nicht sehen, Thales, was dir vor Füßen liegt, und wähnst zu erkennen, was am Himmel ist?* (Diogenes Laertius, Leben und Meinungen, 19). Alle späteren Zeiten haben eingestimmt ins Lachen des Unverstandes, der ein Ungeschick für Unvermögen hält.

Es müsste eine sehr gebildete Magd gewesen sein, diesen Brunnensturz mit einem Kommentar von solcher theoretischer Reichweite zu versehen. Aber die Legende hat das Muster vorgegeben, Theoretiker vom Menschen gesunden Alltagsverstandes beurteilt werden zu lassen, der ausschweifenden Erkenntniswillen am Nächstliegenden scheitern sieht, oder, in der Version einer späteren Moralistik: Hochmut kommt vor dem Fall. Noch später machten Theoretiker selbst dann daraus die Vorbeugung gegen drohende Selbstüberforderung ihres Metiers, sich ausschließlich ans Wahrnehmbare zu halten. Damit kündigten die Empiristen die Ansprüche der Metaphysiker.

Aber vielleicht war es eine nächtliche Szene? Dann stellt sich die Frage, was die Magd in der Nacht am Brunnen zu schaffen hatte. Am Ende kam der Philosoph zu Fall, weil er auf sie und ihre Reize aufmerksam wurde, und sich von ihnen ganz gerne von der Einsamkeit seines Tuns ablenken ließ? Denn noch einsamer als der Denkende ist der den Sternenhimmel Beobachtende. Wenn er nicht unverhofft, oder erwartet, Besuch bekommt. Thales muss gestürzt sein, als er statt nach den Sternen, nach der Magd sah, in einer sehr klaren Sommernacht, fast zu hell, um den Himmel zu betrachten. Gerade im Begriff, zur Verbesserung der Sicht in den bewährten Brunnenschacht hinabzusteigen, trat sie zu ihm, die nicht zum ersten Mal hinausgekommen sein wird. Möglich, dass der Philosoph ein ungeschickter, oder ein allzu stürmischer Liebhaber war, den des Mädchens Reize so unachtsam machten, dass er in sein Brunnenteleskop stürzte, welches Mißgeschick ihren Freundinnen zu berichten die Gespielin nicht lassen konnte. Oder musste der Brunnen ihm als Zuflucht vor ebenso hartnäckigen wie unerwünschten Avancen dienen? Dann hätte eine Gekränkte, ihrer Reize sonst sicher, sich durch die Nachrede der Lächerlichkeit an einem gerächt, der sich weigerte, zu nehmen, was ihm geboten wurde.

Wie auch immer, es muss anders gewesen sein als die maßsetzende Anekdote es wissen will, die den ersten Philosophen zum Prototypen der Lebensungeschicklichkeit stempelte. Das Lachen, das in ihr erschallt, sagt wenig über den Philosophen, wenn überhaupt etwas; viel über alle, die seitdem in dieses Lachen einstimmten.

Im Grunde genommen ist der Beobachter mehr wert als der Überwacher, der Detektiv oder Polizist, ist der Astronom, der in den Brunnen fällt, mehr wert als die Frau, die sich hinter seinem Rücken, im Kreis ihrer Gefährtinnen, über ihn lustig macht. Wer ist denn in der Realität? Derjenige, der nach den Sternen Ausschau hält, oder diejenige, die hinter seinem Rücken eine lächerliche Szene daraus macht? Wissen die Wäscherinnen, daß ein Brunnen ein ausgezeichnetes Fernrohr abgibt und daß man vom Grunde dieses vertikalen Zylinders aus, dem einzigen Teleskop, das die Antike kannte, am hellichten Tage die Sterne sehen kann? Sollen sie nur lachen, sie wissen nicht, daß der Gelehrte ganz bewußt in den Abgrund hinabsteigt (Serres, Fünf Sinne, 47).

Jedenfalls bezeugt die Magd, worüber immer sie gelacht haben mag, dass die Astronomie ihrer Natur nach eine einsame Angelegenheit von hoher Konzentration ist, in der selbst erwünschte Störungen unangenehme Folgen haben können. Um wieviel größere unerwünschte. *Wer nach den Sternen reisen will, der sehe sich nicht nach Gesellschaft um*, notierte Friedrich Hebbel im Juni 1838 (Tagebücher, Nr. 1201), als an Reisen ins All kaum schon zu denken war.

Es möglich zu machen, sollte anderthalb Jahrhunderte später von den Nachfahren des miletischen Sternenguckers die höchste Anspannung aller irdischen Fertigkeiten fordern, deren Erfolg die Lächerlichkeit ihres Urur-ahnen glänzend widerlegte.

Die erste Reise in den Weltraum erbrachte eine irdische Erkenntnis, die für Menschen wichtiger nicht sein könnte. Um sie auf eine paradoxe Formel zu bringen: im All gibt es nur ein Ziel: die Erde.

Was für das Publikum der Wissenschaften, das früheste wie das späte, mit der Lächerlichkeit des stürzenden Philosophen beginnt, mündet in den Triumph der Rückkehr der ersten Mondfahrer. Denn beide so unvergleichbaren Ereignisse kennzeichnet dasselbe, die Intensivierung der Berührung mit der Erde. Sich so weit wie möglich über sie zu erheben, durch Beobachtung, durch reines Nachdenken – wie in der vom Sputnik-Ereignis des Jahres 1957 eingegebenen Erfindung einer spekulativen Pseudowissenschaft ›Astronoetik‹ (Blumenberg, Vollzähligkeit, 454-549) – , oder in corpore in Raumschiffen, hat nur den einen Fluchtpunkt: mit der Erde in engsten möglichen Kontakt zu bringen. Im allerersten überlieferten Fall des Brunnensturzes als das Unerwünschteste, das sich ungeschickterweise nicht vermeiden ließ; im zweiten des technischen Triumphes als das Erwünschteste, das sich durch umsichtiges Geschick, und dennoch glücklich, hatte erreichen lassen.

Das 18. Jahrhundert fand die Idee, das 19. das Mittel und das 20. dessen Anwendung zum ersten Schritt ihrer Verwirklichung, diese Welt zu verlassen, um sich im benachbarten All nach anderen umzuschauen. Die Hypothese des Atomismus von der Vielzahl der Welten, die für die antike Metaphysik ausgemachte Sache war (Stenzel, Metaphysik, 34 f.), hatte der christliche Monotheismus verwerfen müssen, der nur noch die zwei Welten des Dies- und des Jenseits kannte. Je weniger die Jenseitserwartung aber zur Erträglichkeit des Diesseits beitrug, desto reger musste die Erinnerung an den alten Gedanken werden, dass nicht nur mehr, sondern vor allem bessere Welten als diese existieren könnten.

Mit dem Schwinden dogmatischer Verbindlichkeiten konnten die mythischen Restbestände des Christentums selbst den Hintergrund für eine Metaphorik abgeben, die den Blick der Ursprungswissenschaft der Neuzeit neu ausrichtete. Der Blick der Astronomie in den Himmel als die nächstgelegene Region des Kosmos musste ein anderer werden, sobald der Kosmos keine Ordnung ein für alle Male mehr war, wie er es als Gottes Schöpfung nur hatte sein können.

Die Öffnung des Universums musste nicht nur den horror vacui wecken, den Schrecken der Leere. Sie ermöglichte auf Dauer auch eher erleichternde Gedanken, wie den vom Universum als Laboratorium Gottes. Die Einsamkeit dieser Welt könnte dann durch die Existenz einer anderen, in der gelungen wäre, was hier unvollkommen blieb, in einem Universum von Möglichkeiten ausgeglichen werden.

Ich bin einmal auf den Einfall gekommen ob nicht Saturn der mehr wie ein zerbrochener Orrery aussieht, als wie ein Planet, nicht wohl gar das Modell von unserem System gewesen sein könnte, welches nun, da es nicht mehr nützt, bei Seite geworfen worden ist. Diese Mutmaßung wurde beinah zur Demonstration, als ich bedachte daß Saturn 5 Trabanten hat, und grade so viel Hauptplaneten sind, wenn man den Saturn nicht mehr mit rechnet. (...). Dort hängt es, hinausgerückt über die Kernschußweite des Lichts, wie groß! Wie weggeworfen, das Model, Rumpelkammer dem Schöpfer, unerschöpfliches Museum für dich Mensch. Das Model einer Welt, selbst Welt – selbst vielleicht als Model bewohnt – nicht Pappdeckel nicht Messing sondern Model Gottes! – (Hier an ein Sandkorn angeschmiedet) Saturn – welche Hieroglyphe! Coelus, Coelius, den Griechen Uranus, Uranie, Urarie, Orrery, alles klar, nicht Wink sondern Fingerzeig, Wort-Hall in der Seele, Licht dem Menschen vom Schöpfer aufgesteckt und vom Menschen in Katheder-Nacht gehüllt. Philosophieren können sie alle, sehen keiner (Lichtenberg, Sudelbücher, Heft E 1775-1776, Nr. 368).

Wenn diese uns als einziger möglicher Ort unserer Existenz bekannte Welt nicht die einzige, sondern nur *eine* Welt, und sie als Versuch ihres Urhebers gescheitert ist, so könnte es eine andere geben, in der ihm gelungen wäre, was ihm hier mißriet. Das Schwinden des Christentums gibt der Astronomie als der Leitwissenschaft der frühen Neuzeit, die ihre negative *Erfahrung* der Welt nicht mehr nur hinnehmen, sondern die *Welt* verändern will, die neue Perspektive, das All als ein metaphysisches Laboratorium zu erforschen.

Die Moderne beginnt und endet mit der kopernikanischen Revolution. Jeder neue Blick auf das All hat einen metaphysischen Hintergrund (Jünger, Zeitmauer, 75).

Die Neuzeit bezieht in ihre Suche nach einer anderen Welt, die kein

Jenseits mehr ist, den Kosmos ein. Und begibt sich damit noch einmal auf den Umweg der ersten Philosophen zum Menschen.

Die astronomische Neugierde, die für die Durchsetzung der ›humanen Selbstbehauptung‹ gegen den ›theologischen Absolutismus‹ so wichtig gewesen war, wird nun tendenziell zu einem Mittel, die weltimmanent gerichteten Ansprüche auf eine andere Welt über die Welt dieses Sterns, auf dem die Menschheit lebt, hinaus zu lenken. Die Sehnsucht, dass die Welt anders, oder eine andere anderswo, wäre, lässt den Impuls entstehen, diese zu verlassen, um an einem anderen kosmischen Ort diese bessere Welt zu finden.

Diese Spekulation bleibt wirksam bis in die Untergründe des rein technologischen Ehrgeizes, der die bemannte Raumfahrt hervorbrachte. Wozu der Einfall eines in historischen Dimensionen denkenden Beraterteams eines ehrgeizigen Präsidenten allein nicht ausgereicht hätte.

Mit dieser Wendung kann der Kosmos, der den seines Glaubens nicht mehr gewissen Menschen in den von Pascal beschriebenen Schrecken der Einsamkeit versetzt hatte, zur Projektionsfläche erneuerter menschlicher Hoffnungen werden.

»*Weder weiß ich, wer mich in die Welt setzte, noch was die Welt ist, noch was ich selbst bin. In einer furchtbaren Unwissenheit über alles und jedes bin ich. Ich weiß nicht, was mein Leib ist, noch was meine Sinne sind, noch was meine Seele ist und das Etwas sogar, das in mir das denkt, was ich sage, das über alles und mich selbst nachdenkt, kennt sich nicht besser als das Übrige. Ich schaue diese grauenvollen Räume des Universums, die mich einschließen, und ich finde mich an eine Ecke dieses weiten Weltenraumes gefesselt, ohne daß ich wüßte, weshalb ich nun hier und nicht etwa dort bin, noch weshalb ich die wenige Zeit, die ich zu leben habe, jetzt erhielt und an keinem andern Zeitpunkt der Ewigkeit, die vor mir war oder die nach mir sein wird. Ringsum sehe ich nichts als Unendlichkeiten, die mich wie ein Atom, wie einen Schatten umschließen, der nur einen Augenblick dauert ohne Wiederkehr. Alles, was ich weiß, ist, daß ich bald sterben werde, aber was der Tod selbst ist, den zu vermeiden ich nicht wissen werde, das weiß ich am wenigsten*« (Pascal, Religion, Fragment 194, 97-106; 101).

So sieht Pascal den ins All schauenden Ungläubigen erschaudern, von dem er sich seinerseits mit Abscheu abwendet. *Wer möchte einen Menschen zum Freund haben, der derart schwätzt?* (Pascal, a.a.O., 102).

Der petitio principi folgend, die Notwendigkeit des Glaubens vorauszusetzen, die er in diesem Schrecken bezeugt findet, folgert Pascal aus ihm die Notwendigkeit der Offenbarung. Nicht bedenkend, dass die Folgerung als die eines Gläubigen für diejenigen ohne Wert sein muss, gegen die sie sich richtet.

Wirklich, es ist nur rühmlich für die Religion, daß sie so törichte Menschen zu Gegnern hat und ihre Feindschaft ist ihr so wenig gefährlich, daß sie im Gegenteil zur Festigung ihrer Wahrheiten dient. Denn der christliche Glaube beruht fast ganz darauf, zwei Dinge klar zu wissen: die Verderbnis der menschlichen Natur und die Erlösung durch Jesus Christus (a.a.O., 102). Wer dessen gewiß ist, den kann keine noch so grauenhafte Leere des Kosmos wirklich erschrecken. Doch Pascal führt das Argument umgekehrt an. Wäre die Sicht des Ungläubigen wahr, so könnte er sie nicht aushalten. *Es muß eine befremdende Verkehrung im Wesen des Menschen stattgefunden haben, damit er sich einer Seinslage rühme, von der es unglaubhaft scheint, daß nur ein Mensch darin bestehen könne* (a.a.O., 103).

Für den nachchristlichen Menschen, der sich von keinem Glaubensgebot mehr zur Ordnung rufen oder in seinen Folgerungen beirren lässt, wird die kosmische Einsamkeit zu einem der stärksten Indizien dafür werden, dass es zu menschlicher Selbstverantwortung im Gattungsmaßstab keine Alternative gibt. Um so weniger, als die Erfahrungen, die die Gattung aus einer Idee in eine Wirklichkeit verwandelten, Erfahrungen mit Katastrophen sind, in die eine Geschichte geraten muss, deren Akteure die Selbstverantwortung des Menschen nicht gelten lassen.

Die astronomischen Faszinationen, die sich im 18. Jahrhundert zu der Vorstellung anderer, unserer Welt benachbarter, bewohnter oder bewohnbarer Welten verdichteten, beruhen unverändert auf der gnostischen Vermutung, es gebe mindestens noch eine andere als diese Welt, wofür die Sehnsucht, die ihre Zustände ihren Bewohnern immer wieder eingeben, zeugt, aus ihr in eine andere wechseln zu können.

Mit der Entdeckung der Natur als der einzigen Quelle menschlicher Verbindlichkeiten wird der Blick möglich, dessen Vorbereitung den Kampf um die Freiheit der Wißbegierde zu Beginn der Neuzeit beherrscht hatte.

Für ein Wesen, das, über unseren Erdball erhoben, von der äußeren Atmosphäre herab das Menschengeschlecht mit all seinen Fortschritten und Veränderungen betrachtete, würden die Menschen, wenn sie ganz nackt in den Wäldern umherirren, um dort mühsam ihre Nahrung zu suchen, nicht weniger den Gesetzen der Natur unterworfen erscheinen, als wenn sie, in zivilisierten Gemeinschaften lebend, das heißt, durch eine größere Zahl von Erfahrungen bereichert, sich schließlich in Luxus stürzen, von Tag zu Tag tausend neue Bedürfnisse erfinden und tausend Mittel entdecken, um sie zu befriedigen (Paul Thiry d' Holbach, System der Natur, 12).

Zweihundert Jahre später wird aus dem spekulativen extraterrestrischen Blick ein empirischer geworden sein. Was die Astronauten und mit ihnen die Erdbewohner als Dokumente ihrer Leistung zu sehen bekamen, hat die von der Spekulation immer wieder erwiesene Bedürftigkeit des Menschen in buchstäblicher Augenfälligkeit belegt.

Bereits dem ersten spektakulären Ereignis der beginnenden Raumfahrt konnte deren ›Ergebnis‹ abgemerkt werden, das zwölf Jahre später mit dem Blick vom Mond auf die Erde sichtbar wurde. *Das Jahr 1957 wird für absehbare Zeit denkwürdig bleiben als Geburtsjahr der ersten Satelliten, einer Sensation, wie es scheint, mit stark politischem Akzent; in Wahrheit geht es um ein politisch-überpolitisches Ereignis, eine Sache der Menschheit, die ernsthafter innerer Verarbeitung bedarf* (Schneider, Schwelle des Alls, 7).

Als ein in der Tradition Pascals Denkender und Lebender war Schneider so hellsichtig, die politische Dimension des scheinbar rein wissenschaftlich-technischen Triumphes unter dem Gesichtspunkt der Kriegstauglichkeit, deren Nachweis alle Wissenschaft und alle Technik zu erbringen hat, dahin zu deuten, dass die Raumfahrt das All nicht der Erde öffnen, sondern das All als Verlängerung der Erde behandeln werde. *Denn der Kosmos ist nun als Feld der Geschichte geöffnet (...). Geschichtsfeld also ist ein Todesfeld; insofern war der verlassene Passagier des zweiten Satelliten eine prophetische Existenz, sollte er uns ein Zeichen bleiben: eine Todeschance ohnegleichen, vielleicht die grausigste aller Möglichkeiten des Verlassenseins und der Angst, ist von der Menschheit aufgenommen worden* (Schneider, Schwelle, 8).

Gegen das vom ersten künstlichen Erdsatelliten wiederbelebte pascalsche Grauen vor der Leere unendlicher Räume bietet der ebenso erschrockene wie faszinierte Beobachter die Perspektive einer Menschheit auf, die sich endlich als Menschheit auch weiß. *Der Kosmos, der unergründliche, fordert die Menschheit heraus, Menschheit zu werden. Ist das möglich?* (...). *Es ist die vom eben vergangenen Jahre aufgeworfene Frage, die fortan die Erde umkreisen wird, Sprache der Satelliten: sie sind Exponent der Geschichte, deren Sinn und Ergebnis es ist und bleibt, daß der Mensch sich selber ins Antlitz blickt; daß er sich, in unvorstellbarer Verlassenheit, ein Herz fassen soll zu seinem Menschentum* (Schneider, Schwelle, 12).

Das zu ermöglichen aber, mussten erst Menschen ins All.

Die Vorstellungen dazu waren alt. Zu Beginn des Jahrhunderts wurden die technischen Erwägungen bereits so konkret, dass man zu wissen begann, was man können müsste, um es zu verwirklichen. Aber es sollte eines Weltkrieges bedürfen, um die Ressourcen zu erschließen, derer es bedurfte, um das gewonnene Wissen vom Erforderlichen praktisch erproben zu können.

Wie meistens trafen die wenigen öffentlichen Äußerungen dieser konkreten Phantasie auf Spott. Auch von seiten derer, die ihn sonst üblicherweise selbst von den Pragmatikern für ihre Geisteserzeugnisse zu gewärtigen haben.

Mir war kurz vorher eine Schrift in die Hände geraten, die sich betitelte: Der Vorstoß in den Weltenraum. Verfasser war M. Valier, ein Münchner Gelehrter, der in allem Ernst eine Utopie des alten Jules Verne zu verwirklichen gedachte und seine freien Stunden auf die Herstellung eines Weltraumschiffs verwandte. Durch Raketenentladungen emporgetrieben sollte dieses den Bereich der irdischen Schwerkraft überwinden und schließlich, nach genauesten Berechnungen von Zeit und Ort, auf dem Monde landen. Die Epoche, die jeden Glauben belächelte, der auf dem Unsichtbaren ruht, aber allem zujauchzte, was im Zeichen der Technik hervortrat, hielt genug Menschen bereit, die den doch frevelmütigen Plan ernst nahmen, und gleich ließen sich Hunderte von Entschlossenen für die erste Mondfahrt vormerken, die jedoch nicht stattfinden konnte, weil der verwegene Erfinder auf plattem irdischem Boden durch einen ganz alltäglichen Kraftwagenunfall ums Leben kam (Carossa, Welten, 16 f.).

Sein vor lauter Feinheit grob werdender Spott sollte auch diesem Literaten bald vergehen. Denn vor allem brachte diese Zeit eine junge technische Intelligenz hervor, die mit den ›frevelhaften‹ Vorstellungen mathematisch-physikalischen Ernst zu machen entschlossen war. Sie konnte es, weil ihr von einem auf Welteroberung ausgehenden Regime dafür fast unbegrenzte Mittel zur Verfügung gestellt wurden, unter der einzigen Bedingung, dass Waffen daraus hervorgingen.

Der Mondflug wurde in dem Moment realisierbar, in dem Hitler einem jungen Ingenieur die benötigten Forschungsmittel zur Entwicklung von Raketen bewilligte, die er so effektiv nutzte, dass er nach dem verlorenen Krieg, zu dessen letzten ›Wunderwaffen‹ seine Forschung führte, für die Sieger zu einer der wichtigsten Beuten wurde. In den texanischen Wüsten sollte er sein nun mit den Ressourcen des reichsten und mächtigsten Landes der Erde ausgestattetes Projekt fortsetzen und den zur Entscheidung des Kriegs der Ideologien im Wettstreit der Systeme ersonnenen Auftrag des Präsidenten Kennedy an die amerikanische Nation erfüllen, einen Menschen zum Mond und sicher zur Erde zurückzubringen.

Erstaunlicher, und ungleich schwieriger, als zum Mond zu fliegen, sollte sich die Leistung erweisen, danach zur Erde zurückzukehren. Auch technisch ist Rückkehr das noch Unwahrscheinliche als Ankunft.

Die in überlegenem Humanismus für abstrus gehaltene Vision des Technikers muss den Literaten mehr beeindruckt haben, als sein Sarkasmus zugibt. In der Zeit des anbrechenden Dritten Reiches träumt er *von Valiers Weltraumschiff. Es lag abfahrbereit auf dem Oberwiesenfeld bei München. Ich saß bequem am Fenster und sah den Leuten zu, die einstiegen, um die Fahrt auf den Mond mitzumachen. Sie schleppten sich mit Koffern und Hutschachteln; auch Kinder waren dabei, die gleich mit ›Fangermandlspielen‹ anfingen. Zuletzt kam ein Mann mit Spaten und Pickel. »Aha, das ist der Goldgräber«, dachte ich, fühlte aber zugleich ein Unbehagen, als ich merkte, daß mir das*

Reiseabzeichen fehlte, die kleine silberne Mondsichel, die alle andern auf der linken Brustseite trugen (Carossa, Welten, 21).

Das ist nicht nur Naivität einer beschränkten Einbildungskraft. Darin zeigt sich für den, der weiß, wie die Reise zum Mond dann tatsächlich vonstatten ging, dass der Ausflug ins Außerhalb des Menschlichen dieses nicht hinter sich lassen kann. Was am sinnfälligsten dadurch belegt ist, dass die Astronauten die Atmosphäre der Erde als künstliche in ihren Raumanzügen mitnehmen mussten. Der Sinn des Ausflugs ist nicht der Beweis, hinaus zu können, sondern die Vergewisserung, selbst damit ein Stück des Menschlichen zu verwirklichen. Die Banalität der Phantasie, es sich vorzustellen wie eine beliebige bürgerliche Reise auf der Erde bezeugt genau das.

So haarsträubend die Vorstellungen aus den Frühzeiten astronautischer Visionen auch wirken, so wenig absurd musste es seit der technischen Beschleunigung sein, anzunehmen, man *könne* eines Tages zum Mond reisen. 1890 geboren, mathematisch begabt, aber ohne jede höhere Schulbildung geblieben, die unerreichbar war, konnte es meinen Großvater in Zorn versetzen, wenn man sich über diese Vorstellung belustigte. Die Überschlagsrechnungen, die er, autodidaktisch informiert, anstellte, waren nicht weit entfernt von dem, was später von der NASA tatsächlich berechnet wurde. Es war dem durch Herkunft zur Unbildung Verurteilten eine große Genugtuung seines achtzigjährigen Lebens, in dessen Lauf er zum Zeugen vieler verwirklichter Unwahrscheinlichkeiten geworden war, die Verwirklichung seiner Vorstellung gerade noch zu erleben.

Die größten technischen Probleme bereitete nicht die Erreichung des Zieles, sondern die sichere Rückkehr. In dieser Hinsicht zeigt selbst die zuständige Wissenschaft sich nicht frei von Naivitäten, welche die triviale Einbildungskraft bestimmten. Noch zehn Jahre vor dem Ereignis kann ein Astronom es für ausgemacht halten, *daß die Rückkehr zur Erde kein ernstes Problem bedeutet* (Schütte, Weltraumfahrt, 165). Sie wurde *das* Problem, und seine Lösung zum Bedeutungskern des ganzen Unternehmens.

Der Tatsache, daß der Blick vom Mond auf die Erde uns tiefer beeindruckt, und daß er philosophisch ertragreicher ist als der Blick von der Erde auf den Mond, dieser Tatsache entspricht, ohne daß sich ein unmittelbarer Zusam-

menhang zwischen den zwei Tatsachen behaupten ließe, daß uns auch die geglückte Rückkehr vom Monde ungleich großartiger zu sein schien als der geglückte Vorstoß in die Tiefe des Weltraums oder als die Ankunft auf dem Monde (Anders, Blick vom Mond, 91). Von aufgeregten Moderatoren über die extremen Risiken unterrichtet, deren Meisterung äußerste Konzentration und Präzision im Zusammenspiel von Bodenstation und Astronauten erforderten, waren die Minuten vor dem Eintauchen der Kapsel in die Erdatmosphäre für das zum ersten Mal weltumspannende Publikum noch dramatischer als die Erwartung des Aufsetzens der Fähre auf dem Mond.

Ich könnte es mir vorstellen, daß diese unsägliche Schwierigkeit und Gefahr der Rückkehr in der Geschichte der Technik, damit in der Geschichte der Menschheit einmal beispielhafte Bedeutung annehmen wird. Denn was wir hier beobachten: daß die Rückkehr ins Menschliche immer schwieriger wird und immer komplizierter, je weiter wir die Grenze des Menschlichen, proportionem humanam, überschreiten, diese Beobachtung scheint eine Regel zu sein, die in der wissenschaftlichen Forschung und in der Technik überhaupt gilt. Wir können wohl von einer umgekehrten Proportion zwischen dem Steigen der Leistung und dem Sinken der Rückkehrchance sprechen (Anders, a.a.O., 91 f.).

Daraus folgt als Grundsatz einer Forschungsethik, keine *Erfindungen auszuprobieren, solange sich diese nur auf ›Einbahnstraßen‹ abspielen, solange die Möglichkeit der Rückkehr, gewissermaßen die Gegenfahrbahn, nicht miterfunden ist* (Anders, a.a.O., 93). Die Erfahrung mit der ersten bemannten Raumfahrt hat das Prinzip einer Selbstregulation der an den Möglichkeiten des Wissens und seiner Technologisierung orientierten freien Forschung begründet: das Prinzip der Vermeidung jeder Unumkehrbarkeit. Rückkehren sind nur möglich, wenn Rücknahmen gewährleistet bleiben.

Die weltumspannende Gemeinschaft der die Ereignisse im Juli 1969 an den Bildschirmen gebannt verfolgenden Fernsehzuschauer hat einen ersten Moment gestiftet, in dem für alle Beteiligten erlebbar wurde, dass sie Angehörige der Menschheit sind. Der erste Schritt hinaus ins All hat das Bewußtsein der Menschheit ermöglicht. Das wiegt schwerer, als dass es in diesem Moment ohne Vergleich nicht schon entstand.

Zugleich ist darin das wichtigste Gut dieser Menschheit kenntlich geworden.

Oft ist Neil Armstrongs Aussprache des technischen Triumphs zitiert worden vom kleinen Schritt für einen Menschen und dem großen für die Menschheit; seltener sein Gegenstück, das Michael Collins aus dem Raumschiff von Apollo 11 zur Erde funkte, mit dem Volker Braun seinen poetischen Kommentar des Mondflugs schließt, der ausspricht, welche Bedeutung der Triumph für die besitzt, die sie nach dem Ereignis zu erfassen haben:

> *Letzte Stufe*
> *Von den leergebrannten*
> *Sätzen! Fallen*
> *An Riesenschirmen spielerisch*
> *In den Ozean, genannt der Friedliche*
> *In den Hirnen der bläuliche Planet himmel-*
> *Schreind schön. So die Erde*
> *Sehn, und die Menschen würden*
> *Sie schützen.*
> (Braun, Armstrong Aldrin Collins, 45).

Aber warum ›würde‹, da sie nun doch tatsächlich so zu sehen *ist*? In diesem Konditionalis liegt bereits die ganze Skepsis, die eine Generation später immer berechtigter ist, da überdeutlich wurde, wie wenig die Menschheit von dieser Einsicht Gebrauch zu machen geneigt, oder in der Lage war. Was sie nicht falsch macht.

Es ist eine Katastrophe wie die ungeheure Flut in Asien Weihnachten 2004, die die biblische Erzählung von der Sintflut mit einem Mal aus dem Fabelreich ins Wahrnehmbare versetzte, was die medial hergestellte Weltöffentlichkeit zu Beginn des dritten Jahrtausends bewegen und für Momente ein weltumspannendes Empfinden wecken kann, Teil der einen Menschheit zu sein; der technologische Triumph der Astronomie fünfunddreißig Jahre nach der Mondlandung, dass nach siebenjährigem Flug eine Raumsonde den Saturn-Mond Titan erreicht, auf den Lichtenbergs epochale Spekulation vom Universum als göttlicher Versuchsanstalt gerichtet war, konnte nur kurze Aufmerksamkeit auf sich ziehen, ohne eine weltumspannende Resonanz zu wecken. Kaum mehr als ein So, das hätte man nun also auch erreicht. Angehen ließen es sich nicht mehr Menschen, als die, die daran direkt beteiligt waren.

In dieser Konfrontation zweier Ereignisse in unmittelbarer zeitlicher Nachbarschaft zeigt sich die erstaunliche Ernüchterung, welche die im 20. Jahrhundert als Menschheitsprojekt begonnene Weltraumforschung erfuhr, desto erfolgreicher sie wurde. Aus dem spekulativen Laboratorium des seine Fähigkeiten erprobenden Schöpfergottes wurde das tatsächliche Laboratorium des technischen Verstandes, mit dem die Menschen der Neuzeit je länger, desto selbstverständlicher die menschlichen Fertigkeiten überhaupt gleichsetzen. *Der Mensch will tun, was er kann; aber der tiefere Grund dafür, daß er dieses will, ist doch erst, daß er vorher gar nicht weiß, was er kann, ehe er es nicht getan und ausgestanden hat.* Noch seine größten Triumphe erweisen seine Lebensunsicherheit. Wenn dies möglich war, was könnte dann noch möglich sein? *In all seiner Findigkeit ist der Mensch ein Wesen des Selbsterfahrungsbedarfs. Wir wissen, woraus er resultiert: aus dem Verlust eines Biogramms, jener Antwort auf die nie gestellten Fragen, die allem anderen Leben ringsum seine beneidenswerte Daseinssicherheit gibt* (Blumenberg, Flußaufwärts, in: ders., Vollzähligkeit, 212-215). Eine Spur der spekulativen Hoffnung mag zum technischen Aufbruch ins All beigetragen haben, auf diesem Weg in einem kosmischen utopia uns noch einmal zu finden, aber als die vollendeten Lebewesen, denen jener Verlust ihres Biogramms erspart blieb, das eine Lebensform in den Einklang mit ihrer Welt setzt, den die menschliche ihren Bewohnern so empfindlich vorenthält.

Das bestimmende Mittel, sich neue und immer neuere Fertigkeiten zu beweisen, ist seit hundert Jahren die Vergrößerung der Beschleunigung, wo immer sie erreicht werden kann. Sie als die größtmögliche technisch herzustellen, war die wichtigste Voraussetzung für den Mondflug.

Aber die Beweise menschlicher Vermögen sind nicht nur Bestätigungen. Sie tragen zur Wiederkehr jener Urfremdheit bei, gegen die die Technik seit zweihundert Jahren mit Bewußtsein in Stellung gebracht wird, wenn sie den direkten Bezug zu den Fertigkeiten des Einzelnen verlieren. Wer könnte sich von sich selbst vorstellen, in einer der winzigen Raumkapseln eingepfercht ins All zu fliegen, auf dem Flugzeugträger im Hafen von New York vor einer stehend und sich fragend, wie ein Mensch es darin auch nur eine halbe Stunde lang aushalten könne? Man kann nicht anders, als sich zu fragen, ob es wirklich *damit* stattgefunden hat, obwohl jeder Zweifel daran unsinnig ist. Für den Einzelnen muss das Bewußtsein, einer Menschheit anzugehören, die derartiges vermag, als dessen Teilhaber er sich selbst nicht wirklich denken kann, zu einer neuen Verminderung seines Selbstvertrauens führen. Je mehr *der* Mensch kann, desto kleiner müssen *die* Menschen sich vorkommen. Nichts ist dem, der sie ohne einen bestimmten Zweck durchstreift, so fremd wie die Steinwüste einer Millionenstadt, in der es nichts mehr gibt, was nicht von Menschen gemacht und gestaltet wäre.

Auf dem Rückflug von Kuala Lumpur, wo er nach sechsundsiebzig Jahren am 15. April 1986 zum zweiten Mal den Halleyschen Kometen gesehen hat, notiert Ernst Jünger am 8. Mai, dem einundvierzigsten Jahrestag der deutschen Kapitulation in dem Krieg, dessen totale Mobilmachung die Grundlagen für die Mondlandetechnik gelegt hatte: *Zuweilen wird uns das Phantastische, ja das Unmögliche unserer Existenz bewußt. Der Verdacht, daß wir nur träumen, läßt sich, besonders in den Pausen, nicht abweisen. Die Spezies ändert sich. Welches Horoskop hat ein Kind, das hier geboren wird? Und wie ist es mit den Raumschiffen? Wir halten mit unserer Entwicklung nicht mehr Schritt.*

Ähnlich die Stimmung während der Überfliegung durch Bombengeschwader in Kirchhorst. Es waren weniger die Sirenen, das Hämmern der Flakgeschütze, die schweren Einschläge, als das geisterhafte Licht der Scheinwerfer, das die Verdunkelung durchdrang und die Mauern des Hauses aufzulösen schien. Nur das Balkenwerk blieb als ein Gerüst von Runen – als das ›Gestell‹. Dabei das Gefühl, auf einem fremden Planeten gelandet zu sein, und dazu in einer schlechten Saison.

Der Verkehr nimmt ballistische Formen an. Was bedeutet es, in einem Geschoß dahinzufliegen, in dem man sich innerhalb eines ausgeklügelten Kom-

forts bewegt? Gewiß ist Gefahr dabei – aber die Fahrt auf den Segelschiffen, obwohl gefährlicher, war nicht so unheimlich (Jünger, Hallay, 97 f.).

Je intensiver der Versuch, sich der Bedeutung neuer menschlicher Fertigkeiten zu vergewissern, desto zerbrechlicher kann das anfängliche Gefühl der Machtzunahme werden, bis es in die ursprüngliche Befremdung zurückschlägt, gegen die jeder Versuch aufgeboten wird, etwas zu können, das man bis dahin noch nicht gekonnt hatte.

Mit dem konfrontiert, was sie ›getan hat‹, erneuert die Menschheit zugleich ihre Selbstbefremdung.

Mehr als die Bestätigung der Vermutung, etwas zu können, kann es, außer ihrer Enttäuschung, nicht geben. Das ist die Tragik des Erfolges, Desinteresse zu wecken. *Die Inhalte und Ziele des Könnens werden gleichgültig dadurch, daß sie als gekonnte eben diese Ungewißheit verlieren – so wie das Interesse, auf den Mond zu kommen, in dem Augenblick erlosch, als heraus war, daß man es wirklich gekonnt hatte. Die vermeintliche Wichtigkeit der Frage, woraus der Mond bestehe und wie er entstanden sei, fiel als wesenlose Hülle von der ganzen Veranstaltung herunter; die Versprechung, wir würden es mit dem ersten Quantum einer Bodenprobe vom Mond erfahren, hatte ihren Dienst für eine ganz andere Frage im Hintergrund getan* (Blumenberg, Vollzähligkeit, 214 f.).

So erweist die Dürftigkeit des Erfolges die reine Spekulation als Kern des Geisteszustandes, der Leistungen wie die Weltraumfahrt ermöglicht, der Rationalität des Zweck-Mittel-Denkens. Die Antwort auf die ihr entsprechende Frage nach dem Nutzen des gigantischen Aufwandes, was der Mondflug denn nun eingebracht habe außer der Genugtuung, nun zu wissen, dazu in der Lage gewesen zu sein, ist ernüchternd: die Teflon-Pfanne, und mit ihr eine Reihe neuer Werkstoffe, elektronischer Kenntnisse und chemischer Einsichten, die in seither entwickelten Gegenständen des Alltagslebens Verwendung fanden oder sie ermöglichten.

Es vermindert diese befremdende Unverhältnismäßigkeit zwischen Aufwand und Ertrag, dass die Ernüchterung nach dem Erfolg nur die Weise ist, in der sich die anthropologische Bedeutung des Wagnisses, ins All zu reisen, zu erkennen gibt: als diese Ernüchterung selbst.

Wie sehr auch Hoffnungen und Erwartungen aller Art immer wieder enttäuscht werden, so sehr werden Menschen sich immer wieder Aufgaben stellen, deren Sinn aus nichts anderem besteht als daraus, zu erproben, was tatsächlich möglich ist. *Sie werden sich nicht hindern lassen, es zu tun, weil die gegen die Selbsterprobung des Menschen stehenden Kräfte immer die schwächeren sein werden. Sie werden es tun, wenn nicht hier, dann dort, wenn nicht offen, dann heimlich. Es gibt kein Gesetz, das diesen Geschichtstrieb des Menschen unter dauerhafte und vor allem allgegenwärtige Kontrolle bringen könnte* (Blumenberg, Vollzähligkeit, 215). Das ist Schutz ebenso wie Bedrohung.

Man muss also vermuten, dass ungeachtet des Interesses oder Desinteresses, das der Astronomie weiter entgegengebracht wird, neue Projekte noch längerer Laufzeiten begonnen werden, die über die Lebenszeit der sie Betreibenden hinausreichen werden. In einigen Jahrzehnten wird man dann mit Überraschung feststellen, dass es das auch einmal gegeben hat. Oder vor der Nachricht von diesem Erfolg, den fremde Signale aus dem All anzeigen, ratlos sein, um was genau es sich wohl handeln mag. Gut möglich, dass die Speichermedien, in denen die zur Erkennung erforderlichen Informationen aufbewahrt wurden, bis man sich ihrer Bedeutung nicht mehr erinnerte, dann unbenutzbar sein werden, und die Welt nie erfährt, welchen späten Erfolg einige Vorvorfahren gerade haben, ohne ihn noch zu erleben. Das Erlahmen des Interesses wird die künftige Weltraumerforschung auf eng begrenzte Robotermissionen beschränken.

Als die Landefähre Eagle auf dem Mond aufsetzte, war nicht daran zu denken, dass die damit eröffnete Epoche nur einige wenige Jahre dauern und der Weltraum nicht zu einem menschlichen Betätigungsfeld werden, sondern Ziel hochspezialisierter reiner Wissenschaft bleiben würde. Noch ganz unter dem suggestiven Eindruck des gerade ein Vierteljahr zurückliegenden Ereignisses schließt der Bruder Fritz seinen Gratulationsbrief zu Heideggers 80. Geburtstag am 26.09.1969, indem er seine Hoffnung auf ein künftiges Verständnis der Philosophie seines Bruders mit der unausweichlich scheinenden Zukunft im All verschmitzt verbindet. *Bis Du – in der Müh-Seligkeit des Denkens – verstanden wirst und Du selbst vielleicht erst ganz verstanden sein möchtest, werden die Amerikaner schon längst auf dem Mond einen riesigen Großmarktladen eingerichtet haben* (Fritz Heidegger, Geburtstagsbrief, 63). Es wird keine Städte im Weltraum, keinen Großmarkt auf dem Mond geben, und Bruder Martin unverstanden bleiben. Für den Fundamentalkritiker der Verirrung neuzeitlicher Technik könnte das nur eine Bestätigung sein.

Das wäre verzeihlich und zu verschmerzen. Nicht dagegen der Verlust eines Menschen, wie einer beinahe dadurch eingetreten wäre, dass in den Wirren des Zerfalls der Sowjetunion, die auch die staatlichen Forschungseinrichtungen erfaßten, der einsam in seiner Forschungsstation die Erde umkreisende Astronaut über einige Wochen hin schlicht vergessen wurde, und man ihn beinahe nicht hätte zurückkehren lassen können.

Im Laufe der Kulturgeschichte ist ein anthropologischer Fundus bewährter menschlicher Möglichkeiten entstanden, die nicht immer und jederzeit von allen genutzt werden müssen, auf die aber bei Bedarf zurückgegriffen werden kann. Die Lebenskürze der Menschen hat allerdings Kontinuität der Überlieferung verhindert, weshalb die Nutzbarkeit dieses Archivs tatsächlich stark eingeschränkt ist, da es nicht als faktische Einrichtung, sondern in Rudimenten in den von Generation zu Generation fortgetragenen Kenntnissen nur ansatzweise existiert.

Es wird ein Indiz für das Wirklichwerden der ›Menschheit‹ sein, ein wirkliches Archiv dieser erprobten Fertigkeitsbestände einzurichten, das es jedem jederzeit überall auf der Welt gestatten wird, von allem, was jemals ermöglicht wurde, Gebrauch zu machen, dessen er gerade bedarf, um sein Leben führen zu können. Dazu wird gehören müssen, die aus der Kontinuität der Überlieferungen herausgefallenen Fertigkeiten zu rekonstruieren.

Indem die Erde in bemannten Weltraumflügen verlassen und zu ihr zurückgekehrt werden konnte, wurde die Existenz der Welt für einen der bedeutendsten welthistorischen Momente zum ersten Mal überhaupt als Existenz *unserer* Welt wahrnehmbar. Die Welt, die wir mit so unendlicher Belastung als unsere kennen, ist die einzige, die unsere sein *kann.* Alle astronautische Forschung, die seitdem unternommen wurde, hat diese Wahrscheinlichkeit verstärkt, nicht vermindert. Das bis dahin nur Denkbare konnte nun gesehen werden. Der Blick vom Mond auf die Erde ist die unschätzbare Evidenz von Welt, nach der das auf sie beschränkte Wahrnehmungsleben sonst vergebens hofft: Es gibt die Welt, wir alle haben sie sehen können und können sie uns auf den Fotodokumenten der astronautischen Exkursionen beliebig verfügbar immer wieder vor Augen führen.

Indem wir sie aber gesehen haben, haben wir ebenfalls zu sehen bekommen, dass *diese* Welt die einzige ist, die es für uns erreichbar gibt, um Menschen sein zu können. Es wird keine kosmischen Auswanderungen miteinander überworfener Gruppen der Menschheit geben. Der Kosmos bietet für die Menschheit kein Exil.

Die Erde hat sich als kosmische Ausnahme erwiesen (Blumenberg, Genesis, 787). Das ist kein bloß astronomischer, es ist ein anthropologischer Befund von unermessener Tragweite. *Es ist mehr als eine Trivialität, daß die Erfahrung, zur Erde zurückzukehren, nicht anders hätte gemacht werden können als dadurch, sie zu verlassen. Die kosmische Oase, auf der der Mensch lebt, dieses Wunder von Ausnahme, der blaue Eigenplanet inmitten der enttäuschenden Himmelswüste, ist nicht mehr ›auch nur ein Stern‹, sondern der einzige, der diesen Namen zu verdienen scheint* (Blumenberg, Genesis, 793 f.).

Die späte Ernüchterung des kosmischen Optimismus der Aufklärung ist die anthropologisch bedeutendste, die sich denken lässt, die jeden unheimlich berührt, der sie gewahrt. *Das große Erlebnis auf dieser Mondfahrt war nicht das Ziel, sondern der Ausgangspunkt; nicht das Unbekannte, sondern das Bekannte; nicht das Fremde, sondern das Verfremdete; nicht der Mond, sondern die Erde. Es ist wahrhaftig kein Zufall, daß einem der, sonst vermutlich nicht zur Poesie aufgelegten, Raumschiffer, als er saphirblau im schwarzen Himmel die Erde wie eine ungeheure Nachbildung eines Schulglobus über dem Horizont des Mondes aufgehen sah, der Ausdruck ›Good earth‹, ›gute Erde‹, auf die Zunge sprang. Man horche in dieses Wort hinein. Der die Erde in diesem Augenblick so nannte, der tat dies nicht nur aus Bewunderung, nicht nur deshalb, weil er davon überwältigt war, wie gut sie in seinen Augen aussah. Das vielleicht auch. Aber in erster Linie doch wohl aus Angst, und sogar, weil er erschreckt war. Angst hatte er wie das von der Mutterbrust gerissene Kind, das nicht so gewiß ist, ob es zu der so weit entfernten Mutter zurückfinden werde, und ob diese noch weiterhin ›gut‹ sei; und erschreckt war er, weil er die ›gute‹, wie herrlich sie auch aussehen mochte, doch eigentlich gar nicht wiedererkennen konnte* (Anders, Die Selbstbegegnung der Erde, in: ders., Blick vom Mond, 88-97; 89 f.).

Da wir nun wissen – können – , dass es keine andere Welt gibt außer der, die uns mit ihren Miseren plagt, die ausschließlich die unseren sind, liegt es näher und fällt es leichter, das Unabweisbare nicht nur hinzunehmen, sondern es aus freiem Entschluß auf sich zu nehmen. Der Blick vom Mond auf die Erde hat den Besitz dessen, was wir in unseren dunkelsten Augenblicken am liebsten los wären, als den denkbar kostbarsten überhaupt über das nur Sinnfällige hinaus sinnenfällig gemacht: diese Vernunft lässt sich nun sehen. Ob sie sich in dieser Welt, die damit endgültig ›die‹ Welt geworden sein dürfte, auch sehen lassen kann, ist eine andere Sache.

Diese Welt ist das einzige Medium einer menschlichen Existenz, nach den Maßen der Vernunft, die diese Existenz unter den Bedingungen dieses Daseinsmediums hat entwickeln können.

Die Rückkehr der Weltraumfahrer zur Erde begründet die Chance einer Rückkehr zur Welt. *Der angestrengt in den Weltraum hinausblickende Mensch bekam nicht das ganz Andere und Fremde zu Gesicht, sondern den kosmischen Spiegel seiner eigenen Welt, ihrer Geschichte und ihrer Möglichkeiten vorgehalten* (Blumenberg, Genesis, 784). Wie lange auch immer Weltraumfahrt fortgesetzt werden wird, sie wird nie wieder jene fiebrige Erwartung hervorrufen können, die die Appollo-Mission zum Mond begleitete. Denn *mit dem Rückblick auf die Erde* ist die bemannte Raumfahrt *zur Episode geworden* (Blumenberg, Genesis, 786). Dort draußen gibt es keine mit menschlichen Mitteln erreichbare Option einer anderen Welt. *Die Milliarden von Sonnensystemen im Universum mögen die Wahrscheinlichkeit von Lebewesen hier oder dort implizieren, die Größenordnung ihrer Entfernungen vernichtet zugleich das, was der metaphysischen Spekulation noch ›Sinn‹ dieses Sachverhalts heißen könnte. Die Langsamkeit der Lichtgeschwindigkeit entscheidet endgültig darüber, was die Überfülle der Sonnen und die Häufigkeit von Planeten, die Leere des Raumes und die Wahrscheinlichkeit von Lebewesen für die Vernunft ausmacht; die relativistische Physik hat, ihrem Titel zuwider, die absolute Grenze gezogen, vor der jede technische Finesse ohnmächtig wird und angesichts derer unser Milchstraßensystem die Größenordnung für kommunikative ›Gleichzeitigkeit‹ bei weitem überschreitet. Diese Überlegung beschließt als ›greulichen Cynismus‹ der Natur, was als Selbsttröstung der Vernunft begonnen hatte. Die unübersteigliche Mauer der Lichtgeschwindigkeit erst verweigert dem Menschen eine kosmisch erhebliche Existenz* (Blumenberg, Genesis, 793).

Unsere kosmischen Exkursionen, so klein dimensioniert sie bisher auch waren und in Zukunft wohl bleiben werden, beeindrucken durch ihre doppelte Rückkehr zur Welt. Der technischen Leistung ebenbürtig ist die durch sie möglich gewordene erste und einzige Totalreflexion des menschlichen Daseins, sowohl im Vollzug des technischen Abenteuers, als auch im Mit- und Nachvollzug der Wahrnehmung des Anderen zu dieser Welt, ihrer Nicht-Welt: als Ausnahme im Universum mit größerer Wahrscheinlichkeit als jemals zuvor erwiesen, ist die Welt zu unserer Aufgabe geworden. Bis zum Beweis des Gegenteils: endgültig.

Nachdem die Konzentration des Menschen auf den Menschen als Grundverpflichtung der Neuzeit nicht zu ihm, sondern zu seiner Zerstörung geführt hat, mag es von der Resignation darüber noch gerade eben zurückhalten können, die Welt als das Medium seiner Existenz wiederzuentdecken.

Alle weiteren Vorstöße ins All können zwar noch menschliche Leistungen, aber keine Handlungen von Menschen im Weltraum mehr sein. Je weiter der technische Aufwand fortschreitet, desto sicherer wird die Alternativlosigkeit der Erde als Menschenwelt von der Ersetzung der Astronauten durch Roboter bezeugt. Schon der Mars und der Saturn konnten nur von Maschinen erreicht werden, die von der Erde aus ferngesteuert werden müssen. Jeder weitere Schritt ins All wird ebenso zu erfolgen haben. Die bisherige Erforschung des für Menschen in personam erreichbaren Weltraums hat nichts erbracht, was es außer für die reine Neugierde des Wissenstriebs sinnvoll erscheinen lassen könnte, dass Menschen die Strapazen auf sich nehmen, hinauszugehen. Kein lohnendes Ziel erwartet kosmische Auswanderer. Nichts, das wir uns für unsere Lebensbedürfnisse fruchtbarer machen könnten als irgendetwas, worüber wir auf der Erde verfügen können. Am ehesten noch: entferntere Regionen als Deponien für den selbstproduzierten Müll zu erschließen, der die Menschheit auf Jahrtausende mit unkalkulierbaren Gefahren bedroht.

Die Reisedauer zum – in kosmischer Dimension nahegelegenen – Saturnmond Titan beträgt, Hin und Zurück, vierzehn Jahre. Selbst wenn es materiell zu bewerkstelligen sein sollte, Menschen auf eine derartige Reise zu schicken, ist es unvorstellbar, dass eine menschliche Psyche in der Lage sein könnte, für einen solchen langen Zeitraum auf alles zu verzichten, dessen Gegenwart ihre menschliche Verfassung garantiert. Derartige Reisende müssten wenigstens als andere Menschen an- und zurückkommen, wenn nicht als andere Wesen.

Die Weltraumfahrt bereitet der sich selbst bewußt werdenden Menschheit die befreiende Enttäuschung, für ihre Wirklichkeit über nichts als diese Welt verfügen zu können.

Nach Raum und Zeit von uns entfernte menschliche Wesen können wir im Geiste lieben und glücklich wünschen, wie sie auch uns selbst verstehen könnten. Jenseits der Menschheit, diesem Inbegriff endlicher Wesen, gibt es aber kein Verständnis dessen, was uns heilig ist. Soweit die Menschen die Welt nicht selbst in Ordnung bringen, bleibt sie ein Spiel blinder Natur. Draußen im All wohnt nicht die Güte und Gerechtigkeit, das All ist dumpf und erbarmungslos. Die Menschheit als Ganzes gleicht in der sie umgebenden Nacht dem Mädchen von Lavaur, das nach einem Scheintod erwacht ist und alle Menschen ihrer Heimat erschlagen findet. Keiner nimmt an ihrem Erwachen Anteil, für keinen anderen hat ihr Leben Bedeutung. Niemand hört sie.

Auch die Menschheit ist ganz allein (Horkheimer, Ps. Heinrich Regius, Dämmerung, 335 f.).

Je spektakulärer die Vorstöße in den Weltraum seit der ersten Monderkundung wurden, desto unbegründeter müsste es erscheinen, diesen vor siebzig Jahren notierten Gedanken als voreilige, durch keine empirische Erfahrung getragene Spekulation zu verwerfen.

Mit jeder neuen Information über ihn wird der Weltraum leerer. Damit wächst die Wahrscheinlichkeit, dass er für eine künftige Menschheit Faszination und Interesse vollständig verlieren könnte.

»Und das große Abenteuer meiner Zeit, die Raumfahrt?« fragte ich.

»Vor Jahrhunderten schon wurden diese Reisen aufgegeben, die gewiß Bewunderung verdienten. Dem Hier und Jetzt konnten wir nie entfliehen.«

Lächelnd setzte er hinzu:

»Außerdem ist jede Reise eine im Raum. Von einem Planeten zum anderen zu reisen ist wie zum Bauernhof gegenüber zu gehen. Als Sie dieses Zimmer betraten, haben Sie eine Reise im Raum unternommen.« (Borges, Utopie eines müden Mannes, 87).

So aufregend wie der Gang von einem Zimmer in ein anderes wird die ganze Raumfahrt schon bald sein. Und genau so un-interessant. Sofern im Nebenraum kein erotisches Versprechen wartet. Zur Wiederaufnahme der Raumfahrt wird es erst dann wieder kommen, wenn eine um ihre Reproduktion verlegen werdende Menschheit sich suggeriert, auf anderen Planeten zu finden, was sie hier nicht mehr besitzt. Kein noch so triviales Science Fiction Drehbuch, das unter den Monstern der Außerirdischen nicht auch eine Schöne vorsähe, in den Irdischen die Nostalgie nach den sinnlichen Freuden vergangener Äonen zu wecken.

Stärker aber, und die kosmische Utopie von einem anderen Leben auf einem anderen Planeten im Universum immer wieder einmal neu belebend, wird die anthropologisch elementare Beleidigung des Menschen durch seine Endlichkeit sein. Sie wird immer wieder Menschen und deren Nachfolgewesen ›hinaus‹ schicken.

Unsere Erde allerdings, der auserwählte Stern, ist vergänglich, und ein anderer, der von Gott nichts wußte, wird Gottes Wort hören; aber nicht eine entartete, vertierte Menschheit wird an diesem Jüngsten Tage vor Gott treten, sondern eine solche, deren Schwanengesang das Wort Gottes auf einer jungen Erde werden wird. Wie vom Kreuze Christi die Fackel des sterbenden Ostens zum Westen hinüberleuchtete, so wird die Geistesflamme der sterbenden Menschheit zu einem anderen Stern hinüberschlagen. Es wäre törichter Wahn, nachzugrübeln, wie das geschehen sollte; aber es wäre unvernünftig, es nicht zu glauben. Wäre die Menschheit nur erdgeboren, so würde sie mit der Erde vergehen; da sie aber aus Gott ist, vergeht mit ihr nur ihre irdische Erscheinung, während das Urbild bleibt und aufersteht, wo Gott will. Das letzte Wort der Menschheit wird auf einem anderen Sterne Fleisch werden (Huch, Heilige Schrift, 354).

Mit dieser gnostischen Version der metaphysischen Eitelkeit in ihrer größten denkbaren Ausdehnung schließt Ricarda Huch ihre 1919 erschienene Bibel-Meditation, in einer Zeit, die gerade daran geht, den Schritt ins All ernsthaft zu bedenken – : es muss andere Welten geben, damit die Menschheit, die diese Welt verspielte, weiter existieren kann. Aber ob eine Menschheit, für die das akut würde, noch aus Menschen bestünde?

Mit der gelungenen Rückkehr der Astronauten, die die ersten Schritte ins All taten, ist unsere Epoche zwar nicht beendet, aber deutlicher bestimmbar geworden. Wie auch immer man es drehen und wenden mag, für überschaubare Zeiten bleibt es wohl bei der überraschenden, zunächst enttäuschenden, dann unendlich erleichternden Einsicht, dass der geglückte Versuch, die Erde zu verlassen, eine Rückkehr zur Welt bedeutet. Die menschlichen Möglichkeiten und Aufgaben erweisen sich als auf den Rahmen begrenzt, den die Erde als Immanenz dieser Welt bildet. Wir werden uns nicht um noch mehr zu kümmern haben als um das, womit wir uns auf dieser Erde schon immer herumzuschlagen hatten. Weil die möglichen Beziehungen zu erreichbaren Nachbarschaften im All nichts ›heimbringen‹ können, das die vertrauten Lebenselemente der Menschheit überstiege oder verändern müsste, verliert die erschreckende Ausdehnung des Kosmos in ein unendliches Universum ihre entmutigende Bedeutung. Wir sind endgültig einsam in diesem unermeßlichen Universum; da es aber zu fast nichts, woraus es besteht, eine Beziehung überhaupt geben kann, sind wir nicht einsam. Einsam ist nur, wer zu den möglichen Beziehungen, die er haben könnte, nicht fähig ist; nicht, wer keine haben kann. Und seine Einsamkeit bemerkt erst, wer Beziehungen, die er hatte, nicht mehr hat.

Nur eine Menschheit, die von kosmischem Besuch wieder verlassen worden wäre, könnte beginnen, sich im Universum wirklich einsam zu fühlen.

Die mit der Rückkehr aus dem Weltraum zu ihr neu gegründete Wertschätzung der Erde hat menschliche Verantwortung genauer bestimmbar gemacht. Mit der Weltraumforschung hat sie keine kosmische Dimension gewonnen; umgekehrt: die kosmische Ausdehnung menschlicher Erfahrung hat Verantwortung verständlicher werden lassen, indem sie ihr eine nun klar umrissene Dimension verlieh. Sie umfaßt nichts, was über die Erde hinausginge, und alles, was es in ihr geben kann.

Nur als Praxis der wahrgenommenen menschlichen Selbstverantwortung kann es so etwas wie ein Welt-Ethos geben. Aber deren Objekt ist nicht die Welt, sondern alles, was es in ihr gibt, womit Menschen in ihrer Lebensführung in Berührung kommen. Nicht die Welt kann geschont oder gar in ihrem Bestand garantiert werden, sie kann kein Objekt menschlichen Handelns sein. Aber sie ist dessen Medium. Das einzige. Weil nur das, was es in ihr gibt, Medium des unwahrscheinlichen menschlichen Daseins sein kann, hat alles, was es in ihr gibt, Anspruch auf Schonung.

Nur in dieser ›menschlichen‹ Sicht ist die Welt Welt.

Statt einer unter unendlich vielen Sternen, so wichtig und unwichtig wie ein vom Sturm über Kontinente hin getriebenes Sandkorn.

Kontext

Eine Selbstdarstellung

In Zeiten egomaner Selbstinszenierung wirken rituelle Formen bescheidener Verbindlichkeit nicht nur veraltet. Das alte akademische Genre der ›Selbstdarstellung‹, das eine Probe eines Autors auf das strenge Ethos seiner zur Lebensaufgabe gewählten Sache war, erscheint heute nur noch als ein Beleg gelehrter Weltfremdheit. Und unter einer ›Selbst-Anzeige‹ wird man sich im Zeitalter kriminalisierter Ökonomie die schwitzende Beflissenheit eines vor der Überführung stehenden Steuerhinterziehers denken, der sich der Strafverfolgung zu entziehen sucht. Kaum noch die Rubrik einer Fachzeitschrift, in der ein Autor dem Kreis zu Interessierender ein neues Buch aus eigener Sicht vorstellt, bevor Rezensenten es sich vornehmen. Mich der beiden klassischen Kleinformen wissenschaftlicher Öffentlichkeit bedienend, indem ich ihr eine zur kurzen ›Selbstdarstellung‹ erweiterte ›Selbst-Anzeige‹ anfüge, lege ich den Kontext der ›Ontoanthropologie‹ dar. Das mag anachronistisch sein; aber vielleicht gerade deswegen willkommen. Denn sie enthält den einen und anderen neuen Gedanken, die sich dem Autor nicht aus dem Nichts, sondern aus einem Geflecht reflexiver Denk-Lebens-Erfahrung eingaben. Zwar muss ein Gedanke für sich bestehen können; aber seine Herkunft offenzulegen, darf seine Aufnahme beim interessierten Leser befördern.

Erfahrung der Geschichte

Die Lektion unserer Geschichte ist vor allem die, dass sie nicht nur die unserer Geschichte, sondern eine unseres Menschseins ist.

Wir können anders sein. In diesem Satz glaubte der auf sein Leben zurückschauende Heinrich Mann die wichtigste Erfahrung seines Zeitalters zu erfassen. Ein weiteres Menschenalter später kann dieser Satz als Leitmotiv einer ›historischen‹ Anthropologie und ihrer philosophischen Voraussetzungen ebenso wie Folgen gelten. Ist die Grunderfahrung des andauernden Zeitalters doch die der Erschütterung alles dessen, was über ›den‹ Menschen schon ausgemacht gewesen zu sein schien – : anders sein zu können, muss vorausgesetzt werden können, wenn es sich erweist, anders sein zu müssen, um Menschen bleiben, oder wieder werden zu können.

Aber wie können ›wir‹ anders sein?

Unter der wichtigsten Bedingung von allen, die älteste Erfahrung des europäischen Menschseins zu neutralisieren.

Ebenso unvermeidlich wie unbeherrschbar, müssen alle sie machen; aber kaum einer verfügt über sie. Man kann sie weder suchen, noch vermeiden: sie ereignet sich, wie Geburt und Tod sich ereignen. Sie belehrt im Gegenteil darüber, dass über uns verfügt ist: durch das, was uns diese Erfahrung auferlegt. Der Grund dieser Elementarerfahrung bestimmt den Spielraum unserer Freiheit als Wirkung unserer Daseinsbedingungen.

Es bezeichnet ihre Unverfügbarkeit, dass ein Name für diese Grundbeziehung nicht mehr fraglos bei der Hand ist: weder ›Gott‹ noch ›Natur‹. Als Platzhalter des Unverfügbaren, das die Bedingungen unseres Daseins bestimmt, dient noch einmal der mit der Metaphysik verlorene Begriff der ›Welt‹.

Offenbarung eines Bildes

Seit Jahren beschäftigt mich die Vorbereitung einer anthropoästhetischen Studie zur Fotografie. Deren Abschluß gestaltet sich wohl deshalb so schwer, weil die allererste Initialzündung meines späteren philosophischen Lebens der Schock war, den mir ein Foto versetzte. Zu dessen später Nachwirkung gehört die Grundidee zu einer Fotoästhetik, dass jedes Bild den Schrecken einer Offenbarung der Wirklichkeit in sich birgt.

Mein stärkstes Schamgefühl, das ganz so brennend war, wie es die Metaphorik einer vergangenen Unterhaltungsliteratur bezeichnete, bereitete mir ein Erlebnis, das mit meiner Person nichts zu tun hatte, keine Verfehlung, keine Heimlichkeit, die entdeckt worden wären, weckte es: es war der Anblick eines Dokumentarfotos, das zwei KZniks neben einer Leiche zeigt, dabei, sie in den Verbrennungsofen zu schieben. Noch viele Jahre danach, als der Eindruck längst zum Grübeln geworden und dieses dabei war, zum Nachdenken mit geschichtswissenschaftlichen Mitteln zu werden, die sich dann so irritierend als unfähig erweisen sollten, Verstehen herzustellen, dass es mich schließlich ganz in die Philosophie verschlug, konnte ich noch lange keinem männlichen Deutschen, der hätte ›dabei‹ gewesen sein können, begegnen, ohne dass der Stich ins Innerste sich erneuert hätte.

Die da, das bin ja ich, durchzuckte es mich beim Betrachten des Fotos. Die beiden Schergen so gut wie das Opfer. Ich bin der, der getötet wurde, und der, der tötete. Das tiefste Entsetzen lag in diesem doppelten Wiedererkennen: in der Ununterscheidbarkeit. Beide bin auch ich.

Jahre später fand ich meine Erschütterung bei Susan Sontag beschrieben, die dasselbe erlebt hatte, im selben Lebensalter.

Die erste Begegnung mit der fotografischen Bestandsaufnahme unvorstellbaren Schreckens ist eine Art Offenbarung, wie sie für unsere Zeit prototypisch ist: eine negative Epiphanie. Für mich waren dies die Aufnahmen aus Bergen-Belsen und Dachau, die ich im Juli 1945 zufällig in einer Buchhandlung in Santa Monica entdeckte. Nichts, was ich jemals gesehen habe – ob auf Fotos oder in der Realität -, hat mich so jäh, so tief und unmittelbar getroffen. Und seither erschien es mir ganz selbstverständlich, mein Leben in zwei Abschnitte einzuteilen: in die Zeit, bevor ich diese Fotos sah (ich war damals zwölf Jahre alt) und die Zeit danach – obwohl noch mehrere Jahre verstreichen mussten, bis ich voll und ganz begriff, was diese Bilder darstellten. Was konnte es nützen, sie zu betrachten? Es waren lediglich Fotos – von Ereignissen, über die ich noch kaum etwas erfahren und auf die ich nicht den geringsten Einfluß hatte, von Leiden, die ich mir kaum vorstellen und zu deren Linderung ich nichts beitragen konnte. Als ich diese Fotos betrachtete, zerbrach etwas in mir. Eine Grenze war erreicht, und nicht nur die Grenze des Entsetzens; ich fühlte mich unwiderruflich betroffen, verwundet, aber etwas in mir begann sich zusammenzuballen; etwas starb; etwas weint noch immer (Susan Sontag, Über Fotografie, 1977, Ffm 1980, 25 f.).

Wo wäre die Versicherung, gegebenenfalls das Opfer der Unmenschlichkeit zu werden, und nicht ihr Täter? Indem diese anthropologische Apokalypse mich durchdrang, ergriff mich die Scham, ein Mensch zu sein – einer von denen, die gewärtig sein müssen, derartiges zu tun oder zu erleiden. Denn das Ende der Menschlichkeit widerfährt beiden, dem Opfer und dem Täter. Wer anderen ihre nimmt, kann seine nicht behalten (vgl. Steffens, Philosophie des 20. Jahrhunderts oder Die Wiederkehr des Menschen, Leipzig 1999, 151 f.).

Der Gedanke ist auf Befremden und Widerspruch gestoßen (vgl. die Rezension von Ulrich Bröckling in: Philosophische Rundschau 48, 2001, 148-152). Aber eines der Kennzeichen der wesentlichen Erkenntnis ist der Widerstand, gegen den sie sich durchsetzt. Nicht zuletzt der Widerstand, der sich im Autor selbst gegen sie rührt.

Eine meiner ersten Begegnungen mit Geschichte hatte mich sogleich den Gehalt ihrer Erfahrung in ihrer äußersten Zuspitzung spüren lassen (vgl. Steffens, Wiederkehr, a.a.O., 65-77: Auch ich oder Die Erfahrung der Geschichte).

Die Vermutung einer historiografischen Unergründbarkeit dieses Befundes erwies sich als gewiss, und legte meinen Weg von der Historie in die Philosophie endgültig fest. Zum Schlüssel des daraus erwachsenden eigenen Einsatzes wurde die Konfrontation der Kritischen Theorie mit der phänomenologischen Geschichtsphilosophie. Adornos Idee der ›Nichtidentität‹ in seiner ›Negativen Dialektik‹ und Hans Blumenbergs Konzept der ›Selbstbehauptung‹ als Bestimmung des Menschen in seiner ›Legitimität der Neuzeit‹ wurden zum integrativen doppelten Leitmotiv einer Re-Konstruktion von Anthropologie im Horizont der Erfahrung der Geschichte.

Nachdem mir erste Versuche, eine eigene Perspektive zu formulieren, besonders der Essay ›Nach der Überwältigung. Das anthropologische Potential der Zeitgeschichte‹, erschienen 1988 im 22. Heft der ›Spuren‹, eine Einladung nach Kassel eingetragen hatten, wo man sich der philosophischen Problematik einer historischen Anthropologie vornehmlich widmete, trug ich dort im Frühjahr 1990 das Konzept zu ihrer Grundlegung aus der spezifischen Erfahrung der Geschichte unter dem Titel ›Die Wirklichkeiten des Unwahrscheinlichen‹ vor. Die Perspektive der daraus entstandenen Kasseler Habilitationschrift von 1995 erweiterte sich in den folgenden Jahren in einem Durchgang durch die maßgebenden Philosophien des vergangenen Jahrhunderts zu dessen geschichtsanthropologischer Bilanz, die, während eines längeren Aufenthaltes in Bukarest 1997 als Gast des dortigen Wissenschaftskollegs und dessen Leiters Andrei Plesu konzipiert, und in ihrem ersten Umriß 1998 in einem Vortrag an der Universität Paris VIII, St. Denis, auf Einladung von Jacques Poulain vorgestellt, 1999 unter dem Titel ›Philosophie des 20. Jahrhunderts oder Die Wiederkehr des Menschen‹ bei Reclam erschien. Sie mündete in das Desiderat einer ›Kulturontologie‹ als einer historischen Anthropologie der ›Beschreibung des Menschen‹, die seine Bestimmung ersetzt.

In den selbstverschuldeten Katastrophen seiner Geschichte wurde der Mensch zu einer ›Möglichkeit‹: ihr war die Antrittsvorlesung gewidmet, mit der ich meine Privatdozentur an der Universität Kassel antrat (Die Möglichkeit Mensch. Wiederaufnahme der Anthropologie am Ende des Jahrhunderts, in: Paragrana. Internationale Zeitschrift für Historische Anthropologie, Bd. 6, 1997, 43-64).

Rückkehr zur Welt

Wenn die ›geschichtliche Welt‹ nach der gemeinsamen Überzeugung ansonsten noch so kontroverser Kulturanthropologien die Welt ist, in der Menschen leben, dann bedeutet die Erfahrung der neueren Geschichte, die ein Bewußtsein der ›Menschheit‹ als Reflex weltumspannender Katastrophen stiftete, einen einzigartigen Verlust von Welt. Eine andere Konsequenz daraus als die, Anthropologie aufzugeben, kann nur sein, sie selbst als eine ›Rückkehr zur Welt‹ zu re-konstruieren. Diese Wendung formulierte ich zuerst in meinem eigenen Beitrag zu der gemeinsam mit Christine Pries und Wilhelm Schmid 1992 zusammengetragenen Standortbestimmung eines Denkens, das ›Nach der Postmoderne‹ an der Zeit sei.

Was sich als Parole eines Wiedergängertums jugendbewegter Naturseligkeit oder, zeitnäher, als Nachzüglertum politischer Ökologie ausnehmen mochte, war der Versuch, die Katastrophen der Geschichte, die am Menschen ver-zweifeln lassen mussten, als Konsequenz eines anthropozentrischen Denkens des Menschseins zu verstehen. Eine ausschließlich menschliche Bestimmung des Menschen bringt, in gutem Bewußtsein eines strengen ›Humanismus', die schlimmste Unmenschlichkeit einer Bestimmung von Nicht-Menschen hervor. Im anthropologischen Syndrom der ,Weltlosigkeit‹ verdichtete sich die Vermutung, dass die anthropozentrische Anthropologie der Unmenschlichkeit eine hilflose Reaktion auf unbeeinflußbare außermenschliche Bedingungen des Menschseins sein müsse: auf das unbewältigte Verhältnis des Menschen zur Welt, das ihn immer wieder derart überwältigt, dass er nicht anders kann, als mit Selbstgefährdung zu reagieren. Als Ergebnis jener praktischen Anthropologie, die ich in der ›Wiederkehr des Menschen‹ als ›Anthropolitik‹ bestimmte, realisiert die Unmenschlichkeit, die Menschen einander zufügen, die Herrschaft des Nichtmenschlichen im Menschen. Die normative Anthropologie ›des‹ Menschen bekräftigt durch ihre verheerende Wirkung indirekt die Selbstungewißheit des Menschen, der sich durch Unterwerfung unter das Nichtmenschliche zu sichern sucht.

Als unwahrscheinliches Sein gewinnt der Mensch seine Wirklichkeit nur in den Praktiken einer selbstrealisierten Möglichkeit: er ist das Wesen der doppelten Paradoxie, sich selbst unwahrscheinlich zu machen, indem die Mittel, mit deren Einsatz er der Nötigung folgt, sich selbst verwirklichen zu müssen, das Gegenteil des Beabsichtigten erwirken.

Methodisch folgt daraus eine ›Archäologie der Humanität‹, deren Konzept ich zuerst an der Universität Wien vortrug (Phänomenologie in der Genese einer Archäologie der Humanität, in: Kadi, Keintzel, Vetter, Hg., Traum Logik Geld. Freud, Husserl und Simmel zum Denken der Moderne, Tübingen 2001, 153-172).

In der Integration von Ontologie und Anthropologie, wie sie in der Kritik der Phänomenologie bei Adorno und Merleau-Ponty angelegt war, der ich eine umfangreiche Studie widmete, deren Ergebnisse 1995 Grundlage meines Habilitationskolloquiums waren (Versöhnung des Nichtidentischen und Wildes Sein. Elemente einer nachmetaphysischen Weltphilosophie in der Kritischen Theorie Adornos und der Phänomenologie Merleau-Pontys,

MS 1995), findet der wesentliche Gehalt der Erfahrung der neueren Geschichte seinen methodischen Kristallisationspunkt: der definierte Mensch verschwindet, indem er zu einer Sache unter Sachen, zu einem Ding unter Dingen wird. Dieser extreme Selbst-Verlust findet seinen Gegenhalt in der Erforschung der Selbst-Wahrnehmungen des Menschen in seinen Werken.

Die historische Konturierung des menschlichen Daseins als einer permanenten Überwindung der Widerständigkeiten der Welt, die sich im Syndrom der ›Weltlosigkeit‹ unablässig äussert, seit Menschen ihre Selbst- und Welterfahrung dokumentieren, führt zu der Idee einer ursprünglichen Welt-Poiesis, in der Menschen ihre Daseinsmöglichkeit gegen die Welt selbst hervorzubringen haben. Anthropologie wird zur ›Poetik der Welt‹.

Das Asyl der Kunst

Unter deren Titel legte ich 1995 eine ausführliche Skizze einer anthropologischen Ästhetik vor, die Kunst als exemplarisches Erfahrungsfeld der elementaren Lebenspraktik des Menschen wahrnimmt. Ein Jahr später auf dem XVII. Deutschen Kongreß für Philosophie in Leipzig vorgetragen (Bd. 2, 1276-1283), fand ihre Perspektive zunächst vor allem bei Bildenden Künstlern Beachtung, bevor sie zu einer Referenz für die Neubegründung der Kunstpädagogik nach dem Konzept der ›Künstlerischen Bildung‹ wurde, wie sie besonders von Carl-Peter Buschkühle in Gießen und Joachim Kettel in Karlsruhe vertreten wird. Das bot zusätzliche Gelegenheit, sie in stetem direkten Kontakt mit Bildenden Künstlern und deren Praktiken weiter auszuführen, was sich aus meiner Tätigkeit als Kritiker und Kunstvermittler, die seit der Gründung der Galerie Epikur 1980 stets parallel zu meiner wissenschaftlichen Arbeit einherging, an ästhetischen Einsichten ergab. Die wichtigsten der so entstandenen Studien erschienen 2011 unter dem Titel ›Selbst-Bildung. Die Perspektive der Anthropoästhetik‹, in der kunstpädagogischen Schriftenreihe ›Kunst und Bildung‹ (Athena Verlag Oberhausen).

Die Arbeit an einer Philosophie der Kunst, die als Anthropologie auftreten kann, muss früher oder später jene eigene Tradition der Philosophie entdecken lassen, sich selbst als eine literarische Kunst zu behaupten, die ihr exklusives Bemühen, als eine Wissenschaft anerkannt zu werden, desto rigoroser verdrängen musste, je aussichtsloser es wurde. Eigene Versuche und Proben zu dieser vernachlässigten Option, von deren Wiederbelebung es wesentlich abhängen dürfte, ob Philosophie eine Zukunft hat, bieten die Aphorismensammlung ›Petits Fours‹ (2009) und die ›Miniaturen zur Weltaufmerksamkeit‹ ›Vorübergehend‹ (2010).

Permanenz der Schuld

Mit den ersten großen Gestaltungen der Erfahrung des Unverfügbaren in der griechischen Tragödiendichtung verurteilte Europa sich zur Schuld. Das nachantike ›Abendland‹ erneuerte die Schuldfundierung des Daseins in der Idee der ›Erbsünde‹. Dazu gedacht, die Schuld als Grundverfassung des Daseins abzuschaffen, brachte die Neuzeit in ihrem Kampf um die humane Selbstbehauptung des Menschen jedoch das verstörende Gegenteil einer Geschichte hervor, die Schuld ins Unermeßliche steigerte. Deshalb wird zur weiteren Ausführung der Ontoanthropologie eine Erkundung des theologischen Erbes der Anthropologie gehören.

Zunächst trotz, schließlich nach der Auflösung des Christentums setzte Geschichte sich als Kontinuum von Opferung und Schuldverstrickung fort. Das 20. Jahrhundert, das sich am weitesten von einer menschlichen Natur der Unfreiheit entfernt zu haben schien, führte die Erfahrung des Unerträglichen auf einen unvordenklichen Höhepunkt. Was als Fremdheit im Dasein ursprünglich Welterfahrung war, wurde zur Selbsterfahrung des Menschen.

Obwohl vom historischen Geschehen äußerster Verschuldung in den Katastrophen der Anthropolitiken des vergangenen Jahrhunderts durch Nachgeborensein unzweideutig ausgenommen, finden die Angehörigen der Generation der zwischen 1940 und 1970 Geborenen sich in ihren eigenen Verstörungen und Lebenskrisen mit Syndromen konfrontiert, die denen der Überlebenden der Implosion des Humanismus auf verstörende Weise gleichen. Als wären wir alle Überlebende, gleichermaßen und unterschiedslos der Opfer wie der Täter, ohne doch weder zu den einen, noch zu den anderen mehr zu gehören.

Die ›Ontoanthropologie‹ legt die Grundlage dafür, dieses Sydrom einer Pseudo-Schuld zu erfassen, indem sie das Urphänomen der Welt-im-Menschen als die Welt-Geschichte identifiziert, die jedes einzelne Menschenleben, das geboren wird, als seine unermeßliche Herkunft mit sich führt. Die Schulderfahrung des Schuldlosen bezeugt das Urparadox des Menschseins, zwar in der Welt zu existieren, aber gegen sie leben zu müssen. Was besondere Erfahrung historischer Ausnahmezustände zu sein scheint, erweist sich als Erscheinung der menschlichen Urerfahrung des Missverhältnisses zwischen Welt und Mensch unter besonderen historischen Bedingungen: ›Schuld‹ ist der Inbegriff der Folgen, jenem Unverfügbaren unablösbar ausgesetzt zu sein, als welches die Welt uns zu denen macht, als die wir uns in ihr finden.

Der zweite Genitiv

Fällig ist ein anderes Denken. Ihm ist der Werk-Komplex der ›Schuld der Welt‹ gewidmet, zu dem die ›Ontoanthropologie‹ die Einleitung bildet. Mit der Konturierung der Erfahrung der Fremdheit als Selbstoffenbarung der Welt als Weltfremde bereitet sie eine Umdeutung der Schuld, die sich aus der Erfahrung der Fremdheit unentwegt erneuert, vor, wie sie in der Metapher der Schuld der Welt enthalten ist: der Schuld, in der die Welt zum Menschen steht.

Das setzt ein Neubedenken jener ›Welt‹ voraus, deren negative Erfahrung die Vision einer Geschichte des menschlichen Selbstbesitzes inspiriert hatte, deren tatsächlicher Vollzug sich dann als Geschichte menschlicher Selbstzerstörung erwies. Die überwunden geglaubte Erfahrung einer ursprünglichen Unbezüglichkeit der Welt zum Menschen stellte sich in der Erfahrung der Geschichte als Schuldkontinuum wieder her, in der Welt und Geschichte in ununterscheidbarer Menschengleichgültigkeit in eins fallen, indem die Bestimmung des Menschseins, den Tod erleiden zu müssen, nicht länger nur außermenschliches Verhängnis ist, sondern zur Wirkung menschlicher Willkür wurde.

Dagegen sucht die metaphysische Idee der ›Schuld der Welt‹ ein Denken der Freiheit des Menschen zu sich selbst in einer Ontologie menschlicher Weltgewinnung, die die Welt nicht mehr ausschließlich als Fremde, und Fremdheit nicht mehr als schuldentsprungen versteht. Ihr Ziel sind Möglichkeiten der ›Weltbefreundung‹.

Es gilt, die auch im Zeitalter der ›Nachmetaphysik‹ fortdauernde Metaphysik der Weltfremde zu durchbrechen, deren späte Wirkung jener Tod als menschliches Verhängnis ist, der die Erfahrung der Geschichte seit einem Jahrhundert beherrscht.

Dafür steht die Metapher der ›Schuld der Welt‹: was diese dem Menschen zu erfahren aufnötigt, ist nicht ihm zuzurechnen, weil er die Wahl nicht hat, zu sein oder nicht zu sein – die Daseinsschuld ist das Versagen der Welt, statt des Menschen.

In dieser ›Umwertung‹ eines Aktes humaner Selbstrückgewinnung liegt die mögliche Freiheit des Menschen zu sich selbst. Die ›Schuld‹ der Unwillkürlichkeit des Daseins an die Welt gleichsam zurückzuerstatten, neutralisiert die den Menschen zur Selbstverachtung verurteilende Fremdheit der Welt. So kann sie von einem Ort der Gleichgültigkeit des menschlichen Daseins zu einem seiner selbstgewissen Möglichkeit werden.

Die ›Ontoanthropologie‹ legt eine Grundlage für eine derartige erweiterte Anthropologie der ›Selbstbehauptung‹ des Menschen, indem sie sie in jener elementaren Notwendigkeit verankert, die sich mit jeder Geburt erneuert, sich die Welt, der das Menschsein, das sie hervorbringt, vollkommen gleichgültig ist, als Ort eigenen Daseins selbst verschaffen zu müssen.

Nur in der Gleichgültigkeit sind Fremdheit und Schuld zu einem ›tragischen‹ Verhängnis unvermeidlicher Daseinsverfehlung verschränkt. Beide durch Neutralisierung zu beherrschen, ist Aufgabe des Menschseins.

Literatur

Adorno, Theodor W., Amorbach, in: ders., Ohne Leitbild. Parva Aesthetica, Ffm 1967, 20-28; Gesammelte Schriften Bd. 10.1, Ffm 1977
Adorno, Theodor W., Negative Dialektik, Ffm 1966
Adorno, Theodor W., Kindheit in Amorbach, hg. von Reinhard Pabst, Ffm 2003
Adorno, Theodor W., Versuch, das Endspiel zu verstehen, in: ders., Schriften Bd. 11
Alewyn, Richard, Die Lust an der Angst, in: ders., Probleme und Gestalten. Essays, Ffm 1974; 1982, 307-330
Améry, Jean, Wieviel Heimat braucht der Mensch?, in: ders., Jenseits von Schuld und Sühne. Bewältigungsversuche eines Überwältigten (1966), Stuttgart 1977, 74-101
Anders, Günther, Der Blick vom Mond. Reflexionen über Weltraumflüge, München 1970
Anders, Günter, Die Antiquiertheit des Menschen
Anders, Günther, Die Schrift an der Wand. Tagebücher 1941 bis 1966, München 1967
Arendt, Hannah, Elemente und Ursprünge totaler Herrschaft (1955), Ffm 1958
Arendt, Hannah, Vom Leben des Geistes, Bd. 1: Das Denken, 1977, München 1979
Arendt, Hannah, Vita activa oder Vom aktiven Leben, Stuttgart 1960
Artaud, Antonin, Surrealismus und Revolution, in: ders., Die Tarahumaras. Revolutionäre Botschaften (1964), München 1975, 140-151
Artaud, Antonin, Der Ritus der Könige von Atlantis, in: ders., Die Tarahumaras. Revolutionäre Botschaften (1964), München 1975, 74-78
Artaud, Antonin, Die gesellschaftliche Anarchie der Kunst, in: ders., Die Tarahumaras. Revolutionäre Botschaften (1964), München 1975, 242-244
Ausländer, Rose, Und nenne dich Glück. Gedichte, Werke, hg. von Helmut Braun, Bd. 12, Ffm 1994
Baader, Franz von, Urbild der Menschheit. Zur Theologie und Anthropologie des Paradieses, in: ders., Sätze aus der erotischen Philosophie und andere Schriften, hg. von Gerd-Klaus Kaltenbrunner, Ffm 1966, 65-91
Bataille, Georges, Abbé C.' Roman (1950), Darmstadt 1966
Beckett, Samuel, Gesellschaft. Eine Fabel, Ffm 1981
Becker, Jurek, Warnung vor dem Schriftsteller. Drei Vorlesungen in Frankfurt, Ffm 1990

Benjamin, Walter, Über den Begriff der Geschichte, in: Gesammelte Schriften I,2, werkausgabe 2, Ffm 1974; 1980
Benjamin, Walter, Julien Green, in: Angelus Novus. Ausgewählte Schriften 2, Ffm 1966, 216-222
Benn, Gottfried, Antwort an die literarischen Emigranten (1933), in: Gesammelte Werke, hrg. von Dieter Wellershoff, Bd. 7, Wiesbaden 1968, 1695-1704
Benn, Gottfried, Epilog und lyrisches Ich (1927), in: Gesammelte Werke, hrg. von Dieter Wellershoff, Bd. 8, Wiesbaden 1968, 1873-1884
Bense, Max, Ästhetik und Zivilisation. aesthetica III, Krefeld-Baden-Baden 1958
Bense, Max, bestandteile des vorüber. Dünnschliffe mischtexte montagen, Köln-Berlin 1961
Benyoëtz, Elazar, Treffpunkt Scheideweg, München-Wien 1990
Berning, Cornelia, Vom ›Abstammungsnachweis‹ zum ›Zuchtwart‹. Vokabular des Nationalsozialismus, Berlin 1964
Benyoëtz, Elazar, Variationen über ein verlorenes Thema, München-Wien 1997
Bilz, Rudolf, Die unbewältigte Vergangenheit des Menschengeschlechts. Beiträge zu einer Paläoanthropologie, Ffm 1967
Bilz, Rudolf, Paläoanthropologie. Der neue Mensch in der Sicht einer Verhaltensforschung, Bd.I, Ffm 1971
Binswanger, Ludwig, Erinnerungen an Sigmund Freud, Bern 1956
Bloch, Ernst, Das Prinzip Hoffnung (1949), 3 Bde., Ffm 1976
Bloch, Ernst, Universität, Wahrheit, Freiheit (1955), in: ders., Gesamtausgabe, Bd. 10: Philosophische Aufsätze zur objektiven Phantasie, Ffm 1969, 317-330
Bloch, Ernst, Experimentum mundi. Frage, Kategorien des Herausbringens, Praxis, Ffm 1975
Bernhard, Thomas, Beton, Ffm 1982, 1988
Buytendijk, F.J.J., Über den Schmerz, in: ders., Das Menschliche. Wege zu seinem Verständnis, Stuttgart 1958, 150-169
Bloch, Ernst, Naturrecht und menschliche Würde (1961), Ffm 1977
Blumenberg, Hans, Licht als Metapher der Wahrheit. Im Vorfeld der philosophischen Begriffsbildung (1957), in: ders., Ästhetische und metaphorologische Schriften, hg. von Anselm Haverkamp, Ffm 2001, 139-171
Blumenberg, Hans, Die Legitimität der Neuzeit, Ffm 1966
Blumenberg, Hans, Die Genesis der kopernikanischen Welt, Ffm 1975

Blumenberg, Hans, Ausblick auf eine Theorie der Unbegrifflichkeit, in: ders., Schiffbruch mit Zuschauer. Paradigma einer Daseinsmetapher, Ffm 1979, 75-93
Blumenberg, Hans, Ein mögliches Selbstverständnis, in: ders., Die Verführbarkeit des Philosophen, Ffm 2000
Blumenberg, Hans, Die Verführbarkeit des Philosophen, Ffm 2000
Blumenberg, Hans, Die Zumutungen des Zeitgeistes, in: ders., Goethe zum Beispiel, Ffm 1999, 199-203
Blumenberg, Hans, Theorie der Unbegrifflichkeit (1975), aus dem Nachlaß hg. von Anselm Haverkamp, Ffm 2007
Blumenberg, Hans, Beschreibung des Menschen, Ffm 2006
Blumenberg, Hans, Theorie der Lebenswelt, Ffm 2010
Borchardt, Rudolf, Eranos-Brief (1924), in: ders., Villa und andere Prosa, Berlin-Ffm 1952, 75-131
Borges, Jorge Luis, Utopie eines müden Mannes, in: ders., Das Sandbuch. Erzählungen, München-Wien 1977, 82-90
Borst, Arno, Lebensformen im Mittelalter, Ffm-Berlin-Wien 1973; 1979
Brandt, Willy, Erinnerungen, Berlin – Ffm 1989
Braun, Volker, Armstrong Aldrin Collins, in: ders., Gegen die symmetrische Welt. Gedichte, Ffm 1974, 43-45
Brzozowski, Stanislaw, Taggespenster (1907), in: Karl Dedecius, Hg., Bedenke, bevor du denkst. 2222 Aphorismen, Sentenzen und Gedankenspltter der letzten hundert Jahre, Polnische Bibliothek, Ffm 1984, 117-169
Bruyn, Günter de, Unter den Linden (2002), München 2004
Buber, Martin, Urdistanz und Beziehung, Heidelberg 1965
Buber, Martin, Der Weg des Menschen nach der chassidischen Lehre, Heidelberg 1962
Bücken, Ernst, Hg., Musikerbriefe, Sammlung Dieterich, Leipzig 1940
Bultmann, Rudolf, Jesus, Die Unsterblichen. Die geistigen Heroen der Menschheit in ihrem Leben und Wirken, Bd. 1, Berlin 1929
Bultmann, Rudolf, Das Urchristentum im Rahmen der antiken Religionen, Zürich 1949
Burckhardt, Carl J., Erinnerung an Hugo von Hofmannsthal, in: ders., Begegnungen, Zürich 1958, 87-120
Brudzinski, Wislaw, Katzenjammer. Aphorismen, Ffm 1966
Burton, Robert, Anatomie der Melancholie, 1621, dt. v. Ulrich Horstmann, Zürich-München 1988

Calderón de la Barca, Das Leben ist ein Traum. Schauspiel in drei Akten, dt. von Eugen Gürster, Stuttgart 1955
Camus, Albert, Der Künstler und seine Zeit (1957), in: ders., Fragen der Zeit, Reinbek 1960, 268-294
Camus, Albert, Der Mythos von Sisyphos. Ein Versuch über das Absurde, 1942, Reinbek 1962
Canetti, Elias, Aufzeichnungen 1942-1948 (1965), München 1969
Canetti, Elias, Unsichtbarer Kristall (1968), in: Wortmasken. Texte zu Leben und Werk von Elias Canetti, München 1995, 119-122
Carossa, Hans, Ungleiche Welten, Wiesbaden 1951
Cassirer, Ernst, ›Geist‹ und ›Leben‹ in der Philosophie der Gegenwart, 1930, in: ders., Geist und Leben. Schriften, hg.v. E.W.Orth, Leipzig 1993, 32-60
Catoir, Barbara, Interview mit Antoni Tapies, in: das kunstwerk. zeitschrift für bildende kunst, XXVIII, 1975, Heft 2, 4-14
Cioran, Emil Michel, Vom Nachteil, geboren zu sein (1973), Ffm 1979
Corbin, Alain, Meereslust. Das Abendland und die Entdeckung der Küste (1988), Berlin 1990; Ffm 1994
Cortés, Juan Donoso, Der Staat Gottes. Eine katholische Geschichtsphilosophie (1851), ND der Ausgabe Karlsruhe 1933, Darmstadt 1966
Dacqué, Edgar, Das verlorene Paradies. Zur Seelengeschichte des Menschen, München-Berlin 1938
Dante, Die göttliche Komödie, dt. v. Hermann Gmelin, I. Teil: Die Hölle, Stuttgart 1949
Diogenes Laertius, Leben und Meinungen berühmter Philosophen, I, 34, Philosophische Bibliothek 53/54, hg. v. Klaus Reich, Hamburg 1967
Deleuze, Gilles, Differenz und Wiederholung, 1968, dt. v. Joseph Vogl, München 1992
Deleuze, Gilles, *Guattari*, Félix , Was ist Philosophie?, 1991, Ffm 1996
Dilthey, Wilhelm, Traum, Schriften VIII, 218-224
Dilthey, Wilhelm, Der Aufbau der geschichtlichen Welt in den Geisteswissenschaften (1883), Gesammelte Schriften Bd. VII, hg. von Bernhard Groethuysen, Leipzig-Berlin 1927
Droysen, Johann Gustav, Grundriß der Historik, in: ders., Historik. Vorlesungen über Enzyklopädie und Methodologie der Geschichte, hg. von Rudolf Hübner, München 1937, reprogr. ND Darmstadt 1977, 317-366
Ebeling, Hans, Hg., Subjektivität und Selbsterhaltung. Beiträge zur Diagnose der Moderne (1976), Ffm 1996

Edschmid, Kasimir, Hg., Briefe der Expressionisten, Ffm-Berlin 1964
Ehrenstein, Albert, Die weisse Zeit, München 1914
Eich, Günter, Frühling in der goldenen Meil, in: ders., Abgelegene Gehöfte. Gedichte (1948), Ffm 1968
Eich, Günter, Maulwürfe. Prosa, Ffm 1968
Feuerbach, Ludwig, Das Wesen des Christentums, Leipzig 1841, Werke in sechs Bdn., hg.v. Erich Thies, Ffm 1976, Bd. 5
Fichte, Hubert, Palette, Vorabdruck aus dem Roman in: Walther Karsch, Hg. Portraits. 28 Erzählungen über ein Thema, Berlin-München-Wien 1967, 179-197
Fielding, Henry Eine Reise von dieser Welt in die nächste. Auf der Grundlage der anonymen Übersetzung von 1812 überarbeitet von Robin Cackett und Thomas Hack, Berlin 1991
Fontane, Theodor, Die Grafschaft Ruppin (1861), Wanderungen durch die Mark Brandenburg I, München 1971
Freud, Sigmund, Die Zukunft einer Illusion, Wien-Leipzig-Zürich 2. A. 1928
Fried, Erich, 100 Gedichte ohne Vaterland, Ffm 1993
Friedenspreis des Deutschen Buchhandels 2003: Susan Sontag, Ffm 2003
Gaddis, William, Die Fälschung der Welt. Roman (1952), Ffm 1998; o.O. 2000
Gaddis, Willian, Die Erlöser. Roman (1985), Reinbek 1988
Gellner, Ernest, Pflug, Schwert und Buch. Grundlinien der Menschheitsgeschichte, 1988, Stuttgart 1990, München 1993
Girad, René, Das Heilige und die Gewalt (1972), Ffm 1992
Giraudoux, Jean, Eglantine. Roman, Leipzig 1928
Goethe, Johann Wolfgang, Bedeutende Fördernіß durch ein einziges geistreiches Wort, 1823, Weimarer Ausgabe, II. Abteilung, Bd. 11
Goetz, Walter, Die Entwicklung des Wirklichkeitssinnes vom 12. zum 14. Jahrhundert, in: ders., Italien im Mittelalter, Bd. II, Leipzig 1942, 3-61
Grassi, Ernesto, Reisen ohne anzukommen. Südamerikanische Meditationen, Hamburg 1955
Greven, Jochen, Nachwort zu: Robert Walser, Berlin gibt immer den Ton an. Kleine Prosa aus und über Berlin, Ffm-Leipzig 2006
Green, Julien Treibgut. Roman (1932), München 1991
Gogh, Vincent van, Briefe über die Kunst, hg. Von Friedrich Beyl, Köln 1963

Gombrowicz, Witold, Berliner Notizen, Pfullingen 1965
Groethuysen, Bernhard, Phänomenologie Kafkas, in: ders., Unter den Brücken der Metaphysik. Mythen und Portraits, 1947, Stuttgart 1968, 105-115
Grünbein, Durs, Verspätete Züge, in: ders., Galilei vermißt Dantes Hölle und bleibt an den Maßen hängen. Aufsätze 1989-1995, Ffm 1996, 152-162
Grünbein, Durs, Manhattan Monolog, in: ders., Galilei, a.a.O., 129-135
Grünbein, Durs, Strophen für übermorgen. Gedichte, Ffm 2007
Guardini, Romano Vom Sinn der Schwermut, 1928, Zürich 1949
Günther, Horst, Zeit der Geschichte. Welterfahrung und Zeitkategorien in der Geschichtsphilosophie, Ffm 1993
Gundolf, Friedrich, Heinrich von Kleist, Berlin 1922
Guttmann, Bernhard, Zeitreflexe im Christentum, in: ders., Das alte Ohr, xxxx
Guttmann, Bernhard, Siebenkäs, in: Ohr
Hampe, Karl, Deutsche Kaisergeschichte in der Zeit der Salier und Staufer (1908), Darmstadt 1979, II.15: Innozenz III. und die deutschen Thronwirren, 234-256
Harnack, Adolf, Das Wesen des Christentums, Sechzehn Vorlesungen vor Studierenden aller Facultäten im Wintersemester 1899/1900 an der Universität Berlin gehalten, 56.-60. Tausend Leipzig 1908
Harnack, Adolf von, Marcion. Das Evangelium vom fremden Gott. Eine Monographie zur Geschichte der Grundlegung der katholischen Kirche, Leipzig 1920, ND Darmstadt 1996
Hartlaub, Geno, Woher ich stamme, in: dies., Sprung über den Schatten. Orte, Menschen, Jahre, Bern-München 1984; TB-A München 1987, 15-20
Hartmann, Nikolai, Das Problem des geistigen Seins. Untersuchungen zur Grundlegung der Geschichtsphilosophie und der Geisteswissenschaften, 1932, Berlin 2.A. 1949
Hebbel, Friedrich, Tagebücher, Historisch-kritische Ausgabe, hg. von R. M. Werner, 4 Bde., Berlin o.J.
Hegel, Georg Wilhelm Friedrich, Grundlinien der Philosophie des Rechts (1820), Werke in zwanzig Bänden, hg. von Eva Moldenhauer und Karl Markus Michel, Bd. 7, Ffm 1970
Hegel, Georg Wilhelm Friedrich, Der Geist des Christentums und sein Schicksal (1798-1800), in: ders., Werke in zwanzig Bänden, Bd. 1: Frühe Schriften, Ffm 1971, 274-418

Heidegger, Fritz, Ein Geburtstagsbrief, in: Martin Heidegger zum 80. Geburtstag von seiner Heimatstadt Messkirch, 58-63

Heidegger, Martin, Über den Humanismus (1946), Ffm 1949

Heidegger, Martin, Der Satz vom Grund, Pfullingen 1957, 7.A. 1992

Heidegger, Martin, Die Grundprobleme der Phänomenologie (1927), GA Bd. 24

Heidegger, Martin, Die Grundbegriffe der Metaphysik: Welt-Endlichkeit-Einsamkeit (1929), GA Bd. 29/30

Heidegger, Martin, Was ist Metaphysik? (1929), Ffm 1969

Heidegger, Martin, Schellings Abhandlung über das Wesen der menschlichen Freiheit, 1809, Tübingen 1971

Heidegger, Martin, Der Feldweg, in: Martin Heidegger zum 80. Geburtstag von seiner Heimatstadt Messkirch, Ffm 1969, 11-15

Heidegger, Martin / *Kästner*, Erhart, Briefwechsel 1953-1974, hg. v. Heinrich W. Petzet, Ffm 1986

Heinz, Rudolf, Psychoanalyse und Kantianismus, Würzburg 1981

Heinz, Rudolf, Der fremde Gott der reinen Liebe. Einige neustzeitliche Abwegigkeiten zur Gnosis Marcions, in: R. Marx, G. Stebner, Hg., Ich und der Andere. Aspekte menschlicher Beziehungen, St. Ingbert 1996, 119-131

Heinz, Rudolf, Logik und Inzest. Revue der Pathognostik, 3 Bde., Wien 1997

Heinz, Rudolf, Artikel Psychoanalyse II, in: Historisches Wörterbuch der Philosophie, Bd. 7, 1989, 1576-1590

Henrich, Dieter, Bewusstes Leben. Untersuchungen zum Verhältnis von Subjektivität und Metaphysik, Stuttgart 1999

Herder, Johann Gottfried, Ideen zur Philosophie der Geschichte der Menschheit, 1784, in: Ausgewählte Werke, hg. v. Adolf Stern, Leipzig o.J., Bd. 3, 3-609

Hippel, Theodor Gottlieb von, Über die Ehe (1774), herausgegeben und mit einer üblen Nachrede und Kommentaren versehen von Günter de Bruyn, Berlin 1979; 3. A. 1985

Hofmannsthal, Hugo von, Buch der Freunde, Leipzig 1922

Hohl, Ludwig, Von den hereinbrechenden Rändern. Nachnotizen, Ffm 1986

Holbach, Paul Thiry d', System der Natur oder Von den Gesetzen der physischen und der moralischen Welt, 1770, Ffm 1978

Horkheimer, Max, Ps. Heinrich Regius, Dämmerung. Notizen in Deutschland, 1933, in: ders., Notizen 1950-1969 und Dämmerung, Ffm 1974
Huch, Ricarda, Der Sinn der Heiligen Schrift, Leipzig 1919
Huizinga, Johan, Wie bestimmt die Geschichte die Gegenwart? Eine nicht gehaltene Rede (1940), in: ders., Mein Weg zur Geschichte. Letzte Reden und Skizzen, hg. von Werner Kaegi, Basel 1947, 73-95
Huizinga, Johan, Im Schatten von morgen. Eine Diagnose des kulturellen Leidens unserer Zeit, Bern-Leipzig 1936
Jaspers, Karl, Philosophie (1932), 2. A. in einem Band, Berlin-Heidelberg 1948
Jaspers, Karl, Vom Ursprung und Ziel der Geschichte, München 1949
Jaspers, Karl, Der Weltschöpfungsgedanke (1952), in: ders., Philosophie und Welt, München 1958, 139-147
Jaspers, Karl, Lionardo als Philosoph, Bern 1953
Jaspers, Karl, Die Philosophie in der Welt, in: ders., Kleine Schule des philosophischen Denkens, München 1965, Kap. XIII
Jonas, Hans, Der Gottesbegriff nach Auschwitz. Eine jüdische Stimme, Ffm 1987
Jünger, Ernst, Strahlungen, Tübingen 1949
Jünger, Ernst, Jahre der Okkupation. Tagebücher April 1945 – Dezember 1948, Stuttgart 1958
Jünger, Ernst, An der Zeitmauer, Stuttgart 1959
Jünger, Ernst, Subtile Jagden, Stuttgart 1967
Jünger, Ernst, Zwei Mal Hallay, Stuttgart 1987
Jünger, Ernst, Ein Inselfrühling. Ein Tagebuch aus Rhodos. Mit den Sizilischen Tagebuchblättern »Aus der Goldenen Muschel«, Stuttgart o.J.
Kamlah, Wilhelm, Philosophische Anthropologie. Sprachkritische Grundlegung und Ethik (1973),
Mannheim-Wien-Zürich 1984
Kamper, Dietmar / *Sonnemann*, Ulrich, Hg., Atlantis zum Beispiel, Darmstadt-Neuwied 1986
Kamper, Dietmar, Zwischen Simulation und Negentropie. Das Schicksal des Individuums im Rückblick auf das Ende der Welt, in: D. Kamper, Ch. Wulf, Hg., Rückblick auf das Ende der Welt, München 1990, 138-145
Kant, Immanuel, Mutmaßlicher Anfang der Menschheitsgeschichte, Werke, ed. W. Weischedel, Bd. VI, 85-102
Kaschnitz, Marie Luise, Das fremde Land, in: dies., Lange Schatten. Erzählungen, Hamburg 1960, 185-193

Keyserling, Hermann Graf, Südamerikanische Meditationen, 1932, NA Stuttgart o.J

Kierkegaard, Sören, Furcht und Zittern (1843), Gesammelte Werke III, Jena 1909

Klibansky, Raymond, *Panowsky*, Erwin, *Saxl*, Fritz, Saturn und Melancholie. Studien zur Geschichte der Naturphilosophie und Medizin, der Religion und der Kunst (1964), Ffm 1990; 1992

Kolakowski, Leszek, Ethik ohne Kodex, in: ders., Traktat über die Sterblichkeit der Vernunft. Philosophische Essays, München 1967, 89- 122

Kolakowski, Leszek, Die Gegenwärtigkeit des Mythos, (1972), München 1973, VIII: Das Phänomen der Gleichgültigkeit der Welt, 89-105

Kolmar, Gertud, Das Opfer, in: Die Welten. Gedichte (posthum Berlin 1947), Ffm 1999

Konwicki, Tadeusz, Die polnische Apokalypse (Mala apokalipsa, 1979), Ffm 1982

Kristeva, Julia, Fremde sind wir uns selbst (1988), Ffm 1990

Kundera, Milan, Unsterblichkeit, xxxx

Landmann, Michael, Philosophische Anthropologie. Menschliche Selbstdeutung in Geschichte und Gegenwart, Berlin 1955

Landmann, Michael, Fundamental-Anthropologie, Bonn 1079

Lange, Hartmut, Tagebuch eines Melancholikers, Zürich 1987

Lange, Hartmut, Im November, in: ders., Die Waldsteinsonate. Novellen, Zürich 1984

Laplanche, J., *Pontalis*, J.-B., Das Vokabular der Psychoanalyse, 1967, Ffm 1972

Leibniz, Gottfried Wilhelm, Neue Abhandlungen über den menschlichen Verstand, Philosophische Schriften, hg. v. W. v. Engelhardt/H.H.Holz, Bd. III,1,

Leopardi, Giacomo, Aus dem Zibaldone, in: ders., Gedichte und Prosa, ausgewählt und übersetzt von Ludwig Wolde, Nw. R.-R. Wuthenow, Ff 1979, 163-244

Lepenies, Wolf, Folgen einer unerhörten Begebenheit. Die Deutschen nach der Vereinigung, Berlin 1992

Lévi-Strauss, Claude, Sehen, Hören, Lesen, 1993, Ffm 2004

Lichtenberg, Georg Christoph, Sudelbücher, Schriften und Briefe, hg. von Wolfgang Promies, Bd. I u. II, München 1968; 1980

Lipps, Hans, Platzangst, in: Die menschliche Natur, 1941, Werke Bd. III, Ffm 1977, 105-107

Loerke, Oskar, Das alte Wagnis des Gedichts, in: ders., Essays über Lyrik, Ffm 1965, 47-73
Loerke, Oskar, Worte, gesprochen am Sarge Moritz Heimanns, in: ders., Reden und kleinere Aufsätze, hg. von Hermann Kasack, Akademie der Wissenschaften und der Literatur Mainz, Abhandlungen der Klasse der Literatur Jahrgang 1955, Nr. 5, Mainz-Wiesbaden 1957, 18-20
Loerke, Oskar, Der schwere Weg, Späte Gedichte aus dem Nachlaß, in: ders., Die Gedichte, Ffm 1983
Loerke, Oskar, Die Gedichte, Ffm 1983
Loerke, Oskar, Die Abschiedshand. Letzte Gedichte, Berlin 1949
Löwith, Karl, Natur und Humanität des Menschen, in: ders., Gesammelte Abhandlungen, a.a.O., 179-207
Löwith, Karl, Wissen, Glaube und Skepsis, Göttingen 1956
Löwith, Karl, Der Weltbegriff der neuzeitlichen Philosophie, Heidelberg 1968
Löwith, Karl, Gott, Mensch und Welt in der Metaphysik von Descartes bis zu Nietzsche, Göttingen 1967
Lyotard, Jean-François, Der Widerstreit, München 1987
Lyotard, Jean-François, Überleben: Arendt, in: ders., Kindheitslektüren, Wien 1995, 77-117
Lyotard, Jean-François, Kindheitslektüren, Wien 1995
Mann, Thomas, Tonio Kröger, Berlin o.J.
Maier, Rudolf Nikolaus, Paradies der Weltlosigkeit. Untersuchungen zur abstrakten Dichtung seit 1909, Stuttgart 1964
Mann, Golo, Erinnerungen und Gedanken. Eine Jugend in Deutschland, Ffm 1986
Marc Aurel, Selbstbetrachtungen, dt. von Albert Wittstock, 1879, Reclams Universal Bibliothek Bd. 1241, 1242, Leipzig o.J
Maron, Monika, Endmoränen. Roman, Ffm 2002

Marx, Karl, Zur Kritik der Hegel'schen Rechts-Philosophie, in: Arnold Ruge / Karl Marx, Hg., Deutsch-Französische Jahrbücher, 1ste und 2te Lieferung, Paris 1844, ND Darmstadt 1973, 71-85
Mayer, Hans, Ein Denkmal für Johannes Brahms. Versuche über Musik und Literatur, Ffm 1983
McEwen, Ian, Der Trost von Fremden. Roman (1981), Zürich 1983
Meckel, Christoph, Suchbild. Über meinen Vater, Düsseldorf 1980

Merleau-Ponty, Maurice, Das Sichtbare und das Unsichtbare (1964), hg. von Claude Lefort, Übergänge Bd. 13, München 1986
Metzger, Arnold, Phänomenologie und Metaphysik, 1933, NA Pfullingen 1966
Michaux, Henri, Wer ich war (1928), in: ders., Wer ich war. Frühe Schriften, Graz-Wien 2006
Mommsen, Katharina, Kleists Kampf mit Goethe, Heidelberg 1974, Ffm 1979, 211-229: Ausgang des Agons. Goethe und das Tragische
Monod, Jacques, Zufall und Notwendigkeit. Philosophische Fragen der modernen Biologie (1970), München 1971
Morelli, Guido, Dissipatio humani generis oder Die Einsamkeit (1977), Ffm 1993
Nietzsche, Friedrich, Vom Nutzen und Nachtheil der Historie für das Leben, Sämtliche Werke, ed. Colli/Montinari, ksa, Bd. 1
Nietzsche, Friedrich, Jenseits von Gut und Böse, Drittes Hauptstück, Nr. 62, Sämtliche Werke, ed. Colli/Montinari, ksa, Bd. 5
Nietzsche, Friedrich, Die Geburt der Tragödie. Oder: Griechentum und Pessimismus. Neue Ausgabe mit dem Versuch einer Selbstkritik, 1886, in: ders., Sämtliche Werke, ed. Colli/Montinari, ksa Bd. 1, Berlin-München 1980
Nietzsche, Friedrich, Jenseits von Gut und Böse, Drittes Hauptstück: Das religiöse Wesen, Aphorismus 46, Sämtliche Werke, ed. Colli/Montinari, ksa Bd. 5
Nietzsche, Friedrich, Zur Genealogie der Moral, Zweite Abhandlung, xxxx
Nietzsche, Friedrich, Morgenröthe, Fünftes Buch, Stück 563, Sämtliche Werke, ed. Colli/Montinari, ksa, Bd. 3
Nooteboom, Cees, Rituale. Roman, 1980, Ffm 1985
Novalis, Heinrich von Ofterdingen (posthum 1802), hg. von Jochen Hörisch, Ffm 1982
Pannenberg, Wolfhart, Was ist der Mensch? Die Anthropologie der Gegenwart im Lichte der Theologie, Göttingen 1962
Papini, Giovanni, Weltgericht, München 1959
Petzold, Joseph, Das Weltproblem vom Standpunkte des relativistischen Positivismus dargestellt (1906), Leipzig-Berlin 4.A. 1924
Pascal, Blaise, Über die Religion und über einige andere Gegenstände, dt. u. hg. v. Ewald Wasmuth, Berlin 1937
Paul, Jean, Siebenkäs, 1796, hg. von Carl Pietzcker, Stuttgart 1983
Paz, Octavio, Der Bogen und die Leier. Poetologischer Essay (1956), Ffm83

Pessoa, Fernando, Verstreute Gedichte, 1, in: ders., Dichtungen, Ffm 1965
Plessner, Helmuth, Homo absconditus, in: ders. Die Frage nach der conditio humana. Aufsätze zur philosophischen Anthropologie, Ffm 1976, 138-150
Proust, Marcel, Auf der Suche nach der verlorenen Zeit, dt. von Eva Rechel-Mertens, Ausgabe in zehn Bänden, Ffm 1979, Bd. 8: Die Gefangene
Reza, Yasmina, Hammer-Klavier. Eine Sonate (1997), Zürich 1998; Berlin 2008
Rilke, Rainer Maria, Briefe an einen jungen Dichter (1903/04), Leipzig o.J.
Rilke, Rainer Maria, Malte Laurids Brigge, xxxx
Röhr, Werner, Hg., Appellation an das Publikum. Dokumente zum Atheismusstreit Jena 1798/99, Leipzig 1987
Rombach, Heinrich, Welt und Gegenwelt. Umdenken über die Wirklichkeit: Die philosophische Hermetik, Basel 1983
Rosei, Peter, Entwurf für eine Welt ohne Menschen. Entwurf zu einer Reise ohne Ziel. Prosa, Salzburg 1975
Rothacker, Erich, Probleme der Kulturanthropologie (1942), Bonn 1948
Rothmann, Ralf, Milch und Kohle. Roman, Ffm 2000
Schmitt, Carl, Der Nomos der Erde im Völkerrecht des Jus Publicum Europaeum, Köln 1950
Schmitt, Carl, Politische Theologie (1922), Berlin 1985
Schmitt, Carl, Der Begriff des Politischen (1927), Hamburg 1933
Schmitt, Carl, Der unbekannte Donoso Cortes, in: Hochland, 27. Jahrgang 1930, Bd. 2, 491-496
Schneider, Reinhold, Der verhüllte Tag, Freiburg-Olten 1954
Schneider, Reinhold, An der Schwelle des Alls, in: ders., Pfeiler im Strom, Wiesbaden 1958, 7-12
Schneider, Reinhold, Innozenz III. (1931), posthum Köln-Olten 1960; München 1963
Schneider, Reinhold, An meinen Vater, in: ders., Die Sonette von Leben und Zeit, dem Glauben und der Geschichte, Köln-Olten 1954, 23
Schnurre, Wolfdietrich, Am Kanal, in: ders., Ohne Spiel kein Einsatz. Heitere Geschichten, Olten-Freiburg 1964
Schopenhauer, Arthur, Die Welt als Wille und Vorstellung II, Sämtliche Werke, hg. v. Wolfgang Frh. von Löhneysen, Ffm 1986, Bd. III
Schopenhauer, Arthur, Paralipomena, Sämtliche Werke, hg. v. Wolfgang Frh. von Löhneysen, Bd. V
Schweitzer, Albert, Kultur und Ethik, 1923, München 1960

Serres, Michel, Verrat: Thanatokratie, in: ders., Hermes III: Übersetzung (1974), Berlin 1992, 97-142

Serres, Michel, Wo der Spaziergang die Bilder einer Ausstellung in Frage stellt, in: ders., Hermes V. Die Nordwest-Passage, 1980, Berlin 1994, 121-148

Serres, Michel Ablösung. Eine Lehrfabel, 1983, München 1988

Serres, Michel, Anfänge, in: I. Prigogine, J. Stengers, Anfänge, Berlin 1991, 7-18

Serres, Michel, Der Naturvertrag (1990), Ffm 1994

Serres, Michel, Die fünf Sinne. Eine Philosophie der Gemenge und Gemische (1985), Ffm 1993

Serres, Michel, Hominescence, Paris 2001

Simmel, Georg, Lebensanschauung. Vier metaphysische Kapitel, München-Leipzig 1922

Simmel, Georg, Philosophie des Geldes (1900), 4. A. München-Leipzig 1922

Simmel, Georg, Philosophie des Geldes, Gesamtausgabe Bd. 6, Ffm 1989

Sommer, Manfred, Husserl und der frühe Positivismus, Phänomenologische Forschungen Bd. 53, Ffm 1985

Sommer, Manfred, Philosophie als Weltweisheit, in: Willi Oelmüller, Hg., Philosophie und Weisheit, Kolloquien zur Gegenwartsphilosophie, Bd. 12, Paderborn-München-Wien-Zürich 1989, 136-137

Sommer, Manfred, Identität im Übergang: Kant, Ffm 1988

Sonnemann, Ulrich, Negative Anthropologie. Vorstudien zur Sabotage des Schicksals, Reinbek 1969

Sontag, Susan, Krankheit als Metapher, München-Wien 1978

Starobinski, Jean, Krankheit als Mißgeschick der Einbildungskraft. Psychosomatische Medizin, in: ders., Psychoanalyse und Literatur, 1970, Ffm 1973, 1990, 42-64

Stasiuk, Andrzej, Neun. Roman, 1999, Ffm 2002

Steffens, Andreas, Rückkehr zur Welt, in: ders., Christine Pries, Wilhelm Schmid, Hg., Nach der Postmoderne, Düsseldorf-Bensheim 1992, 319-345

Steffens, Andreas, Die Möglichkeit Mensch. Wiederaufnahme der Anthropologie am Ende des Jahrhunderts, Antritts-Vorlesung Universität Kassel, 29.11.1995, in: Paragrana. Zeitschrift für Historische Anthropologie, Bd. 6, 1997, 43-64

Steffens, Andreas, Poetik der Welt, Hamburg 1995

Steffens, Andreas, Versöhnung des Nichtidentischen und wildes Sein. Elemente einer nachmetaphysischen Weltphilosophie in der Kritischen Theorie Adornos und der Phänomenologie Merleau-Pontys, erweiterte Fassung des Habilitations-Vortrages an der Universität Kassel, MS 1995
Steffens, Andreas, Philosophie des 20. Jahrhunderts oder Die Wiederkehr des Menschen, Leipzig 1999
Steffens, Andreas, Phönomenologie in der Genese einer Archäologie der Humanität, in: U. Kadi, B. Keintzel, H. Vetter, Hg., Traum Logik Geld. Freud, Husserl und Simmel zum Denken der Moderne, Tübingen 2001, 153-172
Steffens, Andreas, In der Weltfremde, in: schöngeist. magazin für kunst leben denken, Heft 5, Berlin 2005, 38-45
Steffens, Andreas, Begegnung in der Weltfremde. Martin Heidegger trifft Mascha Kaléko, Vortrag Else Lasker-Schüler-Gesellschaft Wuppertal 2002; Kultursalon Korschenbroich 2008
Steffens, Andreas, Die Unermessenheit der Geschichte, in: Sabine Gürtler, Hg., Spontaneität und Prozess, Hamburg 1992, 75-90
Steffens, Andreas, Hier schwieg der Schwätzer. Nachricht von Ungeschriebenem, in: neue deutsche literatur 4/2001, 153-157
Steffens, Andreas, Gerade genug. Essays und Miniaturen, Wuppertal 2010
Steffens, Andreas, Das Versprechen des Kindes, in: ders., Gerade genug. Essays und Miniaturen, Wuppertal 2010, 57 – 62
Steffens, Andreas, Das Menschenrecht auf Unbestimmtheit, in: ders., ders., Gerade genug. Essays und Miniaturen, Wuppertal 2010, 135-140
Steffens, Andreas, Nietzsche oder Die Sehnsucht nach einem anderen Menschen, in: ders., Gerade genug. Essays und Miniaturen, Wuppertal 2010, 77-86
Steffens, Andreas, Vorübergehend. Miniaturen zur Weltaufmerksamkeit, Wuppertal 2010
Steffens, Andreas, Selbst-Bildung. Die Perspektive der Anthropoästhetik, Oberhausen 2011
Steiner, Georges, Der Tod der Tragödie. Ein kritischer Essay, 1961, Ffm 1981
Steiner, Georges, In Blaubarts Burg. Anmerkungen zur Neudefinition der Kultur, Ffm 1972
Steiner, George, Von realer Gegenwart. Hat unser Sprechen Inhalt?, München 1990
Stenzel, Julius, Metaphysik des Altertums, Berlin 1934

Sternberger, Dolf, Über das Gefühl der Fremde, in: ders., Gefühl der Fremde, Wiesbaden 1958, 9-18
Sternberger, Dolf, Erinnerung an Viktor von Weizsäcker (1986), in: ders., Gang zwischen Meistern, Schriften VIII, Ffm 1987, 167-179
Strauß, Botho, Diese Erinnerung an einen, der nur einen Tag zu Gast war. Gedicht, München 1985
Strauß, Botho, Die Fehler des Kopisten, München-Wien 1997
Szabo, Magda, 1. Moses 22. Roman, Ffm 1967
Szymborska, Wislawa, Nichts ist geschenkt, in: dies., Auf Wiedersehen. Bis morgen, Gedichte, Ffm 1995
Taubes, Jacob, Ad Carl Schmitt. Gegenstrebige Fügung, Berlin 1987
Thelen, Albert Vigoleis, Die Insel des zweiten Gesichts. Aus den angewandten Erinnerungen des Vigoleis, Düsseldorf-Köln 1953
Tieck, Ludwig, Franz Sternbalds Wanderungen (1798), Deutsche Romane, hg. von Alfred Gerz, Potsdam o.J.
Todorov, Tzvetan, Der Ursprung der Individuen, in: ders., Abenteuer des Zusammenlebens. Versuch einer allgemeinen Anthropologie, Ffm 1998, 76-94
Uexküll, Jakob von, Theoretische Biologie (1928), Vw. Ridolf Bilz, Ffm 1973
Valéry, Paul, Verschwiegenes, Werke, Frankfurter Ausgabe, Bd. 5, 320 f.
Valéry, Paul, Cahiers/Hefte, Bd. 2, Ffm 1988
Valéry, Paul, Cahiers/Hefte, Bd. 6, Ffm 1993
Walser, Robert, Berlin gibt immer den Ton an. Kleine Prosa aus und über Berlin, Ffm-Leipzig 2006
Weiss, Peter, Fluchtpunkt. Roman, Ffm 1962
Weizsäcker, Viktor von, Pathosophie, Göttingen 1956
Weizsäcker, Victor von, Über medizinische Anthropologie, 1927, in: ders., Arzt und Kranker, Leipzig 1941, 35-61; 40; 46
Weizsäcker, Victor von, Der Gestaltkreis, 1939, NA Ffm 1973
Weizsäcker, Victor von, Stücke einer medizinischen Anthropologie, 1927, II: Die Schmerzen, in: ders., Arzt und Kranker, Leipzig 1941, 62-148
Weizsäcker, Victor von, Anonyma (1947), in: ders., Gesammelte Schriften Bd. 7, Ffm 1987, 41-89
Witkiewicz, Stanislaw Ingnazy, Unersättlichkeit. Roman (1930), München 1966
Wittgenstein, Ludwig, Werke, Bd. 8, Ffm 1984

Wolff, Uwe, Gottesdämmerung. Auf den Spuren einer Sehnsucht, Freiburg-Basel-Wien 1994
Woolf, Virginia, Die Wellen. Roman, 1931, Ffm 1986
Wolfskehl, Karl, Bild und Gesetz. Gesammelte Abhandlungen, Berlin-Zürich 1930
Wolfskehl, Karl, Die Menschwerdung. Ein Urbegebnis vor aller Zeit, in: ders., Bild und Gesetz. Gesammelte Abhandlungen, Berlin-Zürich 1930, 1-9
Worringer, Wilhelm, Formprobleme der Gotik (1910), München 1912
Wust, Peter, Gestalten und Gedanken. Ein Rückblick auf mein Leben, München 1940
Wust, Peter, Der Mensch und die Philosophie. Einführung in die Existenzphilosophie, Münster 1946
Zagajewski, Adam, Gedichte, München-Wien 1989
Ziegler, Leopold, Totalitas sive harmonices mundi, in: ders., Spätlese eigener Hand, München 1953

Andreas Steffens
Selbst-Bildung
Die Perspektive der Anthropoästhetik

Kunst und Bildung, herausgegeben von Carl-Peter Buschkühle, Joachim Kettel und Mario Urlaß, Bd. 6
Broschur, 148 Seiten,
ATHENA-Verlag Oberhausen 2011
ISBN 978-3-89896-423-4

Das Ende der Anthropologie in den Katastrophen der neueren Geschichte ist kein Ende des Nachdenkens über das Menschsein. In der Leere, die das Verschwinden ›des‹ Menschen in seiner Geschichte hinterließ, rückt die Kunst ins Zentrum anthropologischer Nachdenklichkeit.
Im Bildgedächtnis der Menschheit liegt ein Schlüssel zu ihrer Erkenntnis ebenso wie zu ihrer Wirklichkeit. Was wir sind, zeigt sich in dem, was wir bilden. Wir sind, wie wir zeigen, was wir erfahren. Was wir erfahren, zeigt, in welcher Welt wir ›sind‹.
Die *Anthropoästhetik* legt als philosophische Disziplin einer Integration von Anthropologie und Ästhetik frei, was die als gestaltete Selbstwahrnehmungen von Menschen in ihrem Weltdasein verstandenen Werke der Kunst an Menschenverständnis bergen. Sie führt von der Wahrnehmung der Werke des Menschen zur Wahrnehmung des Menschen in seinen Werken.
In ihrer gemeinsamen Leitkategorie der Selbst-Bildung konvergieren *Anthropoästhetik* und *Künstlerische Bildung*. Die Erkenntnis des Menschen aus seinen Werken der Kunst dort, wird hier zur Selbsterkenntnis des Einzelnen, die ihm ermöglicht, das größte aller Menschenwerke hervorzubringen: sich selbst. Damit ist die *Anthropoästhetik* die ästhetische Fassung einer Ontoanthropologie, die das Menschsein von seiner elementaren Aufgabe und Leistung der Weltbildung her erschließt.

Andreas Steffens
Gerade genug
Essays und Miniaturen
2010, 192 S., Paperback, EUR 16.80
ISBN 978-3-935421-46-1

In seinen Essays und Miniaturen erprobt Steffens einige Motive seiner Rekonstruktion der Anthropologie im Medium der Literatur.
Zum Bedenken der ›großen Fragen‹ braucht es außer Mut zur Selbstüberforderung vor allem Sinn für das Geringfügige. Mögliche Antworten liegen in der Aufmerksamkeit für das Beiläufige geborgen. Das macht die auch geisteswissenschaftlich geübte betriebsame Unterscheidung nach ›Haupt- und Nebensachen‹ eines Autors hinfällig. Für einen, der eine hat, gibt es nur verschiedene Weisen und Wege, sich seiner Sache anzunehmen und sie zur Sprache zu bringen. (aus dem Vorwort)

Andreas Steffens
Burgund.
Eine anthropoästhetische Skizze
60 Seiten, 2010, handgeheftet, EUR 6.50
ISBN 978-3-935421-53-9

Als Inbegriff französischer Lebensart, als Paradies der Gourmets und Weinliebhaber, als Land gebildeter Ferienlust, ist Burgund weithin bekannt; unbekannt ist es als erstes frühneuzeitliches Labor einer nachmittelalterlichen europäischen Kultur. Aus der Perspektive einer Anthropologie, die nicht mehr darauf angelegt sein kann, ›den‹ Menschen zu bestimmen, sondern das Erscheinen seiner Idee im Bewußtsein zu erforschen hat, erinnert Andreas Steffens in seinem Essay an eine verlorene Möglichkeit der Geschichte: untergegangen, wirkt Burgund fort.
Dort lässt sich noch heute in körperlicher Evidenz erfahren, dass die Erfüllung der Aufgabe, die sich dem Wesen ›Mensch‹ stellt, seit es begann, sich seiner bewusst zu werden, möglich ist: seine Natur mit der Bestimmung seines Seins so zu versöhnen, dass ihm die Welt zur Heimat seines Daseins werde.